科學八字輕鬆學

木
Wood
＋－
甲乙

壬癸
＋－

火
Fire
＋－
丙丁

EAZY LEARN
Five Elements
Produce and Clash Chinese Metaphysics

＋－
庚辛
金
Metal

＋－
戊己

土
Earth

鄭文堡———著

自序

從鐵齒到相信

　　比較，永遠只有一個對手，那就是自己，或是過去的我，不是別人，也不是同業，更不會是競爭對手。

　　年幼看著家父為人算命解惑，在耳濡目染的環境中長大，我得承認自己很鐵齒，在放蕩不羈的學生時代，對於成長仍舊記憶猶新，家父曾把命書放到我的書桌，希望能繼承他傳授的真功夫，當時能體會父親的用心良苦，然而我壓根兒沒興趣，和大多數人一樣，對中國五術始終抱持先入為主：算命是迷信，永遠不相信！結婚前，我是如此這般的排斥命理。

　　退伍後踏入補教界，在一個單純的環境待了四年，於第三年認識了內人，當年和現在的年輕人一樣，面臨事業轉折的人生十字路，繼續從事補教業抑或繼承家業？

　　隨著時間環境物換星移，人的確會改變思維，在太太的鼓勵下最終選擇繼承家業，一開始接觸枯燥乏味的天干地支，前幾個月真的很痛苦，基礎底子若不熟練根本無法突破，花了很長的時間才漸漸駕輕就熟，然而父親傳授真學是一回事，實際面對客人又是另一回事了。

　　怎會這樣呢？因為我缺乏了實務經驗，為客人排盤手竟會不自覺顫抖，進階研習五行八字才深刻體悟，原來天干地支和數學的邏輯推理並無兩樣，當領悟古人仰天觀象智慧的那一刻，時光飛逝已過二十

個寒暑，這一路走來幫助了許多人，同時也獲得更多貴人提攜，對於過往的人、事、物，我永遠心存感激。

學了這麼多年的八字，書上看到的理論未必屬實，就算是真的也是藏了很多沒講的東西，我樂於分享自己的經驗，這些案例都是我的客戶實證，沒經過印證的東西，絕不會分享出來，因為假知識會害了真心想學習八字的人，這方面我真的下不了手。

市面上的命理書籍也不全然是真，拍視頻上媒體的老師也非神人，書本只是引領入門，當你進入這個門檻後，一切的考驗才真正開始，很多情況並非書上陳述的事實，這些學術技法，你會發現有的能用，有的不能用，這是學習八字很正常的現象，隨著時代的進步，許多觀念也必須做修正，流傳的理論也不盡相同。

八字的發展，從三柱命理到徐子平的四柱八字，學問是一代傳一代並適應時代的變化，研讀古書學習古人的心法，但不能照本宣科，因為古人的思維和我們有很大的差異，在古代是以功名當官為目的，然而現代人讀書，目標並非為了當官，所以不能讀了古書而變成古人，把古人不合時宜的批論技術套過來，假如把現代人當古人而論，自然產生相當大的誤差。

很多人也許會認為古人的八字較準，因為他們才是始祖，但文堡老師不這麼認為，因為科技只會日新月異，即使鉅細靡遺地流傳到現在又如何？墨守成規不能與時俱進也是枉然。現今已是大數據的時代，不需要花時間手動排一張命盤（流年換大運除外），懂得如何應用最為重要，只要手機按一下八字命盤即已準備妥當，更不怕因食傷不好而排錯盤看錯命，可以集中精神與時間，更有效率的研究其結果，

所以說現代的八字技術又怎能不精準呢？

古代沒有汽機車、飛機、高鐵和一切家電用品，包括手機、電腦、網路，那是時代的產物，古人不可能擁有這些科技，當然也不會想到這些東西，不必把古人的智慧出神入化，然後將自己輕視了，學術必須去蕪存菁，絕不能食古不化，代代相傳然後適應改變，時代不斷的進步，學問也必須做修正，才能合乎現代的科學八字。

記得多年以前，我曾上過卡內基「溝通與情緒」的課程，談到一個觀念：「一個幸福快樂的人，不會受到命運的安排。」

這句話的意思是說，運不好並非源自於先天性格的因，往往是「當下的情緒」所造成的果。當你有一天去算命，碰上一個只追求神算的老師，算得出因卻無法協助你解決問題，你將會做何感想？

算命這行業，信者恆信，不信者恆不信，其實這些觀念並非正確。你或許會問我，學八字目的不就是要幫人算命解惑嗎？

老祖宗留傳下來的學術，我倒覺得它兼具心理學與哲學的智慧內涵，其中的心理學包含自我情緒的管理，不論是命理師抑或經營者，假如能解決客戶「當下」的情緒，讓它獲得了控制，事情大多能夠圓滿。成功者皆能夠掌控情緒，但有些時候，要做情緒的主人，可不是一件容易的事。

我永遠不會忘記，1989 年夏季高中聯招的數學考試，光是幾何證明就佔了全部試題的 80%，當下的我簡直傻眼放棄，幾何證明這玩意兒，老實說腦袋瓜須有一點邏輯想像力，也因為數學導致高中升學之路兵敗如山倒，也許那個年代智慧尚未開竅吧！然而，人生就是如此奇妙，因為比劫生食傷之故，出社會的第一份工作，竟然是在補教界

任職數學講師，雖然開竅有點晚了，但好在沒有誤人子弟！

你們也許很好奇，八字和邏輯推理有什麼關係？

別小看這八個字，光是排列就高達一百多萬種的組合，它如同我們的生命旅程一樣，無時無刻在發生變化，很多人會感到疑惑，為何年輕時窮困潦倒，中年卻是財官亨通？前一年賺大錢，隔一年卻破大財？上個月明明很順遂，這個月怎麼卻盪到谷底？這是怎麼回事？努力不夠？方向不對？風水不佳？抑或命運主宰人生？

其實，八字並不會決定你的命，它只會告訴你，該如何規劃未來，同時避開不好的運勢，嚴格來說它是一門時間學，因為日子是一天一天過，年也是一年一年過，走到衰運要懂得如何自保不出事，好運來臨就要積極努力衝刺。

五行生剋有如柯南的邏輯推理，但是真相不會只有一個，因為運用在相同八字的人身上，可能出現嘖嘖稱奇的類象，學八字的目的，絕對不是要當神算，神算只是一個迷思，做一個心靈的導師，諄諄教誨並引領失意者，讓他們看見湛藍的天空，充滿無限的曙光人生。

陽間沒有神算，神算只存在陰間，如何協助當事者克服困難，學會掌控自己的情緒，往往能在人生的轉捩點上，走出一條康莊大道，進而提升未來的我，掌握機會避開危機。

相信讀者曾看過，電視媒體或網路上大師的神奇神斷，當你看到他們各個身懷絕技，為何我也懂八字，卻與他們差距如此遠呢？

請靜下來仔細思考，其實大師也是平凡人罷了，批命不可能達到百分百神準，通常都是引用一些經典書籍，說了一些讓你無法理解的專業術語。說句實話，文堡老師並不羨慕這種神奇論斷，**我重視的是**

該怎麼做，如何讓自己的未來更好。

　　批算八字並非想要知道一切，即使論斷十分準確，但最後一定會想問：「該怎麼走才能讓自己的未來更順遂？」這才是真正要面對的問題，因為客戶就是有需求才會來找我們，不是嗎？

　　一般而言，命理師無法批出一個神準的命，但可以找出個人的運勢起伏，然後針對流年的運程，建議他們該怎麼走，所以想要神奇的批論，最好不要找我。

　　我們也看過許多的命理論壇，大部分的情況是，你一生註定什麼命，什麼格局之類的術語，近幾年或十年內將會發生何事，一生是否有富貴命，類似這樣粗糙宿命論很多，批準了一些個性及家庭背景，就誇耀自己有多神準，網路上的大師似乎都是神人，事實上很多只是順水推舟，打蛇隨棍的手法，也就是我們所熟悉的江湖術士。

　　哈！其實我也是一個素人，沒有神奇的法力讓你「起死回生」，你我皆是平凡人，**一切都得靠後天努力**，改變性格習慣，才能幫助自己改變命運，所以追求神算的人，碰到我可能會很失望。

　　想成為一個神機妙算大師，我可沒有這種本事，但如果你願意改變，我倒是很樂意拉你一把，批算完流年運勢後，我會建議你該怎麼走，碰到難題該如何選擇面對，當一個「中式心理諮商師」，這一點我可以做到。

一念之差的人生

　　人無完人，每個人的八字有優點亦有缺點，有著擅長與不擅長之

處，世界很公平，所以我們也要對自己好一點，與其擔心害怕，倒不如抱持正面的想法。

比如食傷剋官的八字，一般人總會擔心官運或婚姻不好，但從另一角度來看，就是有官啊！要不然食傷如何去破官呢？又假設一個無財的八字，本命沒有但大運流年總會碰上吧！若能把握機會，財運反而比本命有財的人更穩定呢！再來說食傷多的八字，容易多愁善感，情緒反覆不定，但往往他們也是不易輕言放棄，最富有理想抱負的人。

所以我們要好好欣賞並善待自己，然後發揮八字的優點，人生也許就有無限的可能，文堡老師願與大家共勉。

2020 年清明於高雄

鄭文堡

僅以這本書，獻給我的父母！

有幸見到兒子出版第一本書，本人至感欣慰，盼他能將五行八字傳承給後代世人，讓更多人受惠，除了幫助自己，也對社會盡一份心力。

—鄭榮富

目 錄

自序： 從鐵齒到相信 · 2

前言： 我爲何寫這本書 · · · · · · · · · · · · · · · · · 16

卷一： 認識五行八字 · · · · · · · · · · · · · 26

1-1 當五行八字碰上傳統學 · · · · · · · · · · · · · 28

　　 八字充電坊1：看了這麼多古書，然後呢？ · · · · · · 32

1-2 五行八字的起源 · · · · · · · · · · · · · · · · · 35

　　 八字充電坊2：如何提升八字功力？ · · · · · · · · 37

1-3 細說干支五行 · · · · · · · · · · · · · · · · · · 39

　　 1-3-1 什麼！你還不會手動排大運？ · · · · · 39

　　 1-3-2 坊間命盤的排法 · · · · · · · · · · · · · · · 44

　　 1-3-3 用五鼠遁快速取時干 · · · · · · · · · · · 45

　　 1-3-4 天干五合與地支六合 · · · · · · · · · · · 50

　　 八字充電坊3：你的外表和內在全在天干地支 · · · · · 54

1-4 批命四大靈魂 · · · · · · · · · · · · · · · · · · 57

　　 1-4-1 生 · 57

　　 1-4-2 剋 · 58

		1-4-3	合	59
		1-4-4	洩	60
	八字充電坊 4：中樂透是偏財還是狗屎運？			62
1-5	找出真太陽時			65
		1-5-1	別相信客戶的時辰	65
		1-5-2	日光節約時間案例	71
		1-5-3	真太陽時推算案例	74
	八字充電坊 5：天干與地支的時間分割			77

| 卷二 | 其實你還不懂陰陽生剋 | | | 80 |

2-1	天干基礎陰陽生剋			82
		2-1-1	陰陽五行流通	83
		2-1-2	搞懂陰陽生剋	85
		2-1-3	活用天干陰陽生剋	87
2-2	地支基礎陰陽生剋			94
		2-2-1	干支對應與五行流通	94
		2-2-2	留意三陰一陽	96
		2-2-3	活用地支陰陽生剋	100
	八字充電坊 6：搞懂五行再談十神			109
2-3	陰陽批命口訣			115
	八字充電坊 7：五行八字為何不看沖			119
2-4	批命首重龍頭（Root）			121

2-5　五行的反向約束（Reverse Restraint）······ 125

八字充電坊 8：案例 - 食傷洩財人中之狼 ········ 131

2-6　陰陽生剋綜合練習 ····························· 135

2-7　學生問題集錦 ································· 142

八字充電坊 9：案例 - 實戰批命練習 ·········· 144

卷三　五行八字批命心法 ············ 148

3-1　五行八字的密碼 ························· 150

八字充電坊 10：返璞歸真 - 從實證學八字 ······· 154

3-2　日主受剋基本功 ························· 158

3-2-1　什麼是日主受剋 ············· 158

3-2-2　財生官殺剋日主 ············· 160

3-2-3　日主受剋的區分 ············· 162

八字充電坊 11：別在身弱日主受剋下決定 ······· 166

3-2-4　難分難解的日主剋合 ········· 169

3-2-5　日主出干御駕親征 ········· 175

3-2-6　日主受剋牛刀小試 ········· 178

3-2-7　日主脫困享受斷捨離 ········· 181

八字充電坊 12：案例 - 日主受剋必出事？ ······· 185

3-3　身強身弱與你想得不一樣 ············· 189

3-3-1　十神的天秤理論 ············· 189

3-3-2　身強身弱的區分 ············· 192

3-3-3　　　　身弱的案例‧‧‧‧‧‧‧‧‧‧‧‧‧‧‧‧‧‧‧‧‧ 194

3-3-4　　　　身強的案例‧‧‧‧‧‧‧‧‧‧‧‧‧‧‧‧‧‧‧‧‧ 195

八字充電坊 13：案例－財多身弱 ‧‧‧‧‧‧‧‧‧‧‧‧‧ 197

3-4　　合是天堂也是地獄‧‧‧‧‧‧‧‧‧‧‧‧‧‧‧‧‧‧‧‧‧ 202

3-4-1　　　　合的種類意義‧‧‧‧‧‧‧‧‧‧‧‧‧‧‧‧‧‧ 202

3-4-2　　　　合是一種羈絆‧‧‧‧‧‧‧‧‧‧‧‧‧‧‧‧‧‧ 207

3-4-3　　　　合不代表消失‧‧‧‧‧‧‧‧‧‧‧‧‧‧‧‧‧‧ 210

3-4-4　　　　合的 12 天試驗‧‧‧‧‧‧‧‧‧‧‧‧‧‧‧‧ 212

3-4-5　　　　沒靈魂的八字‧‧‧‧‧‧‧‧‧‧‧‧‧‧‧‧‧‧ 213

3-4-6　　　　合的另類思維‧‧‧‧‧‧‧‧‧‧‧‧‧‧‧‧‧‧ 216

3-4-7　　　　合的小故事‧‧‧‧‧‧‧‧‧‧‧‧‧‧‧‧‧‧‧‧ 218

3-4-8　　　　地支的生合與剋合‧‧‧‧‧‧‧‧‧‧‧‧‧‧ 220

3-4-9　　　　合的基礎規則解說‧‧‧‧‧‧‧‧‧‧‧‧‧‧ 230

3-4-10　　　合的實戰批命練習‧‧‧‧‧‧‧‧‧‧‧‧‧‧ 237

八字充電坊 14：案例－心急如焚的印合比劫 ‧‧‧‧ 242

3-5　　動靜態的人生變化球‧‧‧‧‧‧‧‧‧‧‧‧‧‧‧‧‧‧ 249

3-5-1　　　　大運與流年‧‧‧‧‧‧‧‧‧‧‧‧‧‧‧‧‧‧‧‧ 249

3-5-2　　　　流年流月的特性‧‧‧‧‧‧‧‧‧‧‧‧‧‧‧‧ 251

3-5-3　　　　流年流月生剋心法‧‧‧‧‧‧‧‧‧‧‧‧‧‧ 254

3-5-4　　　　缺不等於要‧‧‧‧‧‧‧‧‧‧‧‧‧‧‧‧‧‧‧‧ 258

八字充電坊 15：案例－流月引爆的行車意外 ‧‧‧‧ 263

3-6　　保護神就在你身邊‧‧‧‧‧‧‧‧‧‧‧‧‧‧‧‧‧‧‧‧ 266

3-6-1　　　　保護神的概念‧‧‧‧‧‧‧‧‧‧‧‧‧‧‧‧‧‧ 266

3-6-2　　　　保護神的種類‧‧‧‧‧‧‧‧‧‧‧‧‧‧‧‧‧‧ 268

| | 3-6-3 | 保護神實例解說 · · · · · · · · · · · · · | 271 |

八字充電坊 16：案例 - 劉真是否為真？ · · · · · · · · 273

3-7　學會拆合過城牆 · · · · · · · · · · · · · · · 276

	3-7-1	拆合基本功 · · · · · · · · · · · · · · · ·	276
	3-7-2	城牆的概念 · · · · · · · · · · · · · · · ·	278
	3-7-3	拆合規則解說 · · · · · · · · · · · · · ·	280

八字充電坊 17：案例 - 食傷合財發大財？ · · · · · · · · 282

3-8　五行四時與調候 · · · · · · · · · · · · · · · 285

	3-8-1	瞭解五行四時 · · · · · · · · · · · · · ·	285
	3-8-2	調候的案例解說 · · · · · · · · · · · · ·	287
	3-8-3	四季土的小知識 · · · · · · · · · · · · ·	290

八字充電坊 18：案例 - 憂鬱症其實離你很近 · · · · · 292

3-9　中西醫治療用神 · · · · · · · · · · · · · · · 296

	3-9-1	正確的用神觀念 · · · · · · · · · · · · ·	296
	3-9-2	用神的取用法則 · · · · · · · · · · · · ·	300
	3-9-3	基礎用神的心法 · · · · · · · · · · · · ·	303
	3-9-4	進階用神的心法 · · · · · · · · · · · · ·	306
	3-9-5	生活用神取運法 · · · · · · · · · · · · ·	313

八字充電坊 19：用神我實在摸不透你 · · · · · · · · · 316

3-10　你所不知道的主導神 · · · · · · · · · · · · 319

	3-10-1	什麼是主導神 · · · · · · · · · · · · · ·	319
	3-10-2	主導神的應用 · · · · · · · · · · · · · ·	320
	3-10-3	主導神實例解說 · · · · · · · · · · · · ·	322

八字充電坊20：案例－剪不斷理還亂 ‥‥‥‥‥‥ 327

卷四　八字微言任督二脈 ‥‥‥‥‥‥ 332

4-1　命愈算愈薄？你想太多！‥‥‥‥‥‥ 334

4-2　男人沒事別採野花 ‥‥‥‥‥‥ 338

4-3　誰說正官是好人 ‥‥‥‥‥‥ 341

4-4　小孩也能批流年 ‥‥‥‥‥‥ 347

4-5　財破印的人生類象 ‥‥‥‥‥‥ 350

4-6　相同八字不同命 ‥‥‥‥‥‥ 359

4-7　改運能翻身？沒跌入深坑算你走運！‥‥‥ 364

4-8　剖腹擇日是正信？‥‥‥‥‥‥ 370

　　八字充電坊21：案例－沒避孕為何不受孕？‥‥‥ 372

4-9　我很笨！何時才能開竅？‥‥‥‥‥‥ 376

　　八字充電坊22：案例－人生跌到谷底了嗎？‥‥‥ 381

4-10　喜愛推理，沒理由不愛上五行八字 ‥‥‥‥ 383

4-11　我只在乎你的危機點 ‥‥‥‥‥‥ 386

　　八字充電坊23：案例－人無千日好，花無百日紅 ‥ 387

4-12　你聽過財剋比劫嗎？ · 391

　　　　八字充電坊 24：案例－窮非命定，而是後天習慣使然394

4-13　我的男人總是劈腿 · 397

4-14　享受戀愛的已婚女子 · 402

4-15　寧可財散人聚，也不要財聚人散 · · · · · · · · · · 406

4-16　離婚是快樂的解脫 · 410

　　　　八字充電坊 25：案例－你以為瘦能增加桃花？ · · · · 412

4-17　妳的堅持正在拖垮妳的幸福 · · · · · · · · · · · · · · 416

4-18　財生官的女人，男人最佳選擇 · · · · · · · · · · · · 421

4-19　你和低潮的距離，差的不只是錢 · · · · · · · · · · 425

　　　　八字充電坊 26：案例－當心因財惹禍 · · · · · · · · · 429

4-20　活用類推八字更簡單 · 432

卷五　　科學八字自我挑戰 · · · · · · · · · · · · · · · 436

5-1　基礎挑戰練習 · 438

5-2　進階挑戰練習 · 446

5-3　基礎挑戰解答 · 456

5-4 　　　進階挑戰解答 · 468

文堡老師的註解 · 486

跋：批命三部曲 · 488

五行八字教學 · 492

我為何寫這本書

一本令傳統命理師驚訝的八字書
別看,看了你就會批八字了!

五行生剋,初看簡易,細看招中藏招,層出不窮,流月險招、殺招暗藏,若不明辨,謬以千里,其批命特色,可謂:奇、險、辣、絕!

親愛的讀者好!這是我的第一部處女作,感謝你購買本書,也謝謝你對文堡老師的信任,我很重視這份信任,並預祝各位開卷有益,享受閱讀。

然而,這是一本很不一樣的八字書,怎麼說呢?

首先,文堡老師要給大家一個忠告,希望你能做好心理準備,有些人在閱讀過程中,可能會感到不習慣、甚至無法接受,這是因為五行八字即將**顛覆傳統思維,反轉你的腦袋**,我寫出來的東西,有一些在坊間的課堂上幾乎學不到,因為別的老師對於這些心法,不是不懂,就是捨不得拿出來教,又或者偷偷留一手。

而我,不忍心看到這麼多的莘莘學子,到了 2020 年的科技時代,**仍然延用古人的思維、停留在封建的時空學習八字**,所以才將這些珍貴的心法分享出來,讓讀者更加明白清楚,何謂去蕪存菁的現代八字。

本書最大的特色,你將看不到傳統八字艱澀的理論,請聽好囉!

沒有三合、三會、刑、沖、破、害、穿、合化、格局、通根、地支藏干、十二長生、神煞……等。只保留生、剋、合、洩、身強身弱、主導神、保護神、治療用神、調候以及五行四時的簡單邏輯，透過五行流通推理思考，斷事準確高是其最大特色，流月氣法及合的應用是論命的最高精髓，但最大的重點在於：「五術界沒有永遠的高人，任何事皆不可能斷到百分百。」

五行八字懶人包

流年氣　龍頭　保護神　流月氣
天干五合　治療用神　反向約束
地支六合　主導神　身強身弱
調候　生　五行四時　洩　剋

神煞　通根　固定用神　藏支　合化　格局　三合三會　刑沖破害

千萬別稱我為大師，命理師也是平凡人，出版這本書，純綷分享個人心得，發揚五行八字。

學過傳統八字的朋友，看到這裡或許很傻眼，可能直接吐嘈我：「老師你在唬爛，學八字竟然不談地支藏干、三合三會，試問要如何批命？簡直是旁門左道！」

很抱歉！你可以隨時放下本書，因為它本來就不是一部傳統命理，甚至反其道而行。你可能又會問：「五行八字的體制又是出自何處呢？」

這麼說吧！假如八字是一部歷史，這絕對是正解無誤，那麼「青出於藍勝於藍」這句話又代表什麼涵義呢？

　　那就是突破傳統！古書的確能夠幫助許多人學習八字，但不代表一定能夠學好八字，然而，五行八字卻不是歷史，它是一門活用的邏輯推理時間學，假如斷事無法達到七成準確率，這本書不會誕生；反觀，若想要達到百分百當神算，更不應該上市發行，因為那是天方夜譚，劉伯溫都曾經失算，更何況是凡夫俗子。

　　相信你一定讀過古書的經典口訣：「傷官見官，為禍百端」，其實這句話不見得是壞事，原因出自於八字的太極點上，同樣的八字組合，因為所關心的問題不一樣，只要太極點一改變，意義就會截然不同。

　　此刻，請拿起你的手機，一起來觀看第一部教學影片吧！請掃描以下的 QR 碼：

傷官見官 為禍百端

　　舉例來說，某人關心他的工作運，這份工作的起伏可能很大，因為官星被傷官傷害了，容易對上司心生不滿，那麼就會屬於很不好的情況。但如果是官司的問題，反而會是好事，因為要打贏官司了；若是問財運的運勢，代表此人即將要突破困境賺到錢。八字並非相同組合就會發生相同的事，而是要以當事人所關心的事件做推論，這也是為何相同八字不同命的原因。

　　命理古書的作者，大多數是當官的知識份子，因為位階與所處的環境不同，範圍大多限制在官場的關係上，但古人和現代人的思想有

很大的差異，在古代傷官見官就是大逆不道，造朝廷反皇帝，在當官的眼中必然是件壞事，也就是為禍百端了。

　　其實古書很多觀念需要現代人不斷做出修正，新世代社會各行各業各行其道，當官並不是現代人唯一的出路，世界很廣，當你瞭解十神的道理，就能很好的運用八字，建立正確的命理觀念。

　　「傷官見官，為禍百端」，在古代封建社會下場絕對不會太好，但套用到科技社會可就行不通了，因為破官之人往往能將問題解決，打破紀錄創造價值，成為社會的中流砥柱，甚至變為富豪。所以八字也必須與時俱進，破舊立新才能獨領風騷。

　　我也能這麼說：「傷官見官，平擺事端，突破難關」，一件事不能只看缺點而忽略優點，由以下的太極圖表可得知，這是一個陰陽共存的世代，好與壞皆是一體兩面，能夠為你帶來好名聲，但也可能惹禍上身，有的時候事實更勝於雄辯。

太極圖（黑色中有白點，白色中有黑點）
→ 陰中有陽、陽中有陰，各司其弊。
→ 不可能只有好，也不可能永遠壞。
→ 請珍惜身邊所擁有的一切。

※平衡定律、得失定律
人生中有得必有失，若你得到很多，卻沒有失去，此時要有所警覺，因為陰陽已經失去平衡。

　　有些人抗拒命理，深怕預知將來有不好的結果，而選擇所謂的「隨遇而安」，但你確定真的是順著運勢而走？

　　害怕預知未來而選擇逃避的人，全是因錯誤的觀念而產生的消極

想法。

　　八字雖可看到人生路途的運勢起伏，然而真正命運仍是掌握在自己的雙手，即使出生在相同家庭的雙胞胎，也會有不一樣的功成名就，關鍵取決於環境以及未來的選擇。假若兩個人的八字，有著易受同伴影響的特質，在官運好的期間參加考試，一個名列前茅，另一個是勉強合格，結果為何卻是大相逕庭？

　　我們仔細端看兩人的生活行為，你會發現名列前茅的哥哥，喜歡跟著成績好的同伴學習；而勉強合格的弟弟，大部分的時間荒於嬉。在官運佳的時機配上自身的努力，自然能把運勢發揮到極致，反過來說，不去準備仍能合格已是萬分慶幸了。

　　在五行八字的世界，我們的運勢不斷受到**大運、流年、流月、流日、流時的影響而不停變化**，所以十神的強弱和用神也會跟著改變，假如你能掌握八字的運勢，做出相應的安排便能事半功倍。在印好的時候，正是進修和學習的最佳時機，往往能遇上啟發你的貴人，專注吸收力也會特別強。在食傷好的時間，最適合嘗試挑戰、運用新的思維突破自我，披荊斬棘。

　　精確的八字分析就是一盞明燈，能引領我們善用目前的特質，將未來的成就發揮到極致，這才是真正的「隨遇而安」，而後知後覺的心態，便是消極的人生，也浪費了突破自己的寶貴機會。

　　踏入這行二十年，不斷地從客戶身上累積實戰經驗，近幾年亦成功驗證五行八字的心法，它亦是一門時間科學，既然講求科學，絕對不能故步自封，必須勇於創新而非流於套命，經年累月，我仍不斷思考修正 Update，從生活中去體悟並發掘更多的十神類象。

假如你願意接受新觀念，並且喜歡推理思考，相信我，一定會愛上五行八字。同時，文堡老師也要苦口婆心提醒讀者，這套八字雖然簡單易學，卻很難精通上手，唯有透過不斷的實戰演練，才能在這個學術更上層樓。

打開本書，你將快速學會五行八字的批命技巧，讀起來可能有一點燒腦，卻是十分的實用哦！假如與你所學的理念有所衝突，請先放下傳統的包袱，暫且打掉重練，靜靜享受五行八字的大餐吧！

第一本書談的是基礎心法，因為是 Basic，書中對於十神的著墨不多 (有機會將在第二本書詳述)。然而工欲善其事，必先利其器，學習任何事物必先將馬步蹲穩，八字也不例外，假如沒搞懂陰陽生剋，批命則會亂生亂剋。

本書的架構分為五大卷，如果你已有一些基礎，可挑選不懂或者感興趣的章節來學習。

卷一為基礎篇，我將帶你認識什麼是五行八字，它與傳統命理有何不同。接著介紹基本的干支五行，批命的四大靈魂，以及如何找出真太陽時，本書另一個特點，除了用淺顯易懂的文字呈現，亦附上教學影片的 QR 碼，將文字與影音結合，讓學習效果達到最大化，感覺是不是很酷呢？

卷二介紹陰陽五行生剋，這是最基礎也是最珍貴的單元，很多人批命不準確，最大的原因在於陰陽不分，別說是初學者，有八字底子的老手更應細細研讀，多數人只談合生剋，但我覺得要將洩納入批命體系，才能清楚明白五行八字的核心，配合練習打好基本功，本章是

你絕對不可錯過的章節。

卷三開始解說五行八字基礎的批命規則與心法，你將學會如何觀看動靜態的五行流通、日主受剋、合的變化、身強身弱、拆合應用、五行四時調候、保護神、主導神與治療用神，配合案例學習更能事半功倍，內容十分精彩。

卷四為八字微言任督二脈，本章集結了我的網站 Blog 文章，內容上做了些許修正，在一些實證案例中，我會用說故事的方式，讓讀者建立新的命理知識，不再被過時的觀念羈絆。

卷五為本書最後的壓軸好戲，收錄了學生發問的題庫，分為基礎與進階共 40 道練習題，文堡老師期望大家讀完本書後，能從實務中體悟五行八字，除了印證這套學術的準確，亦要指引他人如何走，透過改變讓自己的人生加分，才是研習命理真正的目的。

素有傳奇球星的「鈴木一朗」，相信大家一定不陌生，這位巨星與筆者同年同月同日生（透露自己的年紀），但我們的命運卻是天差地別，哈！你也許會說：「當然囉！時辰不同命運怎麼可能一樣呢？」沒錯！然而即使同個時辰，也不可能有相同的命。

2017 丁酉年盛夏，某天在洗澡時，突然靈光乍現：來拍個 YouTube 教學視頻如何？當時我將這個想法告訴內人，沒想到她一口回絕，理由很簡單，為何要將二十年的學術知識與經驗分享出來呢？你又沒欠別人什麼！

但我仍然堅持跨出第一步（如同出版這本書），於是在 2017 年 7 月 24 日，上傳首發的 YouTube 視頻：「用八字觀察股市成長衰退」，

說實話，用八字觀看股市的漲跌並不客觀，2020 庚子年，干支組合庚金洩子水，金寒水凍的流年，自然界容易出現瘟疫，因為水旺火弱，金主肺，新冠肺炎帶給全球經濟很大的衝擊。對於市場瞬息萬變，千萬別想著用八字賺錢。

請掃描右方的 QR 碼影片，一同參考學習。

用八字觀察股市成長衰退

令人嘖嘖稱奇的是，台股打從 2017 爬上萬點，就再也沒有跌破萬點，2019 年底甚至逼進 29 年來新高，此時你也許又會再次吐嘈：「老師，用八字預測股市根本不準嘛！」沒錯啊！氣象預報都可能失準了，股市漲跌又怎可能百分之百？

幾個月前，偶然間看到一篇〈命中註定〉的文章，個人覺得觀念非常好，與讀者共享這段好文。

所謂的命中註定，其實是一個面，而非一個點。在這個面裡，點的位子以及上下左右，其實是可以靠人力去改變的。命運既有天數，但也操之在我。風水、姓名、積德、行善、學習、貴人，都具有改變人生的效果。先天命格的框架雖不容易打破，但只要找對方向，必能扭轉乾坤，成就圓滿。人生不要輕言放棄，天道酬勤有心之人，命定而未定也！

即將邁入五十知天命之際，下定決心告訴自己不能再當魯蛇，當身邊的好友都按讚，支持你出書時，老實說內心好心虛，深怕讓人知道，我的天生資質有多 Low。幾年前仍在起跑點躊躇怎麼起步，牽掛

前方有多少障礙，但只要願意跨出第一步，不怕沒機會走向夢想的道路。

四碗小雞湯

「一天一小步，一年一大步，十年一段路。」

「經歷怎樣的辛苦，才資格有怎樣的人生。」

「世界每個角落，都有人和你一樣在奮鬥。」

「時間花在哪裡，總有一天機會必能出現。」

人生短短幾個秋，有如飛鴻雪泥，我也許不會跑得最快最遠，也不一定可以達成目標，但走到人生終點時，能品嚐回憶與滿足的里程碑，讓生命的旅程不再徒留白費。

出書，並非只為了賺版稅，此刻的我，內心只獨留一個思維：「流傳一點智慧瑰寶給後代子孫，並將它推廣發揚，讓更多人知道，經過去蕪存菁的現代八字，發掘與傳統命學的差異之處，此為餘生最大的

心願。」

　「我們這輩子該追求的，不是無悔的人生，而是去愛上那個不完美的人生。」－孫越

卷一

認識五行八字

認識五行八字

1-1 當五行八字碰上傳統學

你相信嗎？五行八字的歷史不到一甲子，市場佔有率不到10%，傳統八字仍舊是市場大宗。

談到八字學派，相信很多人都知道，子平八字與傳統命學的經典名著，亦可稱之為書院派八字，一般人所學習的就是普遍的學術流派，無論是傳統命理，抑或其他學派，一切都脫離不了生剋的基礎理論。

五行八字也是遵循這樣的原理而來，它與傳統命理並無衝突，只是簡化了傳統論命某些粗糙的觀念，讓八字更貼近現代人的理念，它具有科學的實用價值，實戰性更強，斷事準確率高。實務應用中，五行生剋更突破了傳統命學所不能突破的盲點，我很有自信的跟大家推薦，其中的**流月氣法與合的應用**，要說是五行八字的最高精髓，一點也不為過。

此時你一定感到困惑，五行生剋與子平八字最大的差異在哪裡？買這本書我到底能學到什麼？

先說一個觀念，各位在中學都讀過物理及化學吧？你覺得這兩門學科有何不同呢？我引用維基百科來解釋什麼是物理及化學的定義。

化學：它是一門研究物質的性質、組成、結構，以及變化規律的物理的子學科。化學研究的對象涉及物質之間的相互關係，或物質和能量之間的關聯。傳統的化學常常都是關於兩種物質接觸、變化，即化學反應，又或者是一種物質變成另一種物質的過程。「化學」一詞，若單從字面解釋就是「變化的學問」之意，主要研究的是化學物質互相作用的科學。

物理：「物理」一詞在英文裡是「physics」，最先出自於古希臘文「φύσις」，原意是「自然」。在中文裡，物理指的是一切事物的道理，利用觀察、模擬、實驗、推理、演繹等方法來獲得知識，簡單來說，物理學即是一門自然科學，其中包含時間的邏輯。

讀者可別誤解，本書並非在教授大家物理和化學，我也不想班門弄斧。文堡老師所要闡述的重點，在於引用物理和化學，以解釋子平與五行八字之間的差異。

大家都知道子平八字有談合化對吧！以丙辛合化來說，丙火辛金要化為水，必須具備一定的條件，不是隨隨便便就可以化。假設丙火的地支坐子水或申金，則丙火可化為壬水。但如果辛金的下面坐巳火或卯木，則辛金不可以化為水，即使丙火化為壬水，歲運來一個甲木，原本化為壬水的丙火，此時可立馬回復為丙火。由此我們可得知一個結論，物質經過不斷的作用而產生不同的變化，而合化即是一種能量變化的科學，故子平八字是一種化學的觀念。

然而五行八字卻不是如此，因為它只有合沒有化，這個合指的就是時間的邏輯，根本沒有化火這回事。合代表兩者五行力量的增減，

此消彼長的觀念，當流年來一個壬水，丙火受傷之時，辛金就會被放出來，所以五行八字較接近物理學的概念。

進一步說，五行生剋與子平八字最大的不同，類似於研究物理與化學之間的變化，**物理是自然的合而不化，化學是規律的合而化**。因此，我希望多年來學習子平八字的讀者，在嘗試接觸五行生剋學，願意接受新的思維模式。

八字的學派眾說紛紜，每一派都有其優點及不足之處，論命的方式條條道路通羅馬，如同解一道數學題，批命結果如能得到他人的認同，一般來說，無論你學習哪一門派都是 OK 的。

另外，多數人對五行八字與傳統學的差異，存在了許多誤解，是否這兩者之間，無法截長補短互相結合呢？

這個答案是否定的，為什麼？道理很簡單，除了基本的五行生剋流通，傳統學其實有一些觀念，可以納進來為五行八字所用，不但不會影響論命的準確度，還能體悟出許多不同的批命心法，因為五行八字有如萬能鑰匙，素有萬用學派之稱。

假如你是學習傳統命理，五行八字與你所學的觀念，一定有著很大的衝突，傳統命學有很多先人的智慧，值得我們去挖掘，它仍有一些可用的批命學理，比如**調候、病藥、通關、身強身弱、五行四時、治療用神**等等。

進一步說，不論你是學習哪一派理論，實證是學好八字的不二竅門，在這個過程中找出哪些理論可用或無用，並加以去蕪存菁，將可用的理論納入自己的體系，透過這樣的學習方式，八字將會變得獨特稀有與眾不同，除了可提高斷事的準確度，更酷的是，再也不受他人

或書籍的影響而人云亦云。

　　補充一點，我並非強調五行八字最靈最神，傳統學派也有非常厲害的高手，重點在於如何將可用的理論，加進來與五行八字攪拌結合，假以時日累積實戰經驗，成為自己的獨門心法。

　　本書就是為你而寫，很期待吧！

　　讓我們一起看下去！

　　當蛇形拳配上貓爪，有朝一日必能成為蛇形刁手。

八字充電坊 1 ：看了這麼多古書，然後呢？

　　踏入這行二十個寒暑，老實說，無論你的想法如何，想認真的學好八字，就必須透過實戰才能真正體悟這門學術，因為八字不是紙上談兵，只停留在古書的理論將會寸步難行，很多人學了八字談理論都很強，但一經實戰卻是一塌糊塗。

　　有一個曾經給其他老師批過命的客人，他說批命當下被老師給催眠了，等到事後驗證卻是完全相反。

　　類似這樣的情況很多，很多老師在批命後不會去追蹤印證，把批算八字當成是一種交易，然而我卻不是如此，客戶都會與我保持聯繫，因為我的服務是以批流年流月為重點，並非鐵口直斷幾十年後你將有多富貴多好命。因為是批流年，一定會有出現疏忽的地方，客戶只要有疑問自然可以問我，再透過八字修正問題，所以一個八字可以持續追蹤一年以上，透過客戶的反饋才知道分析出來是對還是錯。

　　透過反覆不斷的追蹤，你會發現很多的事物，絕非批完一個命就不予理會，因為會付費找我的客戶，是基於對我的信任，當然也不能辜負他們的期望，我覺得這是一種負責的態度，也是對八字學術的尊重，透過批命的服務，可以知道事情的前因後果，如此一來，便可反覆不斷去印證並修正流年和流月的盲點，利用這樣的方式慢慢去鑽研突破，時間一久就能累積更多的經驗心得，因此我一直致力於八字的研究，當我的客戶越多，手上範例就會越多，因為他們會在日後自動反饋，所以我是透過不斷地實戰，以及客戶的反饋體悟現代人的八字。

學習八字的人不外乎以下三種可能

其一：想瞭解自己的命運

其二：幫人解答人生疑惑

其三：想賺錢

真正的批八字是不問而批，在客人不問你任何事，將命盤的重點說出來。透過一對一實戰，每隔一段時間就會領悟出新的東西，這是書上所學不到的知識，**實戰批命才是學會八字的正確方式，持續不斷的觀察才能瞭解自己的不足**，換句話說客戶才是我真正的老師，書本不過是引薦入門。很多八字的經典書籍我幾乎都不碰了，因為面對的是現代人而非古人，不能用古老的眼光來看待現今社會，所以不要問我那些看似深奧的學術理論，老實說，我不懂也不想懂！

很多人一看到官殺心裡就會感到毛毛，官殺表明就是來欺負我，讓人產生很大壓力，一見到殺就提心吊膽，其實官殺剋日主的問題，在沒有印星和比劫的保護下才會產生如此的現象，十神沒有絕對的好與壞，都有其一體兩面，八字講究的重點在於五行的互動流通。

古書中有所謂的以殺護財，這樣的規則，相信很多學習命理的人都知道，但是無論如何，我們在研讀古書學命理的同時，很多斷語和規則都是有條件的，並不能全盤套用之，也許你們會問我，以殺護財必須在何種情況下才能成立呢？

我們經常在網路命理論壇看到，很多人因為理念不同而吵翻天，光是以殺護財，有些人說比劫旺要用官殺來平衡，有的人則說比劫旺

不能用官殺，只要用食傷洩就可以了，因為七殺存在很大的凶性。

這樣的答案只是流於理論，並沒有透過實際批命思考，因此也只能算是理論型的八字，若要讓自己的功力更上層樓，必須深入研究這些術語背後的真實性。

我們知道比劫只要不碰財就不會破財，只有比劫和財相見才會破財，這句話的使用條件只限於本命比劫剋財的情況下使用，若只是比劫旺但八字無財，破財的條件並不能成立，因為比劫根本剋不到財，若是有官殺反而會傷了比劫，導致手足情誼發生了問題。

看到這裡，你會問我該如何去思考呢？我再舉個簡單例子，本命有比劫剋財，好比有一群酒肉朋友每天跟著你吃喝玩樂不務正業，意即交友來意己財，這樣的情況自然就會破財，假如不和這些朋友往來，甚至一刀兩斷，錢財不就能保住了嗎？

如果只是單純的比劫朋友，這些人並沒有讓你破財，大家都是我的良師益友，假如用官殺去剋掉比劫，不就是跟好友翻臉了？這麼做對自己的人際關係並無益處。

很多八字的術語使用條件有其限制，這些心法必須透過實戰才能領悟，隨著批命的水準不斷提升，有了自信經驗就能更深入去探索命理，紙上談兵並沒有對錯，但假如把八字侷限在理論上打轉，這套學術將很難有所突破。

1-2 五行八字的起源

　　自古以來，命理學說甚多，不外乎的基本道理也只有陰陽、五行、數理而已。因為天地之動、萬物之收也盡在於陰陽、五行、數理之中，故推命之根本，絕對離不開陰陽、五行、數理之變化，但是推弄從何處起步，就需要深思了。

　　喜歡八字的讀者，大部分都是看到 YouTube 視頻，慕名而來到我的社團或粉絲頁，一個好的傳統學術，真的需要大家去推廣，尤其是五行八字學。

　　五行生剋是遠古流傳已久的智慧，學了大半輩子的八字，發覺傳統命理盲點的人不在少數，於是開始回歸到最基本的五行生剋上。我們社團或粉絲頁的老師，透過大量實際的案例反覆推敲，把個別情況統一並歸納成為我們的「法則」，這些法則與坊間的老師未必一樣，但可以肯定這些都是經過印證，準確而且經得起考驗。

　　坊間欲找到單純五行八字的書籍，可以說是寥寥可數。五行八字的歷史，嚴格算起來不到一甲子，始祖起源於文王卦占卜，後來追溯到司螢居士八字洩天機 1.0，光蓮先生的八字氣數 1.1(司螢的徒弟)，2003 年胡一鳴命理精論 1.2，香港馬汗辰正信的八字 1.3，最後到黃教授的科學斷八字 1.4，目前我們使用是經過驗證改良的 1.5 版本，與前四個版本不同之處，我們捨棄傳統身強身弱定格局，同時加強了**流月的準確度以及合的效應，純粹以陰陽五行論斷**，可以說是目前坊間，

最貼近現代生活的八字學。

曾有位網友問我：「老師，我看過胡老師的片面版本，似乎還是有正格及變格看格局，生剋有根據數目論強弱，但1.5版是否有保留？例如：流年一辛金剋三個卯木，卯木又通根時，辛金是否會受傷呢？」

根據長年修正後的觀念，流年的辛金雖然氣很強，但要一次打倒三個卯木可謂強人所難，卯木的力量雖然會減弱，但並不會全傷，重點在於流年辛金將會洩得很夠力。關於此問題，在卷二「五行的反向約束」單元中，我將有更深入的解說。

一個無私的學者，並不會吝嗇把所知道的知識傳授給他人，因為他會有一份自信，自己不會比別人落後。況且人類是群體的生物，總要互相扶持擦出火花，我們的能力和學術才能不斷前進。

文堡老師樂意將實證出來的法則與讀者分享，因為只有批得準，才能挽回大家對八字的信心，也為八字的盛傳盡一分心力。

來吧！我們就等著你一起將五行八字推向全世界。

八字充電坊 2：如何提升八字功力？

　　五行八字的批命規則，其實很簡單，只要能掌握批命心法，透過邏輯思考即可融會貫通，再將五行生剋熟練，保證學會批八字，還能從實務經驗中，體悟這套八字內涵，進一步提升推理能力。

　　想要強化自己的八字功力，必需要透過實證練習來提升。當你批算客戶的八字，但對方搖頭說不準或者不認同，請別灰心，這未必是批命技術出了問題哦！

　　很多時候是出生時辰報錯，抑或當事人怕被揭穿事實，礙於面子關係而否認，別懷疑！經驗是最好的導師，明明批對了，對方卻說沒這回事，甚至持相反意見反駁。比如你批客戶今年財運不好，但命主不甘心嘴硬，反而說今年的財運不錯，結果下個月又跑來問你：「老師，我何時才能還清債務呢？」

　　這種情況，在我的職業生涯多到不勝枚舉，其實還有許多導致批錯的原因，像是親友代問、不懂得十神生活類象。光是破財這件事，其實就有很多解釋，可能代表父親、婆婆或妻子的健康不好，發生車禍或者飼養的寵物生病死亡。

　　此時你會問我，該如何去實證呢？很簡單！請去免費的命理網站，隨機挑一個命盤，看到什麼就批什麼，然後再回過來看命主的問題，是否與你批的有所吻合。

　　文堡老師歡迎你點擊加入五行八字 FB 社團：
　　請掃描右方的 Q R 碼登入

FB 八字五行生剋學

想提升你的八字功力嗎？看書看視頻很難體會批命的心法，讓我來告訴你真正的 SOP。

1.　五行八字的基本功就是避免亂生亂剋，先搞懂這些吧！

2.　沒事請到命理論壇或 FB，將你所學到的技法實際印證。

3.　將批命心得記錄到筆記部落格。

4.　重覆以上動作熟練到不問而批。

5.　經驗愈豐富愈能掌握八字心法。

批命流程：

1、　觀察本命相生相剋，十神的強弱和一些性格的狀況。

2、　查看前一柱大運、現在大運和未來大運與本命的作用，加強或減弱了哪個十神，從而得知該柱大運的運勢走向。

3、　之後再加上流年去批，在當下大運中，過去一兩年和今年的整體運程，觀察十神強弱的變化，進而看出流年的好壞。另外可以單看十神的變化，比如財運或官運。

4、　最後再看流年與流月的運程，告知當事人何時該避開危機點。

　　這世界每天都有人在問命，這不是問題，關鍵在於你願不願意跨出第一步。

1-3 細說干支五行

1-3-1 **什麼！你還不會手動排大運？**

本章節開始進入五行生剋的世界，我們先從學會手動排大運開始吧！坊間排盤軟件，八字的排法有很大不同，端看大家習慣那一種，不過換大運的時間就不一定準確，文堡老師建議初學或進階的朋友，至少要學會手動排大運。

為什麼我一直強調學會手動排大運的重要？你可能會說，現在都有排盤軟件了，為何還要花時間學習呢？最大的原因在於，每套軟件換大運的時間不盡相同，輕則相差幾天，重則差了半年以上。

假設你剛好批到一個在流年換大運的八字，同時又不知道在哪個月份換大運，批出來的運勢具有參考價值嗎？通常都是好的不靈，壞的靈，大多數都不會準確！因為不同的大運配上本命與流年的組合，所呈現的五行流通完全不會一樣，算出來的運勢也是南轅北轍，如此這般的批命法，面對你的客戶將於心何忍？

你或許會吐嘈我：「老師！碰到流年換大運的機率並不高吧？」

沒錯！天有不測風雲，總有一天你必定與此相逢，除非你未曾幫人批過命。於是文堡老師決定寫出這篇教學，其實，學會手動排大運一點都不難，多練習即可駕輕就熟，盡量不要用手機懶人包，出錯的機率並不低。

OK！我們開始上課，有幾個重點請大家留意：

(1) 十年換一柱大運，命理師很常遇見換運時命主前來問事。

(2) 現今排大運軟件眾多，但非完全準確，故要學會手動排大運。

(3) 碰上轉換大運的流年，會呈現兩個不同的命盤，不同的大運流年，與本命將產生不同的作用。

(4) 手動排大運須自備萬年曆，且以陰曆來計算。

(5) 每年有 24 個節氣，只須牢記 12 個節即可，一般以 30 日交換 1 個節。

(6) 計算大運口訣 (以當兵退伍為例)

一、何時當兵：生於 X (節氣) 後 X 日 X 時辰。（男女皆為固定）

二、當幾年兵：大運 X 年 X 月又 X 日上運。

三、何時退伍：將上面兩個相加得到最後的結果，格式：每逢 X 年 (天干五合) X (節氣) 後 X 日交脫

(7) 男女大運的順逆規則

女命：陰年出生，為順行；陽年出生，為逆行。

男命：陰年出生，為逆行；陽年出生，為順行。

(8) 換算大運的規則

三日折算一歲

一日折四個月

一時辰折十日

一小時折五日

　　瞭解上述的規則後，現在我用同一個八字的男女，分別教授如何手動排大運。

（男命）

陰曆 1959 年 1 月 24 日 申時出生

第一步，查閱萬年曆，可得知 1 月 24 日的日柱為甲申，但這不是重點，首先要知道，這天的日子是出生在哪一個節氣之後。現在請大家再次翻開萬年曆，你會發現 1 月 24 日是生於立春之後，而交立春的時間是在 1958 年陰曆 12 月 27 日的亥時，所以我們必須從這天開始起算至 1 月 24 日，瞭解這期間有幾天幾個時辰。現在請你算一下，從 12 月 27 日到隔年的 1 月 24 日總共有幾天呢？答案是 27 日？錯！正確是 26 日又 9 個時辰，你會問我這到底怎麼算？為何不足 27 日呢？簡單，因為 12 月 27 日亥時之後才正式交立春，所以從這天開始起算到 1 月 24 日的申時，事實上根本不足 27 日，故要寫成 26 日 9 時辰。OK！第一步已經算出來了。

請在何時當兵的欄位填上：**生於立春後 26 日又 9 時辰**

PS. 請讀者先抄下來，等會兒女命還會用到。

第二步，1959 年為己亥年，己土為陰，陰年出生的男命必須逆行，也就是說要往前推算已過的節氣，所以正好是 26 日又 9 時辰，接著依據 3 日折算 1 歲，1 日折 4 個月，1 時辰折 10 日的規則，換算成上運的時間。將 26 除以 3，得到 8 餘 2，8 就是 8 歲（8 年），2 就是兩日，2 天等於 8 個月，9 時辰等於 90 日（3 個月），現在請將月份相加，8 ＋ 3=11，所以月份會變成 11 個月，第二步到此結束。

請在當幾年兵的欄位填上：**大運 8 年又 11 個月上運**

第三步，請將上述兩者相加，不計年，月和月相加，日和日相加。

先看月的部分，立春是 1 月，加上 11 月得到 12 月，日的部分仍是 26 日不變，9 時辰可忽略不計，最後得到 8 年 12 月又 26 日 9 時辰，記得要將 12 月改成節氣的小寒。最後一個動作，我們要找出何時換大運的年干，不難！已知年數為 8，故以己年干往後推算 8 年，如下：

　　1 庚 2 辛 3 壬 4 癸 5 甲 6 乙 7 丙 8 丁

　　得知換年的時間為丁年，其實更快速的方法無須數 8 年，因為天干每五年即循環一次，只要用 8 減去 5 得 3，往後數 3 年即可，此時我們可得知換大運的時間，一樣是落在丁壬之年，即每逢丁壬之年小寒後 26 日交脫，第三步結束。

　　為了避免麻煩，小寒的下一個節為立春 (須留意跨年須加 1 歲)，故可在何時退伍的欄位寫成如下以便查看：

每逢戊癸之年立春前 3 日交脫

何時當兵	生於立春後26日又9時辰
當幾年兵	大運8年又11個月上運
何時退伍	每逢戊癸之年立春前3日交脫

（女命）

陰曆 1959 年 1 月 24 日 申時出生

　　第一步，與男命算法相同，直接抄過來即可。

　　請在何時當兵的欄位填上：生於立春後 26 日又 9 時辰

　　第二步，1959 年為己亥年，己土為陰，陰年出生的女命必須順行，也就是說要往後推算未來的節氣，請再次查閱萬年曆，發現正式交到

驚蟄的時間為 1 月 27 日申時，從 24 日申時數到 27 日申時剛好 3 天，依據 3 日折算 1 歲規則，我們可得知上大運的時間為 1 歲，第二步結束。

請在當幾年兵的欄位填上：大運 1 年上運

第三步，請將上述兩者相加，不計年，月和月相加，日和日相加，得到 1 年 1 個月 26 日又 9 時辰，記得要將 1 月改成節氣的立春。最後我們必須找出換大運的年干，已知年數為 1，故以己年干往後推算 1 年，得知換年的時間為庚年，即每逢乙庚之年立春後 26 日交脫，第三步結束。

為了避免麻煩，立春的下一個節為驚蟄，故可在何時退伍的欄位寫成如下以便查看：

每逢乙庚之年驚蟄前 3 日交脫

何時當兵	生於立春後26日又9時辰
當幾年兵	大運1年上運
何時退伍	每逢乙庚之年驚蟄前3日交脫

如何？是不是很簡單呢？現在，請用自己的八字練習一次，試著以手動排出換大運的時間。

若你還是不熟悉，請拿起一台平板手機，掃描右方的 Q R 碼，觀看教學影片。

學會手動排大運

1-3-2 坊間命盤的排法

　　早年學習八字的時候，家父教我的起盤方式，皆是年在右，時在左。隨著科技日新月異，APP 軟件如雨後春筍，現代人比較少用手動排盤了。打從接觸到大陸及海外的朋友，才明白命盤排法與台灣有所差異，哈！走出去才能看到更寬廣的世界，不會變成井底之蛙。使用上因人而異，個人還是習慣由右到左的台灣排法，如下圖。

　　台灣命盤排法 ↓ 從右到左，如下↓

時	日主	月	年	大運	流年

　　大陸命盤排法 ↓ 從左到右，如下↓

年	月	日主	時	大運	流年

　　接下來介紹一個好用的排盤網頁，請掃描以下的ＱＲ碼。

　　文堡老師用過許多排盤軟件，當中以自然之道最好用，換大運的時間相差不會太多，建議大家可以用這套來排盤，減少錯誤率的發生。

　　不過它也有缺點，第一它不是 APP；第二輸入的八字資料無法儲存。每個人的體驗不同，選擇自己上手的軟件即可。

1-3-3 用五鼠遁快速取時干

　　看到這個小單元，是否會感到興致缺缺呢？你可能會說：「老師！我買這本書最大目的，主要是來學習批命技巧及心得，多寫一些案例比在實在不是嗎？」沒錯！入這行二十年，你們喜歡吃哪道菜，我怎麼可能故意裝傻呢？再說，活到快五十知天命這把年紀，出版人生的第一本著作，我深信讀者的眼睛都是雪亮開無雙，隨便敷衍了事或抄襲呼嚨，任誰都看得出來。

　　當然囉！人生沒有絕對的完美，假如你是我 YouTube 的粉絲，一定會瞭解文堡老師的風格，這本處女作，雖然標榜基礎心法，但相信讀完之後，多少能讓你打通五行八字的基本任督二脈，甚至茅塞頓開，余將深感有幸，與有榮焉。

　　我們回歸正題，談到五鼠遁取時干，1999 年初出茅廬，跟著家父學習八字，身邊總會抱著一本萬年曆，在還沒有智慧型手機的年代，除了電腦的星橋軟件，大都只能用手動排八字，其實坊間早有一套不須萬年曆速推八字的方法，不過現在人手一機，也漸漸習慣用 APP 排盤，反而少用速推來排八字了。

　　然而，究竟五鼠遁有什麼魅力，讓老師特別花時間寫這篇單元呢？用手機排盤不就立馬得知了嗎？這麼說吧！假設有一天，你忘記對方的出生數字，只記得八字中的七個字（別懷疑我經常碰到），唯獨遺漏時干，此時就可以用五鼠遁，快速找出時干的五行，也許你會說，用排盤軟件不是更快嗎？

No！其實並不會更快，如果你知道此人的八字排列，但不記得出生日期，我們就可以利用「掐指神功」推出時干。另外，它也可以用來推流日與流時的氣哦！但這部分不是本書的討論範圍，現在我來告訴大家，快速用五鼠遁取時干的三大方法。

為了讓初學者不當苦手，首先必須知道什麼是「掐指神功」，老鳥們可以先 Pass（我瞭解你們的心情）。

OK！現在請張開你的左手（如下圖），然後牢記十二地支在手心的每個位置，接下來根據日主的天干，再考慮天干五合化的五行，按照該五行之天干（注意陰陽），然後開始數手指，從子時做為起步，順時針數至所屬的時辰，即是對應的天干。看不懂？別急，看過實例解說，你就會理解了！

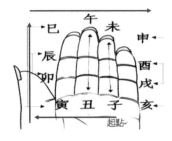

方法一：利用古人的「五鼠遁歌訣」

甲己還加甲，乙庚丙作初，丙辛從戊土，丁壬庚子居，戊癸何方發，壬子是真途。

這是很普遍的方法，學過八字的人應該都懂，這裡就不再詳述，早年背記對我而言很痛苦，好處是打下很多命理底子。

方法二：「天干合化反剋法」

　　這個方法是我今年找到的心得，坊間的書似乎很少著墨，特此與大家分享。

　　以下列出表格，再次複習天干合化，注意！合化只用在五鼠遁取時干，批八字就用不到了。

	天干五合 （陽　陰）	合化之五行	相剋五行		天干 （陽　陰）
1	甲　己	合化→土	木	=	甲　乙
2	庚　乙	合化→金	火	=	丙　丁
3	丙　辛	合化→水	土	=	戊　己
4	壬　丁	合化→木	金	=	庚　辛
5	戊　癸	合化→火	水	=	壬　癸

　　以甲乙日主來做說明，因為甲己合化土，此時我們先找出剋土的五行，答案是甲乙木沒錯吧！但要注意只有甲木能用，為什麼乙木不能用呢？因為五鼠遁是以子時為起序點，還記得嗎？五行八字中，子午為陽，巳亥為陰，在六十甲子干支的組合，一定是陽配陽，陰配陰，所以陽子水的上面一定是搭配陽甲木，陰的乙木不能用，因為不可能出現乙子這種組合。

　　瞭解這個原理後，接下來我出幾個實例，讓大家做個練習。

(例題 1) 請找出時干的五行

八字	時	日主	月	年
天干	？	乙	癸	丁
地支	申	丑	丑	卯

→ 乙日主，乙庚合化為金，用火剋金。

→ 火為丙丁火，因地支為申，天干必為陽丙火。

答：用丙火放在子時起歲數至申，得時干＝甲。

(例題 2) 請找出時干的五行

八字	時	日主	月	年
天干	？	丙	癸	丁
地支	戌	寅	丑	卯

→ 丙日主，丙辛合化為水，用土剋水。

→ 土為戊己土，因地支為戌，天干必為陽戊土。

答：用戊土放在子時起歲數至戌，得時干＝戊。

文堡老師 Tips：時支若為子時與戌時，時干必定為相同的五行，直接代入戊土即可，無須再數手指。

(例題 3) 早子時與夜子時的區別

早子時(00-01)				夜子時(23-24)			
時	日主	月	年	時	日主	月	年
？	甲	辛	乙	？	甲	辛	乙
子	辰	巳	酉	子	辰	巳	酉

→ 早子時：同上，日主為甲，甲己合化土，用木剋土。子為陽，

用甲木起步。

答：甲子時

→ 晚子時：因古人將十一點以後算為翌日，甲的翌日為乙，乙庚合化金，用火剋金。子為陽，用丙火起步。

答：丙子時

方法三：「逢龍則化法」

我們知道辰＝龍，逢龍則化的意思，就是辰土的天干即為**合化後的五行**，然後再數手指，找到時支對應的時干五行。

比如乙日主，乙庚合化為金，則辰土對應的天干五行即為庚金，也就是庚辰時，我用兩個實例做說明：

(例題 1)

八字	時	日主	月	年
天干	？	丙	辛	乙
地支	辰	午	巳	酉

→ 丙日主，丙辛合化為水，取用壬水，故辰土對應的天干五行即為壬水。

答：壬辰時

（例題2）

八字	時	日主	月	年
天干	？	丁	辛	乙
地支	酉	未	巳	酉

→ 丁日主，丁壬合化為木，取用甲木，故辰土對應的天干五行即為甲木，再從辰數到酉，得到時干為己土。

答：己酉時

以上分別介紹三種利用五鼠遁取時干的方法，你可以選擇其中的一種使用，其實這只是一個工具而已，對批命技巧沒什麼多大作用，但如果寫錯，論命可就不會準確了。當然，若你還是覺得麻煩，就直接使用 APP 排盤吧！

1-3-4 天干五合與地支六合

天干五合是學習八字的基本功，坊間的書幾乎都有教學，這裡不再詳述。不過請讀者留意，本書講述的天干五合及地支六合，五行八字只談合不談化，我們是不看化的，本書著重在基礎的五行生剋心法，為了讓初學者更瞭解基礎的干支五行、天干五合、地支六合，我列出幾個重點，讓大家複習一下吧！

＜十天干＞

※ 甲丙戊庚壬（陽）

※ 乙丁己辛癸（陰）

文堡老師 Tips：我們常說的五行順序，正確是木火土金水，而不是金木水火土哦！因為順生才能成氣。

從下圖的五行排列，可以輕而易舉分辨十天干的陰陽五行屬性，再來分析陰陽的特性，陽的特性為主動且力量大，陰的特性為被動，力量次於陽。相生的情況：陽陽相生，陰陰相生，陰生陽，陽生陰。相剋的情況：陽陽相剋，陰陰相剋，陽剋陰，陰剋陽。

文堡老師 Tips：天干只有陰陽合，也會出現陽剋陰（日主剋合外）；地支存在陽剋陰及陰陽合。

天干五合	合化 (可不看)
甲 己	合化→土
乙 庚	合化→金
丙 辛	合化→水
丁 壬	合化→木
戊 癸	合化→火

※ 本命八字的天干地支，共有 1, 123, 200 種的基本排列組合（註 1）。

※ 一甲子有六十年，干支皆是陽配陽或陰配陰，其中土的組合共有 28 種（註 2）。

※ 現在你應該知道，甲乙日主的人，為什麼財運通常會比一般人來得好（註 3）。

<十二地支>

比起天干，地支的部分比較複雜一點，因為它包含了時間、季節、方位、生肖，以及對應的天干，如下圖。

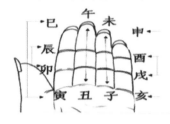

	11-13 點	13-15 點	
9-11 點	巳	午	未	申 15-17 點
7-9 點	辰			酉 17-19 點
5-7 點	卯			戌 19-21 點
3-5 點	寅	丑	子	亥 21-23 點
	1-3 點	23-1 點	

地支	子	丑	寅	卯	辰	巳	午	未	申	酉	戌	亥
生肖	鼠	牛	虎	兔	龍	蛇	馬	羊	猴	雞	狗	豬
陰陽	陽	陰	陽	陰	陽	陰	陽	陰	陽	陰	陽	陰
對應天干	壬	己	甲	乙	戊	丁	丙	己	庚	辛	戊	癸

這些基礎知識，坊間的書以及網路都可以查閱得到，其中比較爭議的是地支的子午巳亥，傳統命理學是子午為陰，巳亥為陽，因為藏干的關係，理論眾說紛紜，不過在五行八字中是將**子午當陽，巳亥當陰**。欲用簡單的方法來分辨陰陽，六十甲子就是最好的佐證，因為干支的相配原理，一定是陽配陽，陰配陰，陽天干不會配陰地支，比方說甲子年，天干的甲木為陽，地支的子水也必定為陽；2019 己亥年，

天干己土為陰，地支的亥水必為陰，依此類推。

　　若你還是有疑慮，請掃描以下的 QR 碼觀看，這堂課解說了坊間對地支陰陽的三種不同概念，究竟哪種說法較準確呢？方法很簡單，就是不斷透過實際批命印證，即可從朋友或客戶身上找得到正解，本書不做任何評論。

地支五行的陰陽概念

　　注意：影片中有一段出現口誤，戌土的藏干為戊辛丁而非戊乙癸，請讀者見諒！

　　易道之理，陰陽相涵，子午為陽，巳亥為陰，並無矛盾。

　　〈地支六合〉

地支六合	合化 (可不看)
寅 亥	合化→木
午 未	合化→土
辰 酉	合化→金
子 丑	合化→土
卯 戌	合化→火
巳 申	合化→水

　　六合也是學習八字的基本功，請同學務必牢記「合」，但不須背

記「化」，再次強調，五行八字是一門時間推理學，在卷三的第四章「合是天堂也是地獄」，將有更多合的應用解說。

另外，三暗合在五行八字並不看，但以個人的實務經驗，一般都著墨在本命的特質。曾批過一個女命，日主為乙木，地支卯申暗合，老公長時間「暗通款曲，金屋藏嬌」，因為卯為乙，申的主氣為庚，乙庚合為比劫合官，在地支代表偷偷來，暗中私密，不欲人知。

地支的三暗合，可用於靜態本命參考，但在動靜態的交互作用，基本上用不到。讀者若有興趣，請掃描以下的 QR 碼學習。

地支的三暗合

八字充電坊 3：你的外表和內在全在天干地支

傳統命理學都將天干和地支合併一起看，但五行八字則是將干支分開來看，有時看天干，有時只看地支，也許你們會感到不可思議，其實這是從人的身體所體悟出的經驗，天干為外，地支為內，地支臟腑受傷並不能代表身體的毛髮和皮膚也跟著受傷，內傷不見得一定有外傷，天干是表象，地支才是實象，因此將天干和地支拆開來論，批命可得到更多的實證。

以日主為中心點的概念，將天干和地支分開看，只需要考慮五行的流通狀態對日主的影響，我們從八字看一個人的財運，天干和地支不一定同時存有財星，有時會出現在天干，有時卻只有在地支，假設某人來問財運，八字中只有地支有財星，那麼只要看地支，天干無財則暫時不看，等到大運流年出現再來論斷即可，五行八字不須考慮傳統命學的身強身弱或干支皆論。

天干主外，地支主內，內外之分，這會是什麼情況呢？天干形於外就是別人看得到的狀況，地支為內代表不為人知的一面，也可以說外為表，內為本，天干出現破財但地支沒破財，一般會批斷表象的財運不佳，但實際上口袋卻很深，所以有時候客人哭喊沒錢，其實地支的財星守得很緊，這樣的人就是所謂的哭窮，有時聽聽就好千萬別當真。

八字是一門神奇的時間學，當你熟練到一定的程度，個人的一些行為將會無所遁形，尤其某些人刻意裝窮，在你面前更顯得特別有趣，當事實被揭穿後，都問我怎麼會知道？呵呵！我當然知道，因為你的八字已經告訴我這些訊號了！身為一個專業命理師，須具備判斷能力和獨特思維，否則很容易淪為見人說人話，見鬼說鬼話的江湖術士。

學習傳統命學的人都知道，論斷八字需要觀看日主是否有根？整體格局，身強身弱，然後再抓用神批八字，但自從通了五行八字，一來改變了許多的觀念，二來批命的系統隨之去蕪存菁，不再使用傳統喜忌用神批命，也不看日主是否存在根氣的問題了。

不靠抓用神批命，直接以五行流通，生剋合洩論八字，當然也就

沒有根氣之說，更沒有天干地支相互生剋的理論，說真的干支互生互剋並不科學，因為八字是人與太陽先天的時間學，而不是空間風水環境學，時間不能隨意切割，所以天干與地支應該分開來看，傳統的干支互生互剋，容易掉入套命的陷阱。

天干與地支兩者表象完全不一樣，一個為外在行為，另一個是內心世界，當你看到一個人表面很快樂，並不代表真的很快樂，說不定是裝出來的。天干生財，地支破財，這種人容易打腫臉充胖子；天干破財，地支財星旺，有錢人裝哭窮的演技，不都是如此嗎？

八字並不能侷限在有根無根、身強身弱的框架中，在個人的八字體系目前看不到，我使用的是正統五行生剋，將天干與地支分開來論，只有看當下日主強弱時，才會干支合起來論。假如你有看過我的視頻，會發現為什麼有些案例，有時候只看天干，有時候只用地支來說明的原因了！

這套八字之所以能夠準確的論到流月，也就是事物的起因點，天干地支的情況大相逕庭，一年當中你會碰到好運與壞運，並非用神一到就會變好，忌神一到就很糟糕，一個人的運勢起伏，得視當時天干地支的五行流通而定。

大多數的人運勢都是好壞摻雜，人生本來就是得失的規律。出現大好或大壞的人是少數，這樣才能貼近現實生活，所以五行八字也稱為生活八字，透過動靜態的變化，探索人生的真義，學會趨吉避凶，提升自我的能力。

1-4 批命的四大靈魂

1-4-1 生

木生火；火生土；土生金；金生水；水生木。

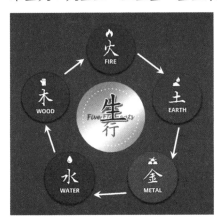

　　解說：這個……嗯！坊間的書籍文章，隨時查閱都可找到相關資料，再一次提醒五行的相生，順序是木火土金水，不是金木水火土哦！為了讓讀者方便理解，文堡老師做個簡單的說明。

(1)　**木生火**：聽過乾柴烈火吧！古人用鑽木來取火源，乾燥的木頭可燃燒烈火，但請記得溼木無法燃火。

(2)　**火生土**：假如有一棟木屋發生火災，經過烈火燃燒之後剩下一堆灰燼，這些灰燼可以當成土堆來看。

(3)　**土生金**：土壤中含有天然的金屬礦石，比如黃金、銀、銅、鐵，土太多的話金礦很難被挖掘。(土多金埋)

(4) **金生水**：金屬受到高溫會融化為液體水，金生麗水，但金太多的
話水就容易渾濁。(金多水濁)

(5) **水生木**：萬物生長皆離不開水，植物汲取陽光與水，才有能力生
長存活，但假如水太多木會被淹死。

1-4-2 剋

金剋木；木剋土；土剋水；水剋火；火剋金。

解說：若月當令，剋的力量會增強，但須留意被害五行力量大於
加害五行時，剋的效果不彰，自己也會身陷麻煩。

(1) **水剋火**：火災發生一般會用水來滅火，剋代表抑制阻止，就是七
殺；但火太旺的話，水也會被曬乾。

(2) **火剋金**：金的特質為剛硬，碰到火就能融化並產生毒素，故火能

剋金；但金太多太旺，火則會熄滅。

(3) **金剋木**：手持一把鋒利的刀能把樹枝砍斷，小刀屬金樹枝屬木，
謂之金剋木；木若為參天大樹，刀會應聲折斷。

(4) **木剋土**：植物的根系從土裡生長出來，並撐破了土壤，自然界容
易出現大地震；但土太旺，木會夭折。

(5) **土剋水**：兵來將擋，水來土掩，土能阻擋水的流向，土有形能剋
水無形。若水太旺，則會造成土石流。

結語：懂得利用五行相生相剋是判斷吉凶的前提，以五行生剋
的制約來看待世間萬物之事。

1-4-3 合

天干五合，地支六合，地支三暗合（五行八字不談三暗合，但
可以做參考）。

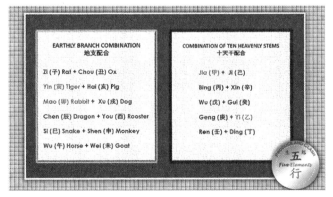

EARTHLY BRANCH COMBINATION
地支配合

Zi (子) Rat + Chou (丑) Ox

Yin (寅) Tiger + Hai (亥) Pig

Mao (卯) Rabbit + Xu (戌) Dog

Chen (辰) Dragon + You (酉) Rooster

Si (巳) Snake + Shen (申) Monkey

Wu (午) Horse + Wei (未) Goat

COMBINATION OF TEN HEAVENLY STEMS
十天干配合

Jia (甲) + Ji (己)

Bing (丙) + Xin (辛)

Wu (戊) + Gui (癸)

Geng (庚) + Yi (乙)

Ren (壬) + Ding (丁)

五行
Five Elements

解說：談到合，這是一個道之無盡的話題。五行生剋的合，比起傳統命理的合簡單太多，文堡老師只有使用天干五合（甲己合、乙庚合、丙辛合、丁壬合、戊癸合）以及地支六合（寅亥合、午未合、子丑合、巳申合、戌卯合和辰酉合），至於三暗合，僅限於先天本命參考用。

許多人看到合就將它當成消失，甚至不予理會，事實上可不是這麼回事。本命的合抑或動靜態的合，存在不同的解釋與涵義，比如說是比劫合財還是財合比劫？這可是天差地別，完全不同的兩碼事呢！

如果能進一步細心觀察合的類象，你將會發掘更多有趣的人生百態。老實說，我非常討厭合，真的令人又愛又恨，前面說過，如果直接將合起來的五行視而不見，有很多互動的精髓便會永遠石沉大海。所以學習五行八字，較難斷得準的就是合的變化，如果你能熟練「合」最原始的特性，根本不須考慮三合或合化的問題，即可準確的批出整體運勢了。

如果說印是十神的核心，那麼合則是五行八字的靈魂。

1-4-4 洩

有生就有洩，如木生火，火雖旺但木洩了；相剋也會洩，如木剋土，土受傷但木也洩了。

解說：市面上書籍或視頻，很

少談及洩，但我覺得這個觀念很重要：「吃進東西排不出來，日積月累身體必定出問題。」

　　從這張洩的圖表中，我們可以發現，**生出去的五行會被所生成的五行給削弱**。我用萬物之象來解說吧！土壤產生金屬，因此被金屬削弱。水腐蝕金屬，所以水會削弱金屬。植物需要水才能生存，所以木會削弱水。火燃燒木材，並將其減少到灰燼，所以火削弱木材，一旦火完全把木材化為灰燼，土壤就會自然讓火熄滅。因此，土壤減弱了火氣。

　　看完上面的解說，如果你還是霧沙沙（註4），我用兩個實例來解說吧！

　　其一，媽媽生完小孩後要做什麼事呢？你會說老師怎麼問這種笨問題，當然是做月子囉！是啊！剛生完小孩的女人，精氣神已呈現耗弱，需要在月子裡大補一下，這是人人皆知的基本常識。

　　其二，一個皮包骨的瘦子，欲打倒一個壯碩的胖子，注意！這個胖子只能被挨打不會還手，我們發現，無論瘦子再怎麼使盡吃奶的力氣，胖子就是不會被 KO，你只會見到瘦子累得像豬一般，躺在地上氣喘如牛，我們也可以形容一個步兵拿步槍打戰車，亂槍打鳥浪費子彈，這些不就是洩的概念嗎？從生活中體會洩的類象，相信大家對八字將有更深入的體悟。

　　來吧！一起觀看這部影片，讓大家快速搞懂洩，請掃描右方的 QR 碼。

五行的洩

　　洩的觀念，完全符合自然科學的規律，實務批命中，若只談

61

合生剋，不考慮洩的原理，那麼藏在八字中的天機，很多將與你擦身而過！這部分在卷二中，文堡老師將會有更詳細的解說。

八字充電坊 4 ：中樂透是偏財還是狗屎運？

經常碰到客人問我：「老師，如何才能增旺我的財運？這輩子有否中樂透的機會呢？」

文堡老師只回答一句：「你想太多了！想要成為有錢人，必須透過努力與行動力，才能達到目標成就，走好運你可以選擇說ＮＯ，但走衰運時只能面對接受。」現在，讓我來解釋財星真正的意義吧！

財分為正財與偏財，一般統稱為財星，不論正財抑或偏財，都有相同的特質：努力與付出的收穫。

正財與偏財的分別

正財：付出勞力和體力得到的收入。

偏財：透過創造或技術得到的收入，也可能是錢滾錢投資得到的報酬。

偏財與正財的最大差別在於報酬率，偏財的報酬率通常是正財的兩倍，但不代表不勞而獲的收入。

中樂透不是偏財只是運氣好，說句難聽話就是狗屎運。學習命理真正的目的，在於將中華文化傳承，將思想導入正道，偏財絕對不是

教你學會旁門左道，賭博投機，遊手好閒，坐享其成，不勞而獲。

　　所謂中樂透說到底就是賭博的心態！何況好運並不是天天過年，打個比喻，正財可代表勞工的位階，薪水是一分耕耘，一分收穫；偏財則是透過腦力付出所得到報酬，唯一不同的地方就是回報比較多。無論正財或偏財，都必須依靠努力才能開花結果，偏財多不等於可以投機，天下沒有白吃的午餐，沒有付出就妄想要憑空得到。

　　八字的組合都有一個共通的現象：財星逢官殺星不可以傷到日主，假如出現這樣的組合可能會因財惹禍，這就不是走財運了，就好比你剛學會騎機車，還不會開車，堅持用騎機車的方式去開車，最終的下場必定是車毀人亡。

　　有些人的八字裡很多財星，為什麼仍是窮光蛋？反而八字不見財星，卻是有錢人呢？其實，八字談的不是能夠為你帶來多少財富，而是機會與能力的觀念，這些東西必須透過後天培養訓練，當你擁有了能力並掌握機會，它將會帶給你相對應的回報，八字無財不代表能力不好，它只是一個先天代號。

　　八字財多只能說機會比別人多，能不能把握住機會，一切決定在個人的能力！機會多不等於有能力 Catch，你擁有多少能力，當機會來臨時，能否把握才是關鍵。

　　我常說機會很重要，機會來了你可以選擇不要，一旦錯失良機，當厄運降臨時，最後只能選擇面對。

八字不會決定你的命，每個人出生背景不同，假如出生在一般家庭，八字雖無財星，但一樣可以經營事業來賺錢，學會如何保護辛苦賺到的錢才是上策，這一點不會比出生在富二代的有錢人差，所謂相同八字不同命，這也是我為什麼一直反對傳統宿命論，八字的目的在於提醒我們，何時該掌握機會，何時該避開危機，如何做才能達到趨吉避凶。

無論是正財或偏財，絕對不會無中生有不勞而獲，透過行動，發揮自己的能力，不讓未來註定我們的命運，才是學習八字真正的目的。

重點整理

1. 不論正財或偏財，都是代表機會機遇，努力付出和勞力收入。

2. 批命不回覆有偏財運觀點的人，我只告訴客人：你想太多囉！

3. 機會不等於有能力可以抓取，而是擁有多少能力去掌握機會。

1-5 找出真太陽時

1-5-1 **別相信客戶的時辰**

　　拿到一個八字切記別急著批，除了問出當事人的出生年月日時，還必須知道其出生地點，因為地點決定了真太陽時與命盤的準確度，若能得知幾時幾分出生的訊息，更能精確的推算其運勢。

　　不論是網路或書上的八字，第一時間千萬別急著下手，假如本身的八字結構錯誤，只能說是紙上談兵毫無真實性，我常說要以嚴謹的態度學八字，請看下面這個案例，你覺得哪個地方出現問題呢？

女命 1960 年 5 月 20 日早子時

時	元女	月	年
甲	壬	壬	庚
子	申	午	子

52	42	32	22	12	2
丙	丁	戊	己	庚	辛
子	丑	寅	卯	辰	巳

命理分析

　　女命的四柱干支全陽，但千萬別認定這樣的婚姻一定不好，我曾看過四柱全陽的女命婚姻也不錯，論命要將大運流年和本命一起分析

才能更精準。我們只能說全陽的女生，在性格上比較陽剛，不喜受男人約束，有挑剔及控制男人的特質。

八字干支不見官星，感情姻緣通常較為平穩，大多時間需要靠大運流年帶來，然而什麼時候容易出現官星呢？我們可以清楚找到 22 歲到 42 歲，這 20 年期間己土和戊土大運，但這兩個官星差別可是很大。首先看 22 歲的己卯大運，你們也許會說己土不是正官嗎？甲己合不就是會出現桃花正緣？這樣的論斷不能說有錯，但是甲己合的定義是己土受到甲木牽制（五行八字不談合化），用白話來說就是想要男人，但最終仍是一場空，關鍵在於己土官星進不了本命，假如剛好又碰上己年乙月，離婚或感情不佳的機率就很高。

千萬別認為甲己合就一定會結婚，就算真的結婚，下一個戊寅大運也可能出現變數，因為戊土生庚金，庚金生壬水再生甲木，天干氣勢流暢通順，這階段的對象為官印相生，代表這個男人對自己有很大的幫助，甚至加倍疼惜。故戊土偏官才是她一生的正緣，在這十年中必須善加把握，假如錯過了，未來很難再碰到好姻緣。

還有一點，千萬別將偏官（七殺）認定是忌神哦！己土正官反而是影響婚姻的絆腳石，所以論命要將整個大運流年和本命一起抓進來看，明白了前因及後果，才能幫助我們正確的推算運勢。

八字批完了，很精彩對吧？等等！你還沒找到我到底犯了什麼錯誤嗎？假如沒有發現，表示你和我一樣不夠細心，寫到這裡，相信 90% 的人，應該看得出來問題出在哪裡了。其實，這個八字根本連批都不用批，為什麼？**因為時干姓庚不姓甲呀！**一個不存在世間的八字，再怎麼討論都沒有意義。

培養驗盤的習慣

這是研習八字基本且必要的步驟，時辰錯誤即使批得再好仍是枉然。身為專業的命理師，批命時我會問準日期時間，再用真太陽時排出正確命盤，而非直接取用客人提供的時辰，因為其中的變數太多了，包含夏令時間、時差、誤報等等。碰上不確定的時間，驗盤是必經的過程，當命盤排好了，也要確認何時換大運，尤其是流年轉換大運的月份，更要留意該月是舊大運還是新大運。驗盤的工作須力求謹慎絕不能草率，一個命批得對可以功德無量，但一知半解的批命，則會變成好心做壞事，甚至害人不淺。

拿到一個命盤，必須推敲其真實性，再動手批八字，培養敏銳的洞察力，才能稱得上合格。

批八字事前的準備工作十分重要，因為稍不留神便會犯錯。確定八字是否為準確，對於跨時辰的命盤更要額外留意，必須以真太陽時為準再驗盤。另外就是換大運的年份，也要仔細觀看那個月才能轉換，並非一交立春便轉，小小的疏忽對日主的影響很大。

文堡老師為什麼將這個章節放在卷一的尾巴呢？理由很簡單：**千萬不要相信客戶報給你的時辰！**

哇哩咧！老師你在說啥？不相信客戶的出生時間，那還要算什麼命？

別急！請聽我娓娓道來。

首先大家應建立一個觀念，客人報給你的時辰不一定準確，為什

麼？以申時為例，指的是下午三點到五點之間，假如今天有位客戶直接報申時，你會立馬用這個時辰去推算他的八字嗎？NO！是我的話絕對不會這麼做，要知道 3 點 01 分是申時，4 點 59 分也是申時，以台灣來說是位於中原時區，出生在台北與高雄的時間，因為經緯度不同，兩者間存有約 5 分多鐘的誤差。

　　假設這位客戶告訴你出生在台北市，時間是 4 點 56 分，那麼請問該命主要算申時還是酉時呢？一般人並不懂真太陽時，更無庸談時辰必須校正這件事，多數人都是透過長輩口頭告知，或者查閱出生時用手寫記錄下來的紅紙，即便如此，出生時間是否一定準確呢？

　　答案未必！如同剛剛的案例，4 點 56 分經過校正後，時間早已跨過了 5 點，所以在台北市出生的人，必需要校正為酉時，才是正確的真太陽時。倘若在高雄出生呢？因為誤差不到兩分鐘，尚未超過 5 點，此時必須以申時來計算，也許你會說老師有差嗎？不過是算個命，需要這麼龜毛 (註 5)？

　　我就直說吧！**同一個八字都不可能有相同的命了，更何況是不同的出生時辰。**身為一個專業命理師，傳道，授業，解惑，已儼然成為一種社會責任，錯誤的時辰命盤，等同於一張廢紙，即使往後的運勢被命中，那是瞎貓碰上死耗子！所以批算前，一定要先抓出正確的出生時間，否則等於在算路人甲或流於套命了。

　　文堡老師會怎麼做呢？首要任務必須先校正真太陽時，現在我們用一個案例，透過不同的出生地點，試著找出兩個國家的真太陽時。假設一個男命的陽曆生日為 1981 年 5 月 1 日 17 點 20 分，其中一人生在馬來西亞吉隆坡，另外一人生於大陸四川重慶，此時該如何校正真

太陽時呢？文堡老師特此公開一個速查真太陽時的
網站，網名真是誇張的長，不過我已經將它濃縮了，
Come On ！請直接掃描右方的 QR 碼。

真太陽時速查

開始上課！請大家跟著我做，進入網站後，首
先用地圖找到馬來西亞吉隆坡的位置，用滑鼠在地圖上點一下，然後
在右邊的設定選項(其他的勿動)，只要輸入西元 1981 年 5 月 1 日即可，
也不用選擇時辰，接著按下「計算」，此時下面會秀出「時辰劃分表」，
你會發現 17 點 20 分是界於 15 點 40 分 (申時開始) 到 17 點 40 分 (申
時結束) 之間，因為 17 點 40 分之後才能算是酉時，所以在這個時間
以前出生的人，都必須歸納為申時，也就是說申時才是此命的真太陽
時。如果沒有校正直接以酉時排盤，批命就會發生大 Bug，如下圖 A。

現在，請再次將地圖移到中國四川重慶市，設定的地方無須再更
動，只要將滑鼠點擊重慶的位置，「時辰劃分表」將會立即更新，你
會看到 17 點 20 分是界於 15 點 49 分 (申時開始) 到 17 點 49 分 (申時
結束) 之間，所以與上例相同，必須以申時取用真太陽時，若以酉時

來批命則會大錯特錯，如下圖B。

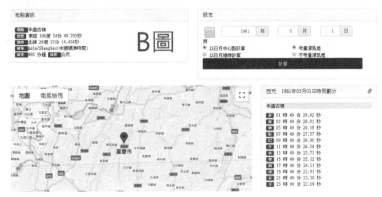

　　此網站最酷的特色，就是幫你把時區及經緯度都計算好了，只須點擊地圖的國家城市，然後輸入西元年月日，即可找到八字的真太陽時囉！如何？是不是很簡單呢？這個方式雖然不是百分百準確，但可以輔助我們找出時辰的劃分，增加命盤的準確度，透過練習即可駕輕就熟。

　　假如出生時間正好介於兩個時辰之間，陷入模稜兩可的情況該怎麼辦呢？文堡老師建議採用最原始的方法—同時排出兩個命盤，**然後分析客戶的性格，並印證過去發生的事物**，從中找出正確的時辰吧！對初學者來說，這個方法難度很高，需要具備一點功力，沒錯！但卻是一個累積經驗，突破八字很好的機會，千萬不要放棄挑戰哦！

　　如果對以上解說方式不習慣，文堡老師另外提供找尋真太陽時的方法，特別精心錄製一段教學影片，請掃描右方的QR碼加入學習吧！

找出真太陽時

　　本節最後引用網路一段文，讓大家瞭解什麼是

「真太陽時」。

　　古人按照什麼標準來確定一個人的時辰呢？是按照中原時區？還是按照當地時間？標準就是太陽相對於地球的視角，因為地球軌道是橢圓形，並非正圓形。因此地球每日的長短也不一定，現在所通用的 24 小時為平均太陽時，和真正的太陽時間有所誤差，也就是說，在東經一百二十度，正午十二點時，太陽並非真的通過子午線，其誤差值在天文用語稱為均時差即天文學上所謂的真太陽時。即：真太陽時＝平均太陽時＋均時差。凡定生時，必須按照其出生地點，推算出當地的平太陽時，再根據平太陽時推算出真太陽時為準，一個嚴謹的命理老師，在時辰的交界點會修正這個參數，以求得真正的時辰，才能進階到精確的論命。

1-5-2 日光節約時間案例

　　什麼是日光節約時間？為了節約能源，人為規定地方時間的一種制度，在這個制度實行期間，所採用的統一時間稱為「夏令時間」。一般在天亮較早的夏季，利用人為將時間調快一小時，可以使人早起早睡，減少照明量，藉以充分利用光照資源，從而節約照明用電。

　　日光節約時間＝夏令時間（Daylight saving time）

　　實務中經常碰到日光節約時間（夏令時間）出生的客戶，學過命理的人都知道，只要在此階段出生的八字，一定要將出生時間減去一

個小時才是正確的命理時辰，比如說出生時間在下午五點（酉時）減去一個小時就會變成四點（申時）。

　　但實際上碰到的情況，客人是直接報時辰而不是給幾時幾分，出生時間亦剛好落在日光節約的範圍，如果遇到這種情況，該如何得知正確的時間呢？

　　上一節文堡老師曾提到，不要完全相信客戶給的時間，身為一個專業命理師，一定要懂得抓出正確時間，否則錯誤的時辰等於在算另一個人的八字了！

　　我用一個實例來說明：

坤造　陰曆 1975 年 7 月 13 日酉時　出生地：台灣高雄

　　解說之前，請同學牢記台灣是位於中原時區，在 70 年代（民國 60 年至 69 年）只有三年實施日光節約時間制度，這三年分別是 1974（民國 63 年），1975 年（民國 64 年），1979 年（民國 68 年），當中以 1979 年（民國 68 年）的日光節約時間最短（陰曆 6 月 8 日至 8 月 10 日）。

　　當事人告訴我只知道酉時但不知道出生的時間，我們發現此八字正好落在日光節約時間之內，故必須減去一個小時才是正確的真太陽時。但問題來了，酉時是指下午的五點到七點沒錯吧？但她也有可能出生在五點至六點，或者六點至七點之間，如果是前者減去一個小時，就會變成四點至五點的申時；後者減去一個小時仍是酉時不變。在 40 年代到 70 年代的台灣，很少有父母將小孩的出生時間記得如此詳細，大多數會寫在一張紅紙，除非去當年的醫院調閱出生紀錄，但隨著時

間物換星移，醫院可能早已遷移或不復在，長輩也問不出所以然，別忘了那個年代大都是多胎化，父母很難記住每個小孩的出生時辰。

此時該怎麼辦呢？如何去幫她找出正確的出生時辰？

方法不難，請同學同時排出兩個時辰（申時＋酉時），接著用五行生剋去印證，**當事人的個性以及年幼曾經發生的事。**

我們來看一下兩個時辰的八字差別（實際差很大！）

（申時）

時	元女	月	年	大運
戊	丁	甲	乙	丙
申	酉	申	卯	戌

（酉時）

時	元女	月	年	大運
己	丁	甲	乙	丙
酉	酉	申	卯	戌

（大運）

88	78	68	58	48	38	28	18	8	大運
癸	壬	辛	庚	己	戊	丁	丙	乙	虛
巳	辰	卯	寅	丑	子	亥	戌	酉	歲

申時出生：年幼時期智慧易受蒙蔽，行為思想受長輩控制，在嚴厲的教育環境下，成長過程感到很不快樂，乃因天干甲木剋戊土很無情，即使秋天的甲木不旺盛，但戊土依舊會受到傷害，只是沒那麼嚴重（春天的甲木為旺木）。18 歲交丙火大運，通關了甲木與戊土的衝突，形成甲木生丙火再生戊土，食傷復活意味智慧開竅才華洋溢，全身充滿自信能量。

酉時出生：天干甲己合為食神合印，這樣的小孩通常年幼乖巧聽話，長輩講什麼就做什麼，很少有叛逆或自己的意見，亦無申時的戊土被長輩約束和打罵的情況。但 18 歲交丙火大運，求學階段讀書認真但成績並不亮眼，乃因甲己合，地支卯戌合，食傷無法發揮。

單從兩個八字來看，地支皆是財破印，可以解釋年幼父母的感情不佳或者長輩緣較差。利用簡單的五行分析，印證性格及年幼成長的過程，皆可順利推算出正確的時辰，通常這個功力需有足夠的論命經驗，畢竟差一個時辰，性格及命運完全是南轅北轍。

文堡老師 Tips：實務上為人批命最精準不過了，因為客人會直接告訴你準或不準，從他們的身上可以學到古人所沒有的智慧及經驗。說白一點就是客人會教你學會八字。建議大家研習這套學術，切勿抱著古書成為兩腳書櫃，為客戶或朋友論命不斷修正錯誤，更多的實務才能讓論命功力更精準更紮實，經驗是最好的導師！

1-5-3 真太陽時推算案例

2018 年初秋，一位客戶的真實案例。

八字的主人，戊戌年看到我 YouTube 的視頻慕名而來，當事人告訴我，只知道大約凌晨三點至四點之間出生，但不確定真正的時間，因為連媽媽也搞不清楚。我們發現出生的八字正好落在夏令時間內，必須減去一個小時才是真正的命理時。且慢！問題來了，寅時是指上午的三點到五點沒錯吧？但他可能出生在三點至五點之間，如果是前者減去一個小時後，就會變成是二點的丑時；後者減去一個小時則會變成三點的寅時。

此時該怎麼辦呢？如何去推算正確的出生時間？前面講過了，請同時排出兩個時辰（寅時及丑時），然後印證當事人大運的運勢，抑或流年曾經發生過何事。

我們來看一下兩個時辰的八字差別（有比較就會知道）。

丑時出生

本命寅丑暗合，為食神合官，若不論暗合，則為寅木剋丑土，代表內心世界好勝心強不服輸，即使官星消失了一個，尚有兩個未土存在，心中依然存有法律道德觀。天干官印相生，排列組合其實很不錯，但是，一交到戊辰大運可以說是從天堂掉入地獄，為什麼呢？很簡單，天干壬水受到了戊土的攻擊，日主受剋什麼衰運都可能發生，加上**地支官殺影響了食傷**（你沒看錯，我也沒寫錯），他說這段時間人生活著沒什麼意義，用盡了各種方法都無法抗拒命運（十年有如人間煉獄），尤其在戊子年、辛卯年、壬辰年運勢皆不佳，但好在老天爺沒開他玩笑，天干還有兩顆小印星，在最黯淡慘烈的十年中撐了下來。

時	元男	月	年	大運
辛	壬	辛	己	戊
丑	寅	未	未	辰

寅時出生

寅時與丑時不同的地方在於時干壬水，我們知道壬水為比劫，也是日主的保護神，我曾說過比劫具有分享的功能，好的一面可以幫日主抵擋官殺，壞的一面會與你共享好處。30歲交入戊辰大運，戊土進來先剋掉時干的壬水，此時日主平安無事，這種情況反而有利於官運升遷。再來看地支，兩個寅木剋掉本命未土和大運辰土，這是食傷剋官啊！與丑時比較，寅時的食傷雖然洩於官星，但總比一個食傷去洩四個官來得好，不是嗎？官星在男命代表小孩，若當事人在寅時出生，一般來說會比較排斥小孩或不想生小孩。

時	元男	月	年	大運
壬	壬	辛	己	戊
寅	寅	未	未	辰

（大運）

90	80	70	60	50	40	30	20	10	大運
壬	癸	甲	乙	丙	丁	戊	己	庚	虛
戌	亥	子	丑	寅	卯	辰	巳	午	歲

經過以上的推理印證，我們可以得知命主是生於丑時而非寅時，因為唯有丑時才能符合戊辰大運日主受剋的條件。還好 40 歲後完全脫離了戊土官殺的欺壓，然而，我提醒他 2018 戊戌年，仍是一個不順的流年，當流月壬水出干或者辛金印星受傷，戊土一樣會去打日主壬水，所以下半年 10 月至 12 月期間，亦須留意工作上司找碴，行車意外或情緒低落，行事宜保守包容，切勿做出決策或投資之事，找個穩定的工作上班，會比投資做生意來得適合。

八字充電坊 5 ：天干與地支的時間分割

有許多網友提問，甲寅日柱，甲木算有根還是無根呢？我只能回答，目前的論命系統早已脫離傳統學了，現在採用的體系是將干支分開來論五行的流通，所以在此說聲 Sorry ！

為什麼會摒棄傳統命學的論法呢？因為十天干十二地的組合為六十甲子，古人對六十甲子的應用是用來記年記月記日和記時，意即六十甲子是時間的符號，代表時間是不停的奔走，天干地支只是時間的代碼，人也是隨著時間的節點順應出生，八字是一門時間學，它是無色無味摸不著的虛擬之物，也代表先天時間的運勢，而不是像空間看得見摸得著的有形物體，所以甲木不等於空間的甲木，也沒有干支透根的理論。

我舉一個簡單的例子，如果八字是整體，只要其中一個五行受

傷，那麼所有和這個五行相關的東西都會受傷才對吧？但又為何要區分天干主外地支主內呢？若是手腳受傷代表木受傷，那麼肝會受傷嗎？兩者會一起出現問題嗎？答案當然不是。

　　天干管天干，地支管地支，兩者所管的部分完全不同，所以天干有天干的喜忌，地支有地支的喜忌，也因此一個八字的喜用神，可能木火土金水皆能用，原因在於天干地支各有各的用神，天干有流年氣的走法，地支有太歲氣的跑法，兩者互不相干。以甲子年為例，流年絕對不是上半年走甲木，下半年走子水，而是甲木有甲木的時間點，子水有子水的時間點，但流年也會存在沒有甲木的時間，比如庚辛壬癸這四個月，甲木出現消失的狀態，同樣的道理子水也是有這樣的情況。

　　天干與地支流年兩者各走各的路，何時有水？何時沒水？這些都要分析考慮，但坊間的八字書很少談及流年流月，流年吉凶在哪個月與哪個時間點發生問題？其中流月的論斷，最容易令人搞混。

　　初學八字切勿墨守成規，也就是說不要在理論上打轉，因為裡面暗藏很多陷阱，唯有實際透過批命，才能發現哪些理論可用，哪些不能用，花點心思去實證理論的真偽，找到錯誤並做出修正，將這門學術去蕪存菁。

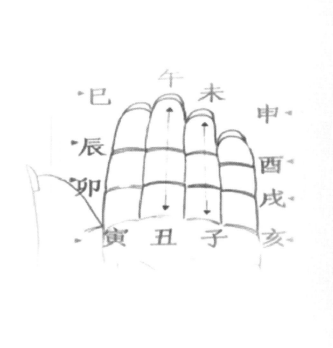

卷二

其實你還不懂陰陽生剋

卷二

其實你還不懂陰陽生剋

2-1 天干基礎陰陽生剋

陽者－動、進、放、失，如太陽、男人、正極。

陰者－靜、退、收、得，如月亮、女人、陰極。

天地之始，陰陽互動而起，由太極觀之，無極化太極，太極存兩儀，兩儀一動生四象，四象定位，再轉八卦，爾後天地定位。天地萬物均存於陰陽互動衍生不斷，故陰陽乃天地萬物生息之本。

提筆寫這本書，文堡老師盡量以淺顯易懂的文字，讓讀者能夠融會貫通，快速簡單抓住五行八字的核心。本章節開始，我將帶領大家進入基礎五行生剋的神奇世界，奠定好基礎的根基，批命才能無往不利，請大家牢記下面這張圖表：天干陰陽生剋 SOP，有一點須留意，除了日主剋合之外，**天干只有陰陽合沒有陰剋陽**，準備好了嗎？我們開始上課囉！

天干陰陽生剋SOP

1. 日主請跳過
2. 有合先論合
3. 隔柱不能合
4. 批陽再論陰
5. 貪生而忘剋
6. 陽生陽(夠力) 陽生陰(夠力)
7. 陰生陰(夠力) 陰生陽(無力)
8. 陽剋陽(夠力) 陽剋陰(夠力)
9. 陰剋陰(夠力) 陰剋陽(無力)

2-1-1 陰陽五行流通

所謂陰陽觀念，請想像成陽的力量大，陰的力量小，大可以欺負小的原始規律，陰通常會用撒嬌的方式躲避陽的欺負，撒嬌也就是合的方式，所以天干五合皆是陰陽搭配，意即男生挽著女生的手牽著走，所以一開始需要具備這個概念，千萬不要認為合就是合好之意，根本不是那麼一回事，因為一個合的變化，可能讓原本運勢極佳跌進萬丈深淵，轉成衰運的人比比皆是。天堂還是地獄最大的關鍵，在於合當下所呈現的排列組合(你知道我為什麼這麼討厭合了)。

所謂的門當戶對，在陰陽上就是陽配陽，陰配陰，兩者都兼具相當的力量，坊間書上所謂的無情之剋有情之生，說實在話只會增加批命的精彩度，卻降低了準確度。

另外，讀者必須瞭解，陽與陽之間的作用，陰五行很難參與其中，甚至無法完全化解，但是陰與陰之間的作用，陽卻可以化解當和事佬，陽大於陰是干支陰陽的基本概念，接下來只要熟練五行的陰陽生剋，就可以嘗試實戰批命了。

陰陽在實務的應用中，陽會比較簡單明了，先把陽的找出來，再看彼此的互動，因為**陽只會對陽起作用，陰是無法插手的**，也就是說陽與陽在干支作用時，陰的五行無法參與其中。

當陽作用完後，再回過來看陰，假如不幸出現陰剋陰的問題，我們再找出有否陽的五行來輔助通關，如果有的話，代表當下的五行流通順暢(通常來說都是好事)，若無即會產生相剋的嚴重問題。

我列舉兩個天干例子來說明：

己　乙　癸

這個排列組合會形成癸水生乙木，乙木再攻打己土，己土傷得很重！這時候必須用什麼方法解救己土呢？文堡老師在此先賭為快，所謂的解救，在八字裡有個專有名詞叫做**用神**，能生扶救起受傷的五行稱為喜神，會加重受傷的五行稱為忌神，只能待在一旁看戲無三小路用的五行稱做閒神，關於用神瞭解一下即可，不急！未來我會再詳細論述。

我們回過來看，己土受傷須靠誰來救呢？方法有很多種，其中最佳的用神就是找丙丁火來通關，如下：

（1）癸→乙→丁→己
（2）癸→乙→丙→己

也許你會問我：「老師，丁火可通關我懂，但是丙火也能用呢？」

當然能用！我曾說過陽可以主導陰，並解除陰與陰的衝突，「**小孩打架，大人可以制止。**」

沒有丙丁火的話，己土就會被乙木所傷（別忘了還有癸水助拳）。假如將己土換成戊土，乙木打不倒戊土，陰傷不了陽，戊土只會感覺乙木在自己身上抓癢。

乙　戊　丁　辛（戊土為日主）

我們發現，除了日主戊土為陽外，其他三個五行皆為陰，此時日主可以跳過不看，五行的流通規則：**乙木生丁火剋辛金**，辛金受傷了，

這時我們必須找出能夠通關的五行，答案很簡單就是戊己土，因為丁火可以生戊己土救活辛金，如果大運流年沒有出現戊己土或丙火，卻出現了丁火，則會加重辛金的壓力，然而解救辛金的方法不只一種，用神法則與上例的規則相同，大家可以動動腦哦！

請記得陰剋不動陽，陰癸水欲滅陽丙火，這種情況下剋之不盡，丙火依然是丙火不會受傷。陰陽流通相當重要，批命不準最大的原因在於基本觀念發生錯亂，有些人論命看似精彩，實際上卻是錯得離譜。想要學好五行八字，第一步必須搞懂陰陽生剋，實證的道路上才不會迷失方向。

結合影音學習，更能抓住陰陽生剋的基礎核心，請掃描右方的 QR 碼。

邏輯推理的五行八字

你還在亂生亂剋嗎？當心時準時不準！要知道一個小細節，決定批命最終的結果！

2-1-2 搞懂陰陽生剋

談到生剋，一般人的通病都會把生忘得一乾二淨，一看到八字就先剋來剋去，生的性質都放生去了，比如土水木這三個五行，很多不明就裡的人會直斷土剋水，這是錯誤的觀念，正確流通是水生木，木再剋土，貪生忘剋。

對於初學八字的讀者，欲瞭解五行的流通，確實有一定的挑戰，往往一見到八字，第一直覺就是準備要找剋了，亂生亂剋的情況，對

於實務批命很危險，也是一堆人的通病，透過不斷地練習，慢慢即可熟能生巧。

　　五行流通是怎麼樣的情況呢？正確的流通是什麼生什麼在前，最後才論剋，把剋擺在前面是錯誤的觀念，第一個開頭講的一定是生的情況，假設八字有木火水土這四個五行，一開始批土剋水或是水剋火，一定是錯誤的五行流通，而是要先談生的狀況，所以就會變成水生木，木生火，火再來生土，最後結果全部皆相生，這才是正確的五行流通，懂了嗎？

　　我們再假設八字剩下土水木這三個五行，如果一劈頭就講木剋土或是土剋水，這些都是錯誤的，因為生要放在前面，所以是水生木，然後才是木剋土，一定要將剋放到最後才能考慮。

　　以下我用兩個例子，由淺入深讓大家更熟練，然而在解說之前，請讀者複習一下天干的生剋規則，初學者務必熟練之！

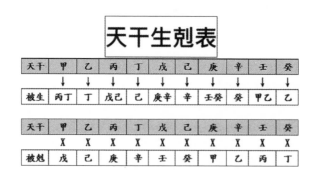

　　這個排列組合，很多人誤以為甲木生丁火，丁火再生戊土，觀念上大錯特錯，因為甲木為陽，陽可以直接剋陽，陰卻不能參與陽與陽

的衝突，「**大人打架，小孩只能靠邊站**」，甲木可以直接剋戊土，丁火很難解救受傷的戊土，當丁火不在時，甲木傷戊土的力量會更強。若將丁火改為丙火，即能一氣順生萬事通。

己　丙　辛　戊　（大運戊　流年乙）

我們看到本命丙辛合，日主丙火合辛金財，如果是女命的話，代表比較重財惜財，愛面子愛打扮，學過傳統命學的人一看到合認為丙辛合化為水，辛金化為水財化成官，這樣就會變成另結新歡了，真的有這樣的情況嗎？答案是沒有，因為五行八字強調只論合不論化，所以這個條件並不成立。

流年乙木剋大運戊土，戊土為陽，乙木為陰，乙木根本剋不動戊土，整個五行流通變成戊土生辛金剋流年乙木，天干就是食傷生財，但財來破印，假設地支無印星的情況下，如果命主要問是否能懷孕生孩子呢？答案是 OK，因為食傷星並沒有受傷，但流年乙木一定會剋到本命己土，己土受傷，己土與丙火日主的陰陽屬性不同，所以生男孩的機會可能性比較大。

注意:實際批命生男生女並非百分百準確，本例只是舉例說明。

2-1-3 活用天干陰陽生剋

跳脫傳統論命，建立邏輯思維，掌握氣的心法，體悟八字天機。

（例1）基礎用神分析

天干	時	日主	月	年	大運	流年
五行	乙	戊	丁	辛	丁	丁
陰陽	-	+	-	-	-	-

問題：哪一個五行會受傷？

解析：辛金，本命辛金早已受傷，大運流年來兩個丁火更是雪上加霜。

學生的求救：我知道辛金傷得很嚴重，但要如何營救受傷的辛金呢？

鄭老師解說：

a. 戊己土：乙生丁生戊己土再生辛金，記得陽可以解救陰與陰的衝突。

b. 庚金：乙庚合，合走天干的龍頭，減輕了丁火剋辛金的力量。

c. 壬水：丁壬合，辛金雖脫困，但辛剋乙，辛金也洩於乙木，不好用。

d. 癸水：好事一樁，辛金生癸水生乙木生丁火，但辛金也洩了一點氣。

e. 丙火：丙辛合，辛金被丙火救走，留下乙木丁火，乙木洩得很夠力。

重要觀念：這題是簡易的用神法，請讀者注意流年丁氣存在的時間，丁火不在時，乙木的皮就要巴緊一點；丁火若在，除了辛金嚴重受傷之外，乙木也會洩得相當夠力。

（例 2）日主受剋減輕

天干	時	日主	月	年	大運	流年
五行	庚	丙	壬	乙	甲	乙
陰陽	+	+	+	-	+	-

解析：乙庚因中間隔了壬水不能合，庚金生壬水剋日主丙火，乙木只能提供微薄之力，本命日主受剋，請注意乙木為陰，很難打通陽與陽之間的衝突，大運走甲木即可通關，流年走乙木可合掉庚金，當庚金不在時，對日主丙火來說，傷害的力量已減輕了。

重要觀念：當大運甲木出現，五行的氣勢流通順暢，但本命的庚金被流年乙木合走，錢財可能花在學習或家裡的事物上。

（例 3）保護神的作用

天干	時	日主	月	年	大運	流年
五行	乙	甲	辛	甲	己	庚
陰陽	-	+	-	+	-	+

解析：本命辛金剋乙木，但乙木並不會傷得很重，因為有甲木老大在，當大運己土合甲木，流年庚金合乙木，本命剩下辛金，但陰剋不動陽，日主甲木相安無事。

重要觀念：甲木日主，有乙木及甲木的比劫做後盾，即使碰上大運流年兩個庚金，日主也不會受傷，由此可知，天干有比劫保護日主，可避免受到官殺的直接傷害。

（例 4）有合先論合

天干	時	日主	月	年	大運	流年
五行	壬	壬	甲	丁	己	X
陰陽	+	+	+	-	-	X

解析： 年丁和時壬因隔柱不能合，反而順生，壬生甲生丁，比肩生食神再生財。

重要觀念： 當大運來一個己土，甲己合，本命的丁壬也合，壬水日主的保護神消失，這不是一件好消息。

（例 5）因合掉入地獄

天干	時	日主	月	年	大運	流年
五行	乙	丁	辛	癸	庚	X
陰陽	-	-	-	+	+	X

解析： 貪生忘剋的原則，本命全陰，直接看陰的作用即可，辛生癸生乙為一氣順生。

重要觀念： 日主雖無受剋，但大運來一個庚金就ＧＧ了，乙庚合，財生官剋殺日主。

（例 6）流年日主出干 Part1

天干	時	日主	月	年	大運	流年
五行	戊	癸	壬	乙	丁	癸
陰陽	+	-	+	-	-	-

解析：大運丁合本命壬，戊剋癸，日主受到剋合，乙剋不動時干戊，陰無法剋盡陽。

重要觀念：本命壬水是日主的保護神，只要丁不將壬合走，戊土無法傷日主癸水。如果流年走癸水，戊土會被拉走，本命的壬水會脫困。但流年癸水出干，代表此年的運勢並不穩定，日主受剋的危機依然存在。

（例7）流年日主出干 Part2

天干	時	日主	月	年	大運	流年
五行	庚	乙	甲	丁	壬	乙
陰陽	+	-	+	-	+	-

解析：陽與陽先作用，庚剋甲，甲木受傷。大運壬合丁，丁不在，甲木會死的更慘。

學生的求教：流年乙木合本命庚金，可以用甲木來拆解嗎？

鄭老師解說：答案是ＮＯ，同學請記得有合先論合的規則，不能隨意改變之！流年來了一個乙木，庚金就和乙木去私奔，重獲自由的甲木，怎可能再回去自投羅網呢？

重要觀念：本命庚剋甲，流年來了乙木，庚金跑去找乙木談戀愛，甲木復活，本命有甲木在的話，日主乙木不會受傷，但流年出現乙木，代表日主出干，須留意有危機點。

（例 8）流年日主受剋 Part3

天干	時	日主	月	年	大運	流年
五行	庚	甲	甲	丙	辛	己
陰陽	+	+	+	+	-	-

解析：本命甲生丙剋庚，動態出現丙辛合及甲己合，庚金立馬殺死甲木，日主受剋。

重要觀念：甲和丙都是日主的保護神，大運流年進來，把本命的甲木及丙火全部合光了，此時庚金終於可以逞凶發威，但請讀者留意日主受剋的時間，不會是一整年哦！

（例 9）大運日主脫困

天干	時	日主	月	年	大運	流年
五行	乙	辛	丙	癸	壬	戊
陰陽	-	-	+	-	+	+

解析：戊癸合，壬剋丙，但也會生乙，所以壬水會洩。本命是剋合，辛金暫時可脫困。

重要觀念：本命是癸生乙，乙木生丙火，丙火可直接剋合日主，剋合用戊土通關效果不彰，日主辛金只能恢復百分之五十，大運走壬水直接殺丙火官殺，日主得以脫困。

（例 10）流年拆本命合

天干	時	日主	月	年	大運	流年
五行	己	丁	壬	丁	丁	癸
陰陽	-	-	+	-	-	-

解析：本命丁壬合，己土雖無三小路用，但可稍微洩丁火的氣，壬水會比較強一點。

學生的求救：在不談流月氣的情況下，大運丁火受傷，請問日主丁火也會受傷嗎？

鄭老師解說：ＮＯ！大運丁火是日主的好朋友，也可以說是日主的替死鬼。日主會受傷，全是因為壬水被放出來之故，進一步說，大運的丁火出干，不等於日主出干。

重要觀念：大運丁流年癸，癸水可以剋得了丁火嗎？這可行不通！本命己土會先攻打流年癸水，自身難保也。假如將己土改成辛金，癸水就可以剋丁火了。當丁火ＧＧ時，壬水就可直接剋合日主丁火，那己土呢？閃邊站吧！有沒有你結果都是差不多，當甲乙木將己土拉走或殺死，丁火有如在傷口上灑鹽。

十個案例解說是否感到意猶未盡呢？文堡老師特別為你準備了一堂課，請掃描以下的 QR 碼學習。

注意：

影片中第二個案例

癸 庚 戊 丙

大運戊土仍可當做用神。

基礎五行陰陽生剋

2-2 地支基礎陰陽生剋

　　天地萬物之生息，存在於陰陽之理，共存共亡之平衡，則存在於五行。五行者乃一物剋一物、或一物生一物、或兩者共存，或為資源之補給、或為命脈之所需，各有互補、互助、互沖，此消彼長，如此天地萬物方可平衡而長存之，故五行為天地萬物求生存與平衡之本。

　　學習八字容易被忽略的細節，就是陰陽的基本觀念，所有的八字教科書都會談到陰陽，五行八字以子午為陽，巳亥為陰，其餘的與傳統命學相同，地支的陰陽生剋SOP，與天干不同的兩個地方，在於**地支沒有日主，陽可以剋陰**。

地支陰陽生剋SOP
1. 地支無日主
2. 有合先論合
3. 隔柱不能合
4. 先陽後論陰
5. 貪生而忘剋
6. 陽生陽(夠力) 陽生陰(夠力)
7. 陰生陰(夠力) 陰生陽(無力)
8. 陽剋陽(夠力) 陽剋陰(夠力)
9. 陰剋陰(夠力) 陰剋陽(無力)

2-2-1 干支對應與五行流通

　　地支五行，也是只有簡單的木火土金水，假如不會區分陰陽，論斷上容易發生極大錯誤，如何建立陰陽基礎的概念，對日後的學習相當重要，這也是本章節所要探討的重點，搞懂五行的陰陽，才能進階到批命。

　　十天干還算 OK，因為陰陽分明，但是談到地支許多人就會陷入

迷糊，因為地支有藏干的情況，陰陽就更難區分了，然而我對地支的藏干是略過不看的。也許你會說，學八字不看藏干要如何論命？老師在說笑嗎？別急，我們一起看下去。

首先，十二地支純粹使用五行的陰陽屬性，一切返璞歸真，**學八字請回到二十二個簡單符號：十天干和十二地支。**

干支對應表

十二地支	子	丑	寅	卯	辰	巳	午	未	申	酉	戌	亥
對應天干	壬	己	甲	乙	戊	丁	丙	己	庚	辛	戊	癸

由上表可以得知，十二地支分別會對應一個天干五行，請留意土的五行，因為地支含有四庫土，所以請同學牢記：

戊土＝辰戌土；己土＝丑未土

曾有一位網友問我：「老師，所謂的五行流通，是否將天干與地支合起來相生就是流通了？」其實這個觀念並不正確，五行八字嚴格說起是一門時間學，**時間是無形的東西，不能隨意被切割**，天干有流年氣的走法，地支有太歲氣的跑法，透過動靜態流通後的變化，我們必須將天干和地支分開來看。

進一步說，五行流通建立在陰陽的生剋原理，應用天干五合和地支六合，加上本命八字及大運流年流月，將干支分開來論五行的排列組合。天干相較於地支比較單純不複雜，生剋流通有一套規則可尋，假如沒有透過練習體悟，就好比發表論文一樣各說各話，這也是為什

麼，你幾乎看不到文堡老師在論壇上與人討論。

五行流通法則，若是沒有透過實務練習，十之八九都會出現亂生亂剋，因為生剋現象變化多端，可能會讓你眼花撩亂，每個人所學的理念不同，很多東西無法透過溝通討論，甚至會因為討論演變成口水戰，所以無論學習哪一門派，請從你所學的派別努力去精進吧！因為各學派有各自的優勢，吸收太多派系的知識，容易產生邏輯的衝突，捨本逐末反而不利成長。

很多人表面看似瞭解五行生剋，但實際批命往往將理論丟諸腦後，希望大家買了我的處女作，能將五行基礎底子打通，從此與亂生亂剋說再見。

2-2-2 留意三陰一陽

提筆寫這篇陰陽的理論，你們一定感到很納悶，又來了！老生常談的觀念老是耳提面命，說了又說講了又講，老師你不累嗎？總是屢試不爽，難不成陰陽在八字真的如此重要？

若你有這樣想法，文堡老師在此恭喜！證明閣下的命理基礎很紮實哦！

沒錯！陰陽這個玩意兒，猶如八字的心臟，市面上的八字書籍，幾乎每一本都會跟你提到干支陰陽，這些基礎的理論有多麼重要，且

慢！你真的有搞懂嗎？多數人實際運用批命的時候，經常將陰陽的觀念，老早拋到九霄雲外，出現亂生亂剋已經很嚴重了，如果再擅自改變批命規則，更是病入膏肓。

學了大半輩子的八字，包括我自己，也曾經犯下同樣的錯誤！更別說剛接觸五行八字的朋友，人非聖賢，孰能無過。犯錯，是學習八字漫長的旅程中，不可缺少的體驗。

曾有人說：「人生如棋，一步錯則步步錯」。但我認為這句話過於危言聳聽。無論犯過什麼錯誤，只要勇於面對承擔，並做出修正就不算太糟，有錯才有機會出現對，不是嗎？

行筆至此！親愛的讀者，現在你應該知道，文堡老師為什麼還要苦口婆心寫這篇文章了，請繼續往下看吧！

首先，我來考大家一個三陰一陽生剋問題，請看下表：

地支	時	日	月	年
五行	巳	寅	酉	丑
陰陽	-	+	-	-

以下有四個選項，你覺得何者正確呢？

(1) 巳火生丑土生酉金殺寅木。

(2) 寅木直接殺丑土，酉金無法解救。

(3) 寅木生巳火生丑土生酉金，好事。

(4) 寅木生巳火殺酉金，丑土幫不上。

尚未解說前，請大家先閱讀以下這段文字，內容不會太長，計時

一分鐘開始！

　　陰陽既是對立又是互動互相依賴的一體，也是太極的兩儀，陰陽的原始規律，陽動而行，陰止而藏；陽動而出，陰隨而入；陽還終陰，陰極反陽。以陽動者，德相生也。以陰靜者，形相成也。以陽求陰，以陰結陽，陰陽相求。這也是易經原始的陰陽思維，陽的力量可以領導陰的力量，而陰則只能以柔克剛，跟隨陽的領導，所謂以柔克剛，即是陰陽的交合來抵消陽的剛性，這裡我們可以把它比喻為男女的合，女人用撒嬌溫柔的方式，來牽制抵消男人的剛性，不論是天干五合，抑或地支六合皆是陰陽相配，簡單來說就是夫唱婦隨。

　　上面這段文寫的樂樂長，可能有些人看不懂，沒關係，我用白話來說明。還記得我曾說過的陰陽80/20法則嗎？以電玩RPG拋磚引玉，魔王為陽，雜魚為陰，只要魔王被收買或被幹掉，雜魚也沒什麼用了，不是嗎？換個角度來說，假設有A跟B兩人，手上同時擁有100元，A損失了80剩下20，B損失20剩下80，你覺得哪一個人對破財比較有感呢？

　　相信你一定會答A對吧！這就是陰陽的基本概念，是不是感覺到茅塞頓開了呢？OK！我們回到上面這道問題，看似越容易的五行組合，只要稍一不留神，可能就會掉入陷阱了。

　　我們一直談貪生忘剋這個觀念，生到不能生才能論剋，從這個案例中可以發現，有三個陰一個陽，陽會先作用於陰，也就是寅木會優

先攻打丑土，這時候你一定會有疑問：老師！不是應該寅木生巳火，巳火生丑土，丑土再生酉金嗎？怎麼會是寅木直接殺丑土呢？

這麼說吧，假如把寅木改成卯木，上述的條件即可成立。但寅木畢竟是陽木，它可是一個大魔王，巳火及酉金這些小囉囉，怎能抵擋魔王的力量去保護丑土呢？讀到這裡相信你一定看懂了，貪生忘剋的法則是有條件的，**當出現三陰一陽的排列組合，請優先找出魔王是否可以殺掉其中一個囉囉，才是正確的五行流通哦！**

三陰一陽是多數人容易搞混的問題，木生火生土生金是錯誤的批法，因為寅木為陽，寅木可直接剋丑土，陽的力量永遠大於陰，陰巳火很難通陰丑土，陰酉金也無力剋陽寅木，丑土只有挨打的份，一旦巳火酉金不在，丑土只會被修理得更慘，若用午火通關則酉金會受傷，建議用亥水最佳，戌丑未土次之。

正確答案：(2) 寅木直接殺丑土，巳火酉金無法救。

你答對了嗎？

另外，上面說明陰陽力量的大小之分，但並非對所有五行都有幫助，因為陰陽的不同變化，最常出現用神變忌神，忌神變用神的狀態，這也是許多人對八字為何感到迷惑。原本走到用神的大運，該出現的好運並沒有發生；反而走到忌神大運，擔心害怕的衰運卻是相安無事。

為何有這樣的情況呢？很簡單，這與八字的陰陽有很大的關係，初學者除了先搞懂陰陽的觀念之外，還要運用到實際批命區分陰陽，你才能夠清楚明白，用神不單單只是用來區分木、火、土、金、水。

說實話這是一種很粗糙的劃分法，到頭來可能把忌神當成用神來看，錯誤百出仍不自知。

2-2-3 活用地支陰陽生剋

（例 1）陰陽的 80/20 法則

地支	時	日	月	年
五行	子	未	丑	亥
陰陽	+	-	-	-

問題：本命亥水是否會受傷？

解析：不會！本命有子水在，陽可以保護陰，即使陰被剋也沒事，故水沒有受傷。

學生的求救：假如大運來一個子水，本命亥水會受傷嗎？

鄭老師解說：大運子水合走本命丑土，本命子水亦被綁架，此時未土剋亥水，亥水會受傷，但未土不會洩。

子（水）陽 = 大人 / 老大　亥（水）陰 = 小孩 / 徒弟

（例 2）陰陽的 80/20 法則

地支	時	日	月	年
五行	戌	子	亥	亥
陰陽	+	+	-	-

問題：戌土會先剋哪一個水？

解析：陽的先作用，戌土剋子水，子水受傷，當陽子水不在，陰的亥水也會減弱。

學生的求救：假如大運來一個子水，本命的子水會受傷嗎？

鄭老師解說：不會！大運來一個子水可以頂剋，替死鬼的概念，水的力量會增強，戌土會洩得很夠力。

大運多一個子水，反而對戌土不利，別以為土可以剋得動水哦！

（例3）留意五行的洩

地支	時	日	月	年	大運
五行	亥	亥	未	子	丑
陰陽	-	-	-	+	-

問題：本命子水是否有受傷？

解析：不會受傷！未土不但傷不了亥子水，自己也洩了。但水畢竟是夏季之水，也沒有很旺。

學生的求救：大運來一個丑土，未土還會洩嗎？

鄭老師解說：子丑合，陽子水被合等於被綁架，未土剋一個亥水，跟本命比較，未土因洩少變好，但水變弱了。

→ 假設水為財，財被剋，又被合，會感到財運不好。

→ 若走辰戌土會傷子水，大人被殺，小孩也失去保護，此時破

財會加重。

合＝綁架，剋＝被殺，以財來論，被剋的破財比被合的破財來得嚴重。

（例4）三陰一陽

地支	時	日	月	年
五行	亥	丑	巳	寅
陰陽	－	－	－	＋

問題：本命的五行流通為何？

解析：寅木直接剋丑土，沒得商量！

學生的求救：為什麼不是一氣順生呢？不是貪生忘剋嗎？

鄭老師解說：三陰一陽的排列組合最易搞混，很多人以為亥水生寅木生巳火生丑土，假如這樣的話就會出錯，因為陽有優先主導權，可作用於陰，陽的力量永遠大於陰，故巳火很難救丑土，只有挨打的份，當巳火不在丑土會更慘，用神以午火通關最佳，辰，戌，丑，未土次之。

合是天堂也是地獄

若你仍不明白，可掃描右方的QR碼觀看學習。

（例5）有合先論合

地支	時	日	月	年
五行	酉	丑	申	巳
陰陽	－	－	＋	－

問題：本命的五行流通為何？

解析：巳申因為沒有隔柱，所以能合，本命剩下丑土生酉金。

學生的求救：請教老師，巳申合可能反映在身體的哪些器官或部位？

鄭老師解說：巳申合有很高的機率罹患近視眼，或者消化系統不佳。

補充：因為地支藏干沖剋的關係(既使五行八字不看藏干)，經年累月所實證的大數經驗，準確率很高可當參考，但並非所有八字皆是如此。巳＝丙戊庚，申＝庚戊壬，藏干壬水剋丙火，丙火主眼睛小腸。

另外寅申沖可能有掉髮、肝膽、眼疾、骨折、牙齒等健康問題，但發生機率為其一。

（例 6）有合先論合

地支	時	日	月	年
五行	申	巳	寅	戌
陰陽	＋	－	＋	＋

問題：本命的五行流通為何？

解析：巳申合，寅木剋戌土，戌土受傷。

學生的求救：戌土受傷的用神為何？

鄭老師解說：

午(火)＝通關最佳、卯(木)合戌土＝救走受害人、亥(水)

合寅木＝拉走凶手。

申（金）剋寅木＝殺死凶手、辰（土）與戌（土）＝替死鬼、但丑
未土的助力很小。

用神會隨著動靜態的五行流通而改變，流年與流月的用神也不
會一成不變。

（例 7） 隔柱不能合

地支	時	日	月	年
五行	酉	卯	子	戌
陰陽	-	-	+	+

問題：本命有哪些五行受傷？

解析：卯戌因隔柱不能合，陽和陽先作用，戌土剋子水，再看陰，
酉金剋卯木，子水和卯木受傷。

學生的求救 1：假如大運走丑土，流年走午火，五行流通為何？

鄭老師解說 1：

→ 大運走丑土，子丑合，本命卯戌即可合，剩下酉金，子水和
卯木得救。

→ 流年來午火，哪個五行會受傷呢？答案是午火殺酉金，最後
酉金受傷。

→ 假如酉金是財，則午年的巳月、午月、酉月會破財。

學生的求救 2：為何男人的財等於女人呢？

鄭老師解說 2：古時候女人的地位卑微，對男性來說是附屬品，財代表我能掌控的人事物。

破財＝婚姻或財運不好，所以打老婆的男人不會發達，當妻子被打，財也跟著散，如何聚財呢？

（例 8） 貪生忘剋

地支	時	日	月	年	大運	流年
五行	辰	子	申	午	寅	丑
陰陽	＋	＋	＋	＋	＋	－

問題：本命＋大運的五行流通為何？

解析：本命＋大運的排列組合很棒，我們發現五行不但全陽，而且樣樣俱全，無論以哪個字當龍頭皆可行，五行氣勢流通順生，大運寅木生午火，午火生辰土，辰土生申金，申金生子水。注意子水不能再反剋午火，因午火已參與了作用。另外申子辰不論三合水，五行八字不談三合局。

學生的求救：假如流年來一個丑土會如何呢？

鄭老師解說：子丑合，此時大運的寅木是龍頭，木生火生土生金，五行依然順暢流通。

貪生忘剋規則：要生到不能生，最後才能論剋，每個五行只能作用一次。

（例9）大運合本命

地支	時	日	月	年	大運
五行	寅	子	亥	戌	丑
陰陽	＋	＋	－	＋	－

問題：本命＋大運的五行流通為何？

解析：寅木與亥水，因中間隔了子水，無合。大運來一個丑土，有合先論合，子丑合，當子水被合時，寅亥即合，最後留下戌土。

學生的求救：假設為女命，戌土為官，丑大運可能發生何事？

鄭老師解說：靜態為子水生寅木剋戌土，戌土受傷代表食傷剋官，因子丑及寅亥合的關係，放出受傷的戌土，由-2轉為+1，對女命而言，可能出現男友，想結婚，或得到工作職等。

隔柱不能合，動態進來合走隔字，靜態五行即可一拍即合，因為合的關係，此階段的運勢可好可壞。

（例10）合解本命沖剋

地支	時	日	月	年	大運
五行	寅	亥	寅	戌	亥
陰陽	＋	－	＋	＋	－

問題：本命＋大運的五行流通為何？

解析：靜態寅亥合，另一個寅木剋戌土，戌土受傷，因為大運亥水的出現，此時受傷的戌土會復活。假設乙木為日主，則戌土代表財，

本命比劫剋財，當動態亥水合走寅木，財會得救並變好，由 -1 轉為 +1。

學生的求救：若大運是亥，流年是卯，財運是否會更好呢？

鄭老師解說：不考慮流月的話，反而會變差，因為卯戌合的關係，財又被困住了，從 +1 變回 0，並非好事！

動態五行合走本命比劫放出財星，稱為「因合放財」，此階段財運可是平常的好幾倍哦！

（例 11）因合倒大楣

地支	時	日	月	年	大運
五行	卯	巳	未	酉	午
陰陽	-	-	-	-	+

問題：靜態命盤的五行流通為何？

解析：本命五行全陰，卯木為龍頭，卯生巳，巳生未，未生酉，流通順暢。

學生的求救：如果酉金是財，當大運走午火，會發生何事？

鄭老師解說：大運出現午火，合走本命未土，整個地支出現大錯亂，卯木生巳火剋酉金，酉金受傷主破財。

靜態的排列再完美，也經不起動態來攪局，往往一個合，可能從此改變命運。

（例12）地支日主受剋

時	日主	月	年	大運
X	戊	X	X	X
卯	午	寅	辰	未

問題：不看天干，地支動靜態的五行流通為何？

解析：本命地支寅卯木生午火，午火生辰生，一氣順生，當大運未土合走午火，此時寅木即會攻打辰土，辰土受傷等於日主戊土，此現象稱之為地支日主受剋。

學生的求救：天干與地支的日主受剋，哪一個比較嚴重？

鄭老師解說：一般來說日主受剋的輕重程度，天干大於地支，因為天干為表象，很多人都知道你不順。

辰＝戊，地支辰土被剋＝地支日主受剋，命主不開心會悶在心裡面，不欲人知。若干支同時出現日主受剋，可能會更衰，甚至出大事。

（例13）流年拆本命合

地支	時	日	月	年	大運	流年
五行	午	子	卯	戌	亥	卯
陰陽	＋	＋	－	＋	－	－

問題：本命＋大運流年，最後的五行流通為何？

解析：靜態卯戌合，子水剋午火，午火受傷，大運亥水無法救午火，當流年卯木遇上流月卯、申、酉都會受傷，本命的卯戌合將被拆開，此時戌土蹦出來，形成午火生戌土，戌土反剋子水，最後子水受

傷。

學生的求救：假設命主午火是官，子水是食傷，卯木為財，卯年可能發生何事？

鄭老師解說：原本食傷剋官沒事，當卯木受傷拆合時，食傷反而被印星剋，容易罹患憂鬱症、意志消沉或財運不佳。

太歲來卯，也代表卯木出干，一旦流年的卯受傷，本命的卯也會消失。

八字充電坊 6 ：搞懂五行再談十神

學過傳統八字的朋友，都會好奇的問我：「食傷剋官殺和印星化官殺有何不同呢？官印相生和殺印相生，有文貴和武貴的差別嗎？」

我的想法是，食傷不一定能剋官殺，印也不一定能化官殺，也有可能出現食傷制不了殺，印也有可能化不了殺，這樣的答案很多人會感到不可思議，身為看倌的你肯定也會一頭霧水，為什麼呢？其實這些東西都是其來有自，重點在於如何區分陰陽，八字談的是陰陽的力量，陰陽若不相配，實務上有很大的差異，八字所產生的情況在於陰陽五行，並非是十神的用語，十神只用在推論事物發展的結果。

比方說日主是甲木，甲木的屬性為陽，它的官殺就是庚金，如果用食傷來剋官殺星，就要選擇丙火而不是丁火，因為只有丙火有能力，丁火既沒能力也擋不住官殺，差別在於被挨打時不會那麼痛罷了。

假如日主是辛金，它的官殺為丁火，如果用食傷來制殺，壬水合走丁火，癸水剋掉丁火，壬癸水都可以當成辛金的救星。接下來說明正官這顆星，很多人會認為正官沒有七殺來得凶！如果有這樣的認知，在論命上容易出現很大的錯誤，以丙火日主為例，當它碰到癸水正官，根本無須理會，因為陰剋不了陽，日主不會有事，但換成丁火日主，遇到正官壬水只能任其宰割！唯有戊土才能營救丁火，己土卻是無三小路用。

再來談用印化殺的情況，同樣以丙火日主為例，壬水七殺，只能用甲木來通關，乙木仍然起不了作用；日主丁火，遇到癸水七殺，用印來化殺卻是甲乙木都可以用，那麼正官呢？同樣的道理，丙火不怕正官，基本不用理會，但丁火遇到壬水正官，就一定要用甲木來救！

看完以上的解釋，你也許會感到奇怪，怎麼和古書講的完全相反？

因為八字的起源在於陰陽五行，而不是十神，學八字不是只學十神，假如只單獨學十神，就會變成十神論命法，因為八字的吉凶構成條件全在五行生剋中產生，並不是在十神的術語，要先學會如何判斷五行生剋，再套上十神自然能解讀出問題點，這也是很多八字教科書不把十神放在第一章的主因，但很多人卻把十神當主角，用傷官見官為禍百端之類的術語去恐嚇人，實際上一點意義都沒有，批命的基礎在最不起眼的陰陽五行，將陰陽生剋弄懂了，再套用十神進去，就學會如何批八字了！可惜很多人並不太重視五行生剋，一心只想當神

算，留於在十神術語的打轉，批命技術自然是裹足不前。

八字是人生經營

　　許多人常把八字當作算命工具，假如這樣的話，八字在生活的效益就會大大減低。命理講究的是人生經營，如何改變自己並打開未來的一扇窗，才是學習八字的本質。

　　學過命理的人都會瞭解，八字分為兩大部分，其一為五行，其二為十神，而五行重在身體，健康重在平衡，這一點與中醫的理論不謀而合，而八字的十神著重在推論運勢的結果。

　　將一個八字批斷出來的時候，會出現兩種的情況，也就是五行和其所屬用神，所謂用神就是讓八字的主人去經營自己的人生，讓未來變得更好。

　　而五行的部分重在空間，意即如何在生活空間中，將八字所需要的木火土金水運用在自己身上，讓八字所需要的能量增強，這就是五行的效用。舉例來說你的八字需要火，可以在生活中大量的取用火，例如在飲食上多吃點辣椒，喝點薑湯紅酒，穿戴與火有關的紅色或暖色系的衣物，日常生活多曬太陽和下廚……這些都是利用生活五行取火運的方法。

　　十神的意義：依據處事的行為為主，假如你的用神為印星，代表為人要低調、和善、寬容、忍讓、聽話，不要急於強出頭，未來就會過得比較平穩順利。

用神如果用在好的地方，可以讓主人的運勢在未來能過得更順利，至少在衰運時不會跌入深淵，好運時讓人生更加分，達到改變命運的目的。

很多人誤以為用神一到就會天下無敵，但往往都事與願違，一般大都是聽信命理師的建議，掉入大運的陷阱而不自知，以為用神就是好運，結果胡亂投資不然就是生意倒閉血本無歸，所以不是用神一到什麼都會變好，當中其實有好有壞，因為世間萬物不可能完美無缺，用神會隨著流年的不同而變，一不小心可能讓你的人生重新來過。

此時論斷流年流月的運勢就顯得格外重要了，當客人找我批命時，發現很多所謂大運和本命用神的五行，恰恰是出事的時間點而被我拿掉當忌神，但奇怪的是，被我拿掉的五行有時候又變成用神，所以八字會因時地利呈現不同的變化，相同八字不同命－代表每個人的運勢，不同的時間會有不同的命運。

體會十神類象，打通八字任督二脈

不知道你有否這樣的經驗，一個八字無論再怎麼論斷，精確度都只能到十神，十神在八字的生活萬象可謂變化多端，同樣的十神組合，所發生的事未必會相同。

例如：財生官剋日主的組合，並非單一指某件事，這其中代表的涵義非常多，從大方向來看有因財惹禍，痛苦求財或得財，父親或妻子的壓力，業績考核不佳，男人因女人惹禍，妻管嚴，貪污腐敗被抓，

生育出了問題，因妻子和子女的關係吃官司，開車意外的交通事故，因為撞車而破財，意外疾病導致財務吃緊。

再舉一個比劫剋財類象讓大家參考：

男命通常會對另一半不敬，甚至有家暴、性侵、賭博、重朋友勝於老婆的特質。所以女生若要選老公，千萬別找八字裡有比劫剋財的男人。

如果女命的財星受傷，則會失去女人味，因為不再去生官殺，自然就不會對老公有所幫助。另外財星受傷不論男女，在性格上極易出現眼光高，瞧不起比自己能力低的人，情緒不好也會摔東西洩憤，甚至欺侮弱小。

每個十神組合有非常多的類象，總結一句，無論是日主受剋抑或財生官剋日主，代表此階段會非常地煩躁、苦悶、抑鬱，財也代表你的產業，因財產的問題產生壓力或官符。

有些人認為身弱無法任財官，其實不然，無論身強身弱，一旦日主受剋或財生官剋日主，發生的問題也會讓你很頭大，假如身強壓力可能小一點甚至無感；身弱的話皮就得巴緊一點。

如何把十神具體類象，推理出更多合乎實際的生活，是我們未來努力的方向，在瞬息萬變的地球，每個人所遭遇的事可謂千變萬化，封建社會古人的思維，套用在現代人，必須做出修正才能更科學，十神並非是固定的公式，如何體會八字的真正內涵，就得靠個人的閱歷

與經驗來實現。

　　八字是時間的運勢學，而非傳統的宿命論，看到這裡，我相信你
應該能瞭解，相同八字所發生的事，為何會不一樣了，唯有找出更多
的十神類象，才能打通八字的任督二脈！

2-3 陰陽批命口訣

　　許多人學了大半輩子的命理，對於基礎的陰陽生剋，仍舊在原地踏步，甚至搞不清楚五行流通，導致批命造成亂生亂剋的現象，文堡老師決定出書分享基礎心法，讓大家從此刻打好底子，掌握批命規則才能批算精準運勢，準備好了嗎？2-3正式邁入精華，記住！沒搞懂陰陽生剋前，別想批出一手好命！

　　從口訣中可以清楚掌握陰陽的原始規律，陽可以來領導陰，然而陰卻只能以柔剋剛，跟隨陽的領導，所謂以柔剋剛即是陰陽的交合來抵消陽的剛性，我們可以將它當成是男女間的合，女生用撒嬌的方式來牽制男生的剛性，所以天干五合與地支六合皆是陰陽相配，簡單來說就是夫唱婦隨，這是學習五行八字必須具備的基本觀念。

　　很多古書講的合代表合好之意，然而在五行八字中合並非是合好，有些八字出現合反而容易掉進衰運。合可以變好但也可以變壞，因為合的出現，可能讓你鹹魚翻身，也可能從此掉入地獄。

　　以下我分別將口訣拆開來說明：

1. 陰陽須分離：

初學者看到八字第一件事，請先將五行標記陰陽再分開來看，記得先批陽再論陰。

（例 1）甲　乙　戊　辛

解析：乙木日主，甲木及戊土為陽，甲木剋戊土，戊土受傷這件事要先論；再看陰，辛金跑去剋乙木，日主受剋也。

2. 陰隨陽而動：

第二件事，請牢記陽永遠大於陰，夫唱婦隨，陽受傷或被殺死，陰也無用。玩過手遊或電玩 RPG 嗎？通常魔王被 KO，雜魚也構成不了威脅，不是嗎？這就是陰隨陽而動的概念。

陽＝大人或魔王，陰＝小孩或雜魚。

（陰陽的 80/20 法則）

五行八字的陰陽有別於傳統學，80/20 是我自創的心法，這套規則與坊間認知的 80/20 大相逕庭，字義並非指付出 20% 即可得到 80% 的能力。而是以陽主導陰，陰隨陽而動，來解釋陽佔 80%，陰佔 20% 的理論。若你有在幫人批命，也許聽得懂 80/20 法則所要表達的涵義，若與所學的理念不同，那麼就先 pass 吧！不過話說回來，既然都買了我的書，相信你們應該能慢慢接受，來吧！請掃描右方的 QR 碼觀看。

陰陽的80/20法則

（例2） 甲　乙　戊　己

解析：乙木日主，甲木及戊土為陽，先批陽，甲木剋戊土，陽的戊土受傷，陰己土也沒什麼作用了，請注意乙木日主不會跑去打己土，日主不能參與生剋作用，還有甲己遙隔不合。

3.細看陰陽合：

八字中若有合要先論合，假如你曾談過戀愛，就會瞭解合的力量有多大了。一般來說，男人的力量大於女人，雖然陰打不倒陽，但以柔剋剛卻是陰的特質。請注意天干除了日主剋合外，只有陰陽合但沒有陰剋陽，地支的話則有陰陽合及陽剋陰。

（例3） 庚　乙　己　甲

解說：乙木日主，甲木及庚金為陽，本來庚金要找甲木打架，但甲木旁邊有一個己土，甲和己談戀愛私奔去了，甲木因為無能，不得已才入贅己土，雖說甲木很弱但己土很強啊！當庚金打不到甲木，會找誰出氣呢？當然是倒楣的日主乙木了。

（例4） 午　酉　申　巳

解說：先看陽午火與陽申金的關係，然而陽午火剋不了申金，因為巳火會合走申金，當午火無計可施的情況下，只好找酉金當出氣筒，午火殺酉金，申金被巳火拉走，地支的金好弱呀！好在申金是當令的氣，苟延殘喘，勉強撐得住局面。

4. 生剋為次後：

解說：這是**貪生忘剋**的觀念，八字若無合的關係，則以生剋來看最後的結果，記得生要生到不能生才能論剋，剋永遠要擺在盡頭。批命一開始找剋是很危險的事，當心成為「亂生亂剋症候群。」

（例5）丙　庚　甲　戊

解說：日主庚金跳過不看，甲木生丙火，丙火生戊土，戊土再生庚金日主，天干的排列很漂亮，注意日主是最後終點站，請別這樣問我：「老師！庚金可以再回去剋甲木嗎？」NO！一個五行只能作用一次，用過後就不能再「資源回收」了。

5. 生生而不息：

造樣造句，讓口訣更為通順好聽，沒什麼作用，看看就好，快閃！

看完以上的說明，若你仍有疑惑，請掃描右方的 QR 碼，配合影音學習。

五行八字的批命口訣

1999 年初學八字，接觸的第一本書即是司螢居士的《八字洩天機》，那個年代似懂非懂，雖然讀過吳俊民的《命理新論》打了一點命理底子，但我沒受過傳統命學的洗禮，因為家父學了幾十年的傳統八字，才改用司螢居士的五行八字論命，並傳給我秘傳三元地理秘訣，發現前輩原來是天機門的第二代掌門。這幾年下來，印證了無數的客戶準確率極高，配合洩的實務真理，假以時日必能將五行八字發揚光大。

八字充電坊 7 ：五行八字為何不看沖？

有很多網友問我：「老師！子午沖會如何，為何批命不看沖？」

老實說，我已經沒有在使用這些理論了！八字的沖除了辰戌及丑未這兩個組合之外，六沖對五行八字來說，其實等同於剋，我們是將它當成剋來看待，如果你正從傳統命學跳槽五行八字，許多觀念請先打掉重練。

傳統命理對於地支的沖特別著墨，比如說辰戌沖、丑未沖，大家是否注意到，其實地支的沖都是同陰陽而屬性相反的。比如寅申沖，陰陽屬性同樣都是陽，寅的五行屬木，申的五行屬金，所以這樣的組合我只會看成是申金剋寅木，既然是剋的現象存在，就要以子水來通關，來化解申金剋寅木的情況，這麼一來剋的現象就化解了，除了辰戌丑未的沖之外，地支沖的現象並不多，一般都成當剋來看，也就是說五行八字不會特別強調地支六沖，只有合生剋，其中的剋已包含沖的意義。

我們分析一下沖的理論，辰戌沖和丑未沖，這兩個組合的五行皆是土，土與土沖的結果只會留下本氣土，其他餘氣的藏干必須拿掉不看，辰戌沖只剩下戊土，丑未沖只剩下己土。

辰戌丑未這兩組合的沖，狀態是土的五行會更加旺，沖有拋棄自我的涵義，裡面的人元藏干微氣要一併拋棄，這也是五行八字不看人元藏干的原因，一切以陰陽五行流通看生剋制化。

五行八字為何將沖當成是互剋的關係呢？上述的子午沖，乍看之下有點嚇人，但若有寅木來通關，沖即有化解之道，因為本來的涵義即是子水剋午火，有寅木在的話，將會形成子水生寅木，寅木生午火，此時沖剋的現象不復在，通關後讓原本的沖剋更是吉星高照。

同理，卯酉沖在五行八字來說就是金剋木，大家千萬別將沖看得如此可怕，五行八字雖然不看沖，但是當你知道這樣的原理後，批命自然會想到為何不看沖的觀念，因為五行生剋已包含剋的情況在裡面了。

請掃描右方的 QR 碼，影片中將有更詳細的解說哦！

五行八字為何不看沖

五行八字剋是問題點的重心，沖剋的過程必須有條件才能發生，只有沖而沒有產生剋，這樣的沖剋不會產生任何的作用，剋才是發生問題最大的關鍵，所以沖要建立在互剋之下才能表現出來，空有沖的話，可能出現看似壞運，但實際卻是好運的情況，這些觀念與傳統命理學的差異極大，提供有心想學好五行八字的讀者參考。

2-4 批命首重龍頭（Root）

　　什麼是八字的龍頭？學了這麼多年的八字，怎麼壓根兒都沒聽過？古書上似乎也找不到這個名詞。

　　這是五行八字獨創的心法，所謂龍頭(簡稱Root)代表一個五行的起序點，這個點可能被合，可能被剋，也可能被洩，批命首重龍頭，一旦消失的情況下(合剋洩)，對於命局將產生重大的影響，這些變化可是有好壞之分呢！

　　文堡老師以五個例子來做解說：

（1）龍頭被合（壞事）

時	日主	月	年	大運
甲	乙	丙	戊	己
龍頭				

　　解說：五行的流通為甲木生丙火，丙火生戊土，因為甲木是天干的起始點，所以甲木是龍頭，我們可以說甲木生丙火，也代表甲木洩於丙火，對戊土而言，它的力量可是非常的強大，起因點是甲木給了丙火力量，這個邏輯相信你們都看得懂，OK！現在我要變魔術囉！請接招！

　　假設大運來一個己土，文堡老師說過有合要先論合，甲木被己土收買，甲木暫時和己土私奔(注意是暫時不是永久)，丙火頓時失去了

來源，反而要靠一己之力去生戊土，此時我們發現丙火的源頭被切斷，加上又跑去生戊土，丙火不但變弱也洩了，戊土呢？本來有甲木來助拳現在沒了，與本命的八字比對，是否也跟著減弱了呢？當甲木龍頭被合走，對丙火及戊土都不是好事哦！

（2）龍頭被合（好事）

時	日主	月	年	大運
甲	乙	丙	庚	己
龍頭				

解說： 五行的流通為甲木生丙火，丙火剋庚金，因為甲木是天干的起始點，所以甲木是龍頭，我們可以說甲木生丙火，也代表甲木洩於丙火，對庚金而言，受到傷害的力量會增強，你們應該都看懂了，聽好！我又要變魔術囉！

與上例相同，大運來一個己土，有合先論合，甲木被己土收買，甲木與己土私奔（注意不要當成消失），丙火突然失去了源頭，反而要靠一己之力去剋庚金，此時丙火的來源被切斷，只能獨立去剋庚金，丙火不但變弱也洩了，那庚金呢？本來有甲木的助拳傷得很重，現在與原八字做比對，壓力似乎已減輕！當甲木龍頭被合走，對丙火而言是壞事，但對庚金來說卻是好事呢！假如是女命，此大運的感情或官運將有所改善，批喜不批憂。

（3）龍頭被剋（壞事）

時	日	月	年	大運
亥	巳 龍頭	酉	⟨未⟩	⟨午⟩

解說：五行流通為巳火生未土，未土生酉金，酉金生亥水，氣勢流通順暢，大運來一個午火，午火合走未土，此時的地支發生了變化，酉金生亥水剋巳火，龍頭受傷並非好事，假設巳火是財，午火財星不但進不來，也順便帶走巳火的保護神未土官星，本命巳火財星從沒事變成有事 (破財)，由此我們可以推斷，這個大運的財運可能掉入萬丈深淵，除非流年來救。

（4）龍頭被剋（好事）

時	日	月	年	大運
酉	卯	申 龍頭	寅	午

解說：五行流通為金木交戰，申金為當令之氣，剋寅木相當夠力，伴隨酉金剋卯木，本命的木已奄奄一息，我們可以知道龍頭就是申金，大運來一個午火，寅木有了救星，木生火，火剋金 (金是當令之氣不會剋盡)，此時申金受傷寅木復活，假如申金為比劫，寅木是財，則此大運有利進財，但必須犧牲申金比劫，龍頭被剋，對財星而言是好事。

你可能會問我，本命中不是還有酉金打卯木嗎？陰陽的 80/20 法則拿出來複習一下吧！當陽申金受傷放出陽寅木，**陰的酉金不但無力**

同時也洩了。不過剋比劫解救財星，仍須配合天干的流通來看，當下的八字為身強還是身弱，這點相當重要，你不能只想著賺錢然後放棄朋友，**財聚人散並非為人的基本之道。**

（5）龍頭被洩（好壞參半）

時	日	月	年	大運
巳 龍頭	未	辰	未	丑

解說： 本命一個巳火生三個土，大運再來一個丑土，巳火洩得很夠力，這樣的情況要論好還是論壞呢？

如果火為印星，土為比劫，通常這樣的人比較熱心公益，樂於分享知識給社會大眾，我認為這是好事；若火為財，土為官，財洩於官，必須犧牲財來換得更多的官，因為官控制了財，這未必是好事。

搭配影片更能事半功倍，來吧！請掃描以下的 QR 碼學習。

批八字首重龍頭

Tips： 龍頭是靜態命盤氣的統治者，你若認識了龍頭，才能真正體悟五行八字。

2-5 五行的反向約束 (Reverse Restraint)

　　坊間的五行八字只批生剋合，卻忽略洩，天機竅門可能從此與你擦肩而過，五行八字有如一門活用的數學，一道題目有很多種解法，當你遇到盲點，請試著換個角度思考，也許有這麼一天，當你茅塞頓開時，必能破涕而笑！

　　我們常說剋洩的觀念，剋是一般批命常關注的點，它是所有事物的問題與結果，然而，剋只是批命其中一項的正向推論或正批。

　　在五行基本法中，洩指的就是反向束縛，它是一種不正常的能量流通，一個五行反向約束並欺負另一個五行，這種現象稱之為反向剋制 (Reverse Restraint)，也是自然界的道理。

　　洩與剋的觀念完全顛倒，我們再複習一次吧！

（1）木反向限制金：木太強，金會折斷。

（2）金反向限制火：金太強，火會熄滅。

（3）火反向限制水：火太強，水會蒸發。

（4）水反向限制土：水太強，土會流失。

（5）土反向限制木：土太強，木會夭折。

　　親愛的讀者，學了大半輩子的八子，你應該只聽過財破印吧？如果我告訴你，印也能破財你會相信嗎？我曾說過，當你購買這本書時，代表的就是彼此間的信用，而我也非常重視這份信任。以買賣房子這件事來看，財破印代表著將房子出租或出售賺到一筆錢，所以房子是

資產；若是印破財那可就不妙了，代表當了房奴或繳不出貸款，此時房子就變成你的負債。又或者對男命來說，印破財指的是婆婆壓過了媳婦；而財破印正好大大相反，媳婦氣勢壓過了婆婆，現今社會不都是這樣嗎？婆婆還得聽取媳婦的使喚。

科技社會已不若以往的封建制度，你說，八字觀念是否也須與時俱進？

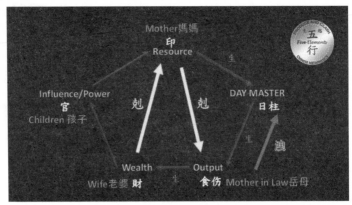

回歸正題！為什麼本書要談洩呢？因為洩的情況也能參看出問題點，洩就是犧牲的意思，如同一罐慢性毒藥慢慢侵蝕身體，而你卻渾然不知。相較之下雖然沒有剋的力量強，但從洩的觀念中，也能反映人、事、物的盲點，而洩就是所謂的反向推論或反批，想要瞭解問命者內心真正的問題，故批命時必須從正推和反推來看。反推並非套命，而是經過印證所得的一種論法。

批命若只看剋不重洩，便會 Miss 很多天機妙絕，故我們要勇於參看洩的觀念。五行八字浩瀚無邊，尚有很多天機祕密等著大家來印證與發掘。

如何學會看洩呢？文堡老師舉個例子說明：

假設本命有一金一水，金生水，金洩水旺。若是本命有一金一木，金剋木，金洩木絕。這是很普通的常識，也很容易理解，你說對吧！

以金水來看，假如動態出現更多的金，此時的金不會洩，而且水會加旺；但出現過多的水，金會洩得更夠力。以金木來看，假如動態出現更多的金，此時的金不會洩，木會傷得更重；但出現過多的木，金會洩得很夠力。

以上只是基本洩的原理，批命若要更精確，仍須配合陰陽，整體八字的身強身弱為根基。

(1)壬 → 甲 → 丙

壬水是龍頭，洩於甲木，但丙火很旺，請注意甲木有源頭不會洩，當壬水被丁火合走，甲木缺少了壬水來生助，同時又洩於丙火，甲木與丙火皆弱了。

(2)乙 → 丁 → 辛

乙木是龍頭，木生火，火剋金，辛金受傷得很嚴重，丁火有乙來生不會洩，當乙木被庚金合走，丁火缺少了乙木來生助，同時又洩於辛金，此時的丁火雖弱，但辛金的傷害已減輕。

(3)辰 → 辰 → 午 → 辰

一個午火生了三個辰土，午火是群龍之首，但你真的很累哦！假如午火是食傷，辰土是財，用一個食傷去生三個財，等於一個人兼三份工作，財運看似不錯，然而身體恐怕無法負荷。

（4）午 → 午 → 辰 → 午

三個午火生一個辰土，午火不但沒有消耗能量，還加旺了辰土的力量，不但強壯又有靠山，好事一樁！

（5）戊 → 戊 → 乙 → 己

假設乙木為官殺，戊己土為比劫，照理說官殺不是能剋比劫嗎？NO！一個乙木想揍一個己土小孩，但旁邊圍繞兩個飆漢的戊土大人，乙木打不倒己土，自己卻置身於水深火熱之中，雖然沒受傷，但乙木一直消耗洩氣，這可不是好事！沒聽過比劫剋官吧？現在我告訴你，這個組合不能用官，因為比劫強官殺弱，官傷不了比劫，反而是比劫來影響官呢！

（6）卯 → 卯 → 申 → 卯

一個陽申金可能一次打趴三個陰卯木嗎？正常來說是可行的，別忘了陽能主導陰，不過本命出現這種現象，從另一個角度來說，代表申金也弱了，如果大運流年再來一個寅木或卯木，那麼申金將會洩得更夠力。

（7）五行力量增減

學生問題：本命丁火剋辛金，丁火洩，若大運來一個己土，對辛金來說是脫困，此時丁火會再洩一次嗎？

老師解說：丁火不會再洩。本命剋辛金與大運生己土，所產生洩的力量都是均等，對丁火並無任何影響。

（8）以寡敵眾 (Outnumber)

在單打獨鬥的情況下，有技術的一方自然獲勝；但若是以寡敵眾，無論你多厲害也會感到累，這是一個再平凡不過的事實。其實八字上的生剋也是一樣，例如寅木財破戌土印，在五行上寅木自然以技術取勝，但是當一個寅木一次要對上五個戌土時，寅木也會感到吃力。對傳統八字根深蒂固的人，他們會理解財破印，卻不輕易相信眾印破財，這正是五行八字要顛覆的觀念。

(9) 反向剋制練習題

我們來看下面的天干表，共有 10 個題組，請讀者先行思考，你將發現本命與大運有趣的變化。

題組	時	日主	月	年	大運	大運與本命的影響
		本命				
1	壬	甲	庚	己	己	整體提升+1
2	壬	甲	庚	己	戊	整體提升+2
3	壬	甲	庚	己	丁	水和火弱＋日主受剋
4	壬	甲	庚	己	丙	水和火皆弱
5	壬	甲	庚	己	乙	整體皆弱
6	壬	甲	庚	己	甲	整體皆弱
7	壬	甲	庚	己	癸	金弱-1
8	壬	甲	庚	己	壬	金弱-2
9	壬	甲	庚	己	辛	土弱-1
10	壬	甲	庚	己	庚	土弱-2

注意：流年也有重要的影響，最終仍須配合整體八字與環境所取的用神做結論。

文堡老師解說

首先我們來看本命一開始怎麼跑，己土生庚金生壬水再生日主甲木，先天的 DNA 排列很漂亮，財生官，官生印，印生日主，己土是

129

天干的龍頭，你可能會問我：「老師，本命的己土有洩嗎？」有的！此命生下來即是如此，無須在意理會。

我們要觀察的是，本命與動態的五行經過作用後，發生什麼變化才是重點，請記得！不要在本命上打轉，同時也別忘了流年，它同樣會跟本命與大運互動，產生合、洩、生、剋，每年的反映及差異都很大，流年可說是大運的縮影。

(1) 大運來己土，土是天干連生的龍頭，再遇上己土大運，整個天干無論是庚金、壬水和己土皆會提升力量。

(2) 大運來戊土，陽土不但能幫助陰土，也能讓庚金和壬水提升，故整體運勢比題組 1 更佳。

(3) 大運來丁火，丁壬一合，丁火與壬水皆弱，己土生庚金剋甲木，日主受剋倒楣。

(4) 大運來丙火，庚金生壬水剋丙火，丙火重剋受傷，但同時也會削弱壬水的力量。

(5) 大運來乙木，乙庚一合，乙木與庚金皆弱，壬水失去庚金之助也變弱，己土剋壬水為陰剋陽，己土的力量不變，故整體五行變弱。

(6) 大運來甲木，甲己一合，甲木與己土變弱，庚金失去己土之助也弱，壬水亦洩於大運的甲木，故整體五行皆弱。

(7) 大運來癸水，本命庚金生大運癸水，因癸水為陰水，庚金稍微洩了力量，故斷庚金弱 -1。

(8) 大運來壬水，本命庚金生大運壬水，因壬水為陽水，庚金加重洩的力量，故斷庚金弱 -2。

(9) 大運來辛金，本命己土生大運辛金，因辛金為陰金，己土稍微洩

了力量，故斷己土弱 -1。

(10) 大運來庚金，本命己土生大運庚金，因庚金為陽金，己土加重洩的力量，故斷己土弱 -2。

　　文堡老師Tips：多數人習慣用正推剋法，來尋找世間萬物之事，然而魔鬼藏在細節裡，當你碰到批命與事實大相逕庭，若能熟練洩的原理來反推，天機即可應刃而解。

八字充電坊 8 ：案例－食傷洩財人中之狼

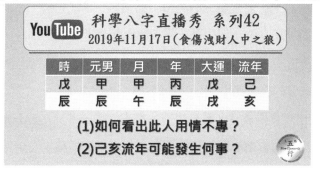

案例解說

　　本書雖強調基礎心法，但這是一個談洩的絕佳案例，文堡老師特此公開與讀者分享，假如看不懂很正常，未來若有機會出第二本十神類象，你將可以學到更有趣的生活八字。

　　本命是一個學生提供給我的實例，他說：「老師，我看不明白耶！為何此命在戊辰月很倒楣，老婆堅持跟他離婚呢？」

這問題相信是多數人的疑問，老實說自己也曾犯錯，但只要經過修正，經年累月的經驗，將會成為個人的獨門心得。每個人對八字的體悟不同，唯有透過更多實務印證，學習五行八字才能更進步。

其實這個八字有兩套解法（你要說套命也行），我們繼續看下去吧！

第一種解法稱做「身弱倒大楣」：天干甲木生丙火，丙火生戊土順生，地支一個午火生三個辰土，一個食傷洩三個財，沒事！這只是先天的 DNA，代表命主著重金錢，身兼多職，或者有把妹的「潛在基因」，何時出問題端看動態來引動。

這裡附帶說明，財星當令的男命，通常另一半較強勢，亦有怕老婆的特質；如果是身強食傷生財，男人會比較疼老婆哦！那身弱呢？可能就會亂來了！實務上碰過在外頭偷吃後，回到家將嘴巴擦抹乾淨，顧家疼老婆的男人呢！

女命若出現食傷貪官，容易用情不專或劈腿，尤其在天干最為明顯。男命如果身弱食傷生財，可能為花心大少爺，把精神及金錢花在女人身上。

口訣：財破印＋身弱→男命出軌或被捉姦、亂搞、失信、被騙。

一個食傷洩三個財已經夠累了，戊戌大運干支再來兩個財，午火只會洩得更厲害，這十年期間命主確實賺了很多錢，同時也享受了齊人之福，但從戊戌年壬戌月開始，老婆開始懷疑先生的行為，己亥年天干甲被己合走，一個丙火突然間跑去生兩個財，當甲木比劫弱，丙火也跟著弱了。再看地支，一個午火生四個土出來，桃花財運皆亨通，

然而食傷洩得更嚴重，若要比喻為「人中之狼」，一點也不為過。

值得注意的地方，本命無印，流年地支正好行亥水印星，且無官星來通關，容易造成財破印。**地支出事必須配合天干來看，若天干比印無剋無洩無合，也能相安無事。**假如天干比劫被合，地支印星又被剋，事情可就大條囉！

面對日主受剋身強的人來說，頂多就是上班被老闆罵，在家被老婆嫌，出外錯過交通班次，掉東忘西的輕微事件。若日主身弱無印星或印星減弱，比劫又被合，代表容易因財惹禍。

單看剋洩不看強弱，批命不會到位，食傷生財想要賺大錢，必須有比印來生扶，這是自然界的平衡論。看透生剋合洩，論命才能更全面，寫到這裡相信你應能曉以大義，己亥年為何東窗事發了。

論命必須留意身強身弱，強與弱須與本命 DNA 相比，身弱不能任財，即使生再多財也無用，一旦身弱加上日主受剋，命主便會走下坡，這些觀念在我的第二本進階心法中，將有更深入的解說。

第二種解法稱做「流月出干」：這個方法快速簡單又好用，戊辰月不就是本命所有財星出干嗎？財星一旦被放出來，在流日隨時都有危機，加上己土被拉走，午火弱到無法保護戌土，婚姻問題就會應事發生了！

讀者覺得哪一種解法比較容易消化呢？五行八字是一門生活科學，透過不同的角度分析印證，其實道理都是相通的，在時間的醞釀之下，也能玩弄於股掌之間。

重點整理

（1）天干甲生丙生戊 → 甲木是龍頭。

（2）地支午火生辰土 → 午火是龍頭。

（3）甲木被己土合走，龍頭弱了，生財的能力會變差。

（4）地支一個火洩三個土，財運雖然旺但食傷也弱了。

（5）戊戌大運有利財運但桃花也多，此時地支的食傷洩四個土，
　　　炎夏出生干支缺水調候，想賺錢也想要女人。

（6）己亥年，天干甲己合，日主的保護神甲木被合走，地支的亥水
　　　就不能再被剋合，火生土剋亥水，此時的八字呈現身弱的現象，
　　　身弱財破印容易因女人而惹禍。

（7）批命首重龍頭，假如被合走，對命局有好壞的影響。

　　實證結果：己亥年戊辰月因出軌被老婆抓包，最後簽字離婚。

　　為了學習達到最大化，文堡老師特地開放線上影音，請掃描以下
的 QR 碼觀看。

食傷貪財人中之狼

2-6 陰陽生剋綜合練習

瞭解天干地支五行生剋的基本法之後，接下來請讀者練習以下八道例題，根據五行生剋的流通，有合先論合，先批陽再論陰，貪生忘剋的法則，記住！先練習再看解說，修正觀念並記錄到筆記，唯有透過大腦思考，八字功力才能更進步哦！有興趣的讀者不妨一試。

（例題一） 陰陽生剋觀念

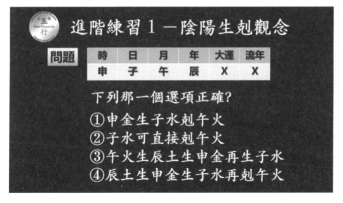

進階練習 1 －陰陽生剋觀念

問題	時	日	月	年	大運	流年
	申	子	午	辰	X	X

下列那一個選項正確？
①申金生子水剋午火
②子水可直接剋午火
③午火生辰土生申金再生子水
④辰土生申金生子水再剋午火

（解答）③午火生辰土生申金再生子水

（解析）地支五行為全陽，龍頭為午火，根據貪生忘剋定律，請記得生到不能生時再來論剋，一開始找剋就會陷入亂生亂剋的危機，故此題選③。

（例題二）基礎用神法

選項	時	日主	月	年
A	乙	癸	丁	辛
B	癸	庚	戊	丙
C	丙	辛	甲	己

(問題)請分別找出 ABC 選項的用神？

(解析)

A：日主跳過不看，乙木生丁火剋辛金，辛金受傷。用神：我們可以用己土來通關，但戊土可行不通，會造成日主壓力；丙火可走救奄奄一息的辛金，庚金可以讓辛金壓力減輕，另外癸水也 OK，能代替日主當替死鬼。如用壬水，丁壬合雖然救了辛金，但也衍生另一個問題：辛金剋乙木，乙木受傷可不是好事，五行流通最重要的原則在於「皆大歡喜」。

B：本命戊癸合，剩下丙火剋庚金，日主受剋也。用神：辛金可讓日主脫困，戊土可通關，己土不夠力。建議用庚辛金，當替死鬼不錯。甲乙木及丙丁火皆是忌神不利日主。壬水雖可用，但須犧牲丙火。癸水剋不動丙火，但可以稍微擋一下。

C：甲己合，丙火剋合辛金，日主受剋，注意丙辛剋合日主，意指女命有個變態狂徒來追求，或家庭暴力，被另一半綁住離不了婚，因為是被合又被剋，這種情況比單純的日主受剋來得棘手，用神：戊土可用，但實際作用並不大，建議用庚辛金當日主擋箭牌，或者直接以壬水殺丙火讓日主脫困，可是這一來會出現副作用，建議緊急情況

下再使用。

（例題三）生剋的力量

天干	時	日主	月	年	大運	流年
五行	甲	乙	辛	丁	己	X
陰陽	+	-	-	-	-	X

問題：本命的五行如何流通？

解析：甲生丁剋辛，辛金原本受丁火剋，甲木再來助拳，辛金傷得更重。

學生的求救：假如大運來一個己土呢？會發生何事？

鄭老師解說：甲己合，龍頭被拉走，辛金仍受丁火剋，但受傷已減輕許多。

日主只能當起點或終點才看，終點的結果不是被生就是被剋，其餘一律跳過不看。

（例題四）隔柱不能合

天干	時	日主	月	年	大運	流年
五行	戊	甲	乙	癸	庚	庚
陰陽	+	+	-	-	+	+

問題：本命的戊癸可以合嗎？

解析：不會！戊癸因隔了乙木故不能合，而且陽先作用，戊土直

接剋癸水。

　　學生的求救：大運流年走庚金，癸水能夠脫困嗎？

　　鄭老師解說：當乙庚合時，戊癸即可合。癸水從受傷轉為脫困，這是好事！

　　好與壞的定義：沒對比不會找到問題，先與本命對比，再與未來對比。

（例題五）先批陽後論陰

天干	時	日主	月	年	大運	流年
五行	癸	戊	丁	甲	X	X
陰陽	-	+	-	+	X	X

　　問題：本命有哪些五行受傷？

　　解析：先批陽，甲剋戊日主受剋；再批陰，癸剋丁，本命有兩個五行受傷。

　　學生的求救1：請問戊癸可以合嗎？

　　鄭老師解說1：日主是不談合的，只能代表性格較重面子、愛漂亮，重財惜財。

　　學生的求救2：為何丁火會受傷呢？陽甲木不是可以保護陰丁火嗎？

　　鄭老師解說2：會這樣問的同學，表示你還不懂五行八字的陰陽概念（快去將第二章看熟一點），請記得一個五行只能作用一次，陽剋陽已先發生作用，不再有體力可以保護丁火，一邊打架還要一邊保護

弱小，一心很難二用。

只有陰日主才會受到正官剋合，假如日主主動剋合左右兩邊的字，直接看成五行流通即可。

(例題六) 大運與流年的作用 1

天干	時	日主	月	年	大運	流年
五行	甲	乙	戊	癸	癸	己
陰陽	+	-	+	-		-

問題：本命靜態＋動態作用後，最後的結果為何？

解析：本命戊癸合，己傷不了癸，時干甲會優先將己土抓走，最後癸生乙。

學生的求救：為何己土無法剋癸水，拆開本命的戊癸合呢？

鄭老師解說：流年與本命作用很快速，還沒傷癸前就被甲合走，癸水沒事。

文堡老師 Tips：若流年癸流月己，己土就以可傷癸水了，此時戊土跑出來被甲木打，這可是劫財剋財啊！

(例題七) 大運與流年的作用 2

天干	時	日主	月	年	大運	流年
五行	癸	壬	戊	癸	癸	己
陰陽	-	+	+			

問題：本命靜態＋動態作用後，癸水會受傷嗎？日主是否也會出事？

解析：本命戊癸合，流年己剋癸，拆不開戊癸合，只能說己土洩了，日主沒事。

學生的求救：若流年的癸水受傷，本命的癸水也會遭殃嗎？

鄭老師解說：這是出干的概念，流年癸水等於本命 (不含日主) 所有的癸水。

若流年為癸，流月走己，則日主會受剋。本來沒事變有事，真的有夠衰啊！

(例題八) 實例解說

八字	時	元女	月	年	大運	流年
天干	己	乙	丁	己	庚	己
地支	卯	丑	卯	巳	午	亥

簡易分析：

— 五行全陰，根據多年經驗，性格上很有女人味，男命的話會比較陰柔細心。

— 天干：本命丁火生兩個己土，留意大運陽庚金可直接剋陰乙木，日主受剋。

— 地支：本命兩卯生巳生丑，比肩生傷官生財。流年亥水剋不動午火且亥水不穩定。

— 因本命無官星，日主為陰。走辛金大運有利財官運，但走庚

金可就行不通。

— 大運走庚金為正官剋日主，代表生活壓力甚大，來自於工作、上司或桃花。

— 己亥年：地支午火為食神，代表想追求更好的生活，會積極賺錢忙碌生財。

— 庚子年：地支子丑合為印合財，可能將錢花在房子，學習新知或母親拿錢。

學生的求救：為何地支不是木生火生丑剋亥水？亥水是否可當龍頭？

鄭老師解說：亥水可當龍頭，依貪生忘剋觀念，要生到不能生最後才能論剋。

文堡老師 Tips：除了三陰一陽之外，批八字若一開始找剋是很危險的，千萬不要亂生亂剋。

這篇 Bonus，文堡老師整理學生所提出的三道疑問，相信也是大家想瞭解的批命心法，特此公開與讀者分享哦！五行八字看似容易，其實裡面暗藏了許多的眉角，若沒有經過實戰的洗禮，可能一輩子很難發掘這些訣竅。

① 生剋基礎觀念修正

時	日主	月	年	大運	流年
壬	丁	癸	己	丙	癸

學生的求救：

① 壬水剋丙火，己土剋癸水，流年癸水會傷到日主嗎？

② 本命有一個癸水，流年再來一個，要算幾個癸水？

③ 流年氣不穩，流年的癸水是否等同於本命的癸水？

④ 貪生忘剋為生先後剋，但論剋時是否為一對一作用？

鄭老師解說：

① 一物剋一物，流年癸水可以剋到丁火。

② 兩個癸水，但流年的癸水等同於本命的癸水出干。

③ 是的沒錯，流年的癸水並不穩定，也有受傷的時間。

④ 貪生忘剋就是生不到能生才論剋，剋的規則也是一對一。

② 動靜態合的基礎觀念

時	日	月	年	大運	流年
寅	丑	酉	巳	子	子

學生的求救：

① 兩子合本命丑，剩下寅生巳剋酉。大運流年來的子水是多的，可以全部被合掉嗎？

② 子水流年，遇上戌月辰月會被拆合，但未月能否相安無事？丑月是否會合到完呢？

鄭老師解說：

① 靜態的丑土可以合走所有動態的子水，子水會被合到完。

② 子流年最怕碰上辰戌月，但不怕未月，丑月會全部合光。

③ 流年氣與拆合的概念

時	日	月	年	大運	流年
子	戌	未	寅	亥	子

學生的求救： 年支與大運寅亥合，戌土剋子水，本命地支的子水很弱。

① 流年來的子水，在論生剋時，本命加流年的子水，算一個子還是兩個子？

② 子水碰上戌月和辰月，是否會影響亥水拆合，亥水會受傷或減弱嗎？

鄭老師解說：

① 子水是太歲，流年氣並不穩定，當氣在的時候可說多一個子水。

② 子水受傷與大運亥水無關，亥水不會受傷，寅亥也不會被拆合。

八字充電坊 9 ：案例－實戰批命練習

從事命理工作邁入第二十年，很多人都說：「老師，你在這行應該算是大師了吧？」我聽完之後莞爾一笑，通常會告訴他們我還稱不上什麼大師，雖然為客人批命累積很多的經驗，但這門學術還有許多要突破的地方，必須再努力提升自我的能力，進一步修正錯誤的觀念。

打從 1999 年，家父將這套八字學術傳承，文堡老師幾乎很少與人討論八字，不是我自識甚高，而是認為要學到屬於自己的東西，需要不斷地透過實際的批命，從客戶身上找到真正的答案，坊間的命理書籍，認真來說只能當參考。

因為書上的東西都是別人的體悟，套用在自己身上不一定能適用，常聽人說經驗是最好的導師，我很樂於與大家分享自己的實務經驗，如果想要讓自己的八字更進步，靠著學習模仿他人或者鑽研古書仍然不夠，因為如果沒有透過練習，進步的空間仍有限，許多觀念依

舊墨守成規，甚至不進則退。

對於有心研習命理的同好，我會建議讀者，從客戶或朋友的身上去學習八字，方法很簡單，就是不斷透過實際的批命練習，從錯誤中去成長並修正，我就是用這樣的方式學習八字，隨著日積月累，這些心法將成為他人帶不走的專業。

記住！學習八字若不實證，你的功力永遠將原地踏步，現在，拿一個我實際批過的案例，讓你們來練習，學會批命的第一步，就是不斷透過大量的實證，來吧！記得先批一次再參考我的解說。

時	元女	月	年	大運	流年
甲	辛	甲	癸	戊	己
午	未	寅	丑	午	亥

80	70	60	50	40	30	20	10	大運
壬戌	辛酉	庚申	己未	戊午	丁巳	丙辰	乙卯	虛歲

生於立春後 2 時辰

大運 9 年 10 個月又 10 日上運

每逢丁壬之年大雪後 10 日交脫

我們來討論這個八字的三大重點

（1）與母親的關係緣份如何？

（2）哪個大運容易出現憂鬱症？

（3）為何 2014 投資賺錢，2016 及 2017 卻賠錢？

文堡老師解說

（1）此命與母親的關係緣薄，為什麼呢？因為地支午未合，寅木剋丑土，本命的印星不是受傷就是被合走，年幼亦行乙卯大運，財破印讓母女的關係更加惡劣，故斷與母親不和。我建議先將自己管理好，因為妳不可能改變母親的思想，唯有改變自己，交到戊午大運即可慢慢改善。

（2）她說十幾年前得了憂鬱症，然而這個憂鬱症是大運所帶來，千萬不要在本命上打轉，那可是找不到的！我們看一下 20 歲的丙辰大運，癸水生甲木再生大運丙火剋辛金，這是日主受剋啊！但因地支仍有印星化解，所以能相安無事。

然而，一交到 30 歲丁巳大運，完全是天差地別，日主辛金承受了丁火（先生）的壓力，出現憂鬱症，一年內先生只會偶爾回來幾次，雖然每個月都會寄錢回家，但這並不是她想要的婚姻，這期間因為壓力過大，看遍無數的精神科醫生，症狀一直都未能改善，也無法睡個好覺。壓力大到已影響她的精神生活。這時該如何改變呢？

我建議她，既然先生每個月都會寄錢回家，在經濟上已無後顧之憂，首先要做的功課就是轉念，先生不回家，我可以過自己想要的生活，投資自己的腦袋，並參與社會公益，廣結人脈，聽講座來提升視野，心境開了憂鬱症自然就會好。很多時候藥物只是輔助，最重要在於願不願改變自己。再來是透過學習提升智慧，第三是培養孩子的教

育。基本上只做到這三點，一定有機會扭轉乾坤。

（3）她提及 2014 年投資房地產賺了一筆錢，為何 2016 年與 2017 年卻是賠錢呢？我們可以從八字的運勢推算，2014 流年為甲午，天干癸水生甲木剋掉大運戊土，拆開了戊癸之合，地支寅木生午火再生丑土氣勢流通，此年得到貴人相助，投資賺錢可說是輕而易舉。

但是，流年交丙申和丁酉差別可大了！大運戊土合掉本命癸水，使得流年的丙火丁火齊剋日主辛金，地支的申酉金亦受到大運午火所傷，干支的日主齊傷代表生活中承受了極大的壓力，容易吃虧上當，判斷失準，因財惹禍，她說當時錯估市場行情，買在高點，最後只好認賠殺出，故此兩年不適合任何投資。

你答對了幾題呢？假如全部批對，恭喜你．你的實力很不錯；如果批錯了，也用不著灰心，多練習並予修正即可，提升能力必須靠著長年的經驗累積，我們一起加油吧！

卷三

五行八字批命心法

五行八字批命心法

3-1 五行八字的密碼

　　人一呱呱墜地，八字就跟隨自己一輩子，八個字如同一張命運地圖，我們可以利用後天教育主動改變行為、空間環境改變運勢，但本命的八字並不會改變。人生就在自己的八字和大運、流年、流月、流日間不斷互動，進而產生不同的物理變化，這些變化所產生的好運與壞運，即是八字的命運密碼。

　　首先我們來談一下八字的基本結構，如下圖所示，最左邊就是我們的本命八字，它由年柱、月柱、日柱、時柱所組成，亦可稱為靜態八字。接著往右邊看到的大運、流年、流月、流日、流時（甚至有流分），這些都是屬於動態八字，透過動靜態的變化，可判斷一個人當下運勢的好壞。

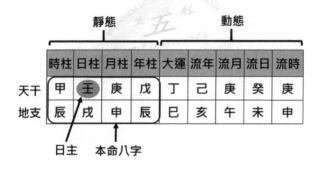

五行八字的基本結構

	時柱	日柱	月柱	年柱	大運	流年	流月	流日	流時
天干	甲	壬	庚	戊	丁	己	庚	癸	庚
地支	辰	戌	申	辰	巳	亥	午	未	申

靜態　　　　　動態

日主　　本命八字

文堡老師舉一個例子解說，讓大家更能輕鬆掌握。

男命，出生於陽曆 2020 年 1 月 14 日巳時。根據出生的時間，這個小男孩的八字如下：

時	元男	月	年	流年
癸	丙	丁	己	庚
巳	辰	丑	亥	子

附帶一提，新生兒的八字幾乎很少上大運，但一定會有流年。排好一個八字後，最重要先看日柱的天干，也就是該小孩的日主，知道日主是哪個五行，再運用五行的生剋法則，決定其他五行對命主是屬於什麼樣的十神。

以上面的男孩為例，日主是丙火，八字的十神如下：

木（甲、乙、寅、卯）是印星

火（丙、丁、午、巳）是比劫星

土（戊、己、辰、戌、丑、未）是食傷星

金（庚、辛、申、酉）是財星

水（壬、癸、子、亥）是官星

知道具體出生時間，我們即可透過八字觀察本命的狀況，推斷一些先天性格與行為模式。

我們來看一下這個八字，干支皆是火生土剋水，本質上是屬於食傷剋官，代表易有自己的想法和主見，性格樂知天命，不喜受人約束，

不安分守己但有正義感，學習記憶力佳且辯才無礙。然而本命無印，通常讀書比較傾向臨時抱佛腳，但因為腦袋靈光，考試前看一下即可 All Pass，成績雖不差但可能考過即忘。所以教育這類型的小孩，需要培養行為及處世的定性，無須管教太多，否則易有反效果。對於未來的職業規劃，適合走專業技能或獨立創意之工作。

依據個人長期經驗，碰到食傷剋官的小孩，一般我都會建議父母，讓孩子掌握自己的方向盤，我們可以提供汽車燃料，為他們加油，但千萬別搶了小孩的方向盤，操控他們未來的人生。

當然了！八字中缺少財和印，不代表一生中沒有父母緣，一般來說關係反而較平穩，但仍須配合大運流年一起看，有否破財或破印的情況來論定。

瞭解本命的八字，即可掌握一些基本的訊息，下一步就是看大運的五行，將它加進來與本命互動攪伴後，產生什麼樣的變化流通，五行八字將每一柱大運看成十年，而非傳統命理學的干支各管五年。

此時我們以手動排出他的大運：

生於小寒後 8 日 2 時辰

大運 2 年 8 個月又 20 日上運

每逢丁壬之年寒露前 2 日交脫

陽曆 2022 年（壬寅）10 月 6 日後上運，每逢丁壬之年 10 月 6 日交脫大運，代表此命在虛歲 3 歲時，會迎來人生的第一柱大運（每個

人起運的時間不同)，具體的大運如下：

83	73	63	53	43	33	23	13	3	大運
戊	己	庚	辛	壬	癸	甲	乙	丙	虛
辰	巳	午	未	申	酉	戌	亥	子	歲

當大運來了，接下來這 10 年就會在丙子這兩個五行，與本命其他的五行互動，然後產生不同的運勢。

然而這十年大運中，每一年的干支五行皆不同，所以流年也會參與進來與本命、大運產生吉凶。以 2022 年為例，整體的八字呈現如下：

時	元男	月	年	大運	流年
癸	丙	丁	己	丙	壬
巳	辰	丑	亥	子	寅

我們可以發現，由原本最初的八個字，現在變成了十二個字，等於多了四個五行進來，透過五行的生剋合洩作用，可能出現好運，但也可能遭遇壞運，視當下的五行流通而定，所以流年的運勢將反映在我們的生活上。若再往下細看還有流月，將每個月套進來，運勢的變化就會看得更加準確，假如有興趣，你也能算到每一天(流日)的運勢。

不知你有否聽過「落土時八字命」這句台灣俚語，意指一個人先天八字雖已固定，但不代表就能決定此人的一生運途，還須細看大運和流年的互動。我們不需要執著在本命，反而要思考如何把握好運的

時間，或者規劃運勢不佳的時機。人生就是起起伏伏的一個過程，因為八字無時無刻都在變化，從而影響我們的生活和個人狀態。

當我們掌握住八字的運勢，即可提供孩子適當的教育與栽培，為他開啟未來的願景。

八字猶如一組生命密碼，也是一張命運地圖。有人能打開這張地圖，找到屬於自己的導航，在人生旅程走得瀟灑自如；有人卻在地圖中迷失了自我，四處碰壁撞得頭破血流。不要浪費了八字博大精深的精髓與智慧，好好掌握自己的人生密碼，做一個樂觀有規劃的人，知命而為之，是一種更好的生活態度。

八字充電坊 10 ：返璞歸真 - 從實證學八字

多數人都是從書上學習八字，但缺少面對他人的實際經驗，流於書本或自己的八字上面打轉，書上說什麼都相信，按照書本上的一些神奇批論，進而追求神算的論命，然後又給自己假設性問題，試圖透過書上的案例，然後套用在自己的身上，殊不知這樣反而容易作繭自縛，甚至無法自拔。

何謂神奇的論命？例如：你家南方有一棵大樹與小河，年幼不是剋父母就是天生破相？

實務中經常碰到客戶的問題，像是會嫁到什麼樣的老公，娶到什

麼樣的老婆，甚至連對方的長相都可以在八字上看出來，有些人偶爾論對了還會竊竊自喜，以為這些都是八字的精華，已經讓你掌握了真理，這樣的論斷方法在網路論壇上很常見，但是實際情況卻顯得無關緊要，因為這些東西不是他們所要的答案，批命的重點在於如何度過目前的難關，從問題引導客戶該注意哪些事項，才是命理師的職責。

要知道客戶付費，是因為在親友之間得不到答案才來找我，所以命理師不會是客人的第一選項，再說碰到問題以一般人的想法，會去付費找一個陌生人來傾訴心事嗎？事實上機率並不高。

從專業角度來說，批命技術是否可行，如何正確實際批論和建議才是最重要的，你的神奇批論縱然批對了，但對實質性問題一樣沒有幫助，因為這些基本上就不是他們要的答案，客人要的是我應該怎麼做？什麼時間機會點對我有利？什麼時間危機點對我不利？哪方面會不好？走什麼路適合自己？努力會不會白費？該注意什麼事項？對未來的期望與發展等等。

嚴格來說，對於求測者(客戶)，是不需要提供很多訊息給命理師，也不用說你要問什麼事情，讓命理師完全從八字學術入手，看你要問何事？然後再來回答是與不是，這樣就很容易判斷一個命理師的水準，因為在完全不知道的情況下，很多不確定因素會令人無從下手，為了展現套命能力，我相信那些神奇批論，最終一定會踢到鐵板。

舉個例子，有些人一看到女命剋官星或官殺混雜，就直斷對方會離婚或亂搞男女關係，這樣的論斷未免太武斷！按照這樣邏輯，所有

剋官的女命一生不知要離婚多少次？所有剋財的男命也不知道要換多少老婆了？八字只是在告訴我們運勢的好壞，但不會決定離婚或者亂搞男女關係。這讓我想起曾經有一對夫妻，在不好的時間點結婚，天天為了雞毛蒜皮的事吵得不可開交，男命主來找我問會不會離婚？

　　我跟他說，若你感到這段婚姻可以放棄的話就會離婚，如果覺得不該放棄值得珍惜，那麼就要試著改變自己，想想對方的優點並包容其缺點，凡事不要斤斤計較，過了那個危機點即可相安無事了！這就是實際與理論最大的不同處，說明了世間萬物沒有絕對的事。

　　有些人為了展現神算，一下子就斷人家剋父母，父親或母親什麼時候死亡，如此的批命一點實質意義皆無，實務上客人幾乎不會問這樣的問題，再說八字又不能決定他人生死，若真的被你說中了又如何呢？這是既定事實，客戶想知道的重點是現在與未來，而不是提出很多假設性的問題，學八字一定要實際體悟批命，才能顯示命理師真正的實力。

　　假如碰到流年財運不好，財代表的是什麼一定要說清楚，財一般在男女的共同點代表為錢財，父親、男命則是老婆或感情桃花，從這方面十神類化出來，單從一個財運不能單純代表錢財，有可能是父親或感情上出了問題，所以在八字論斷財運不好，不一定就會破大財，因為每個十神都有許多的現象，在實際批命中一定要告訴客戶，由他來反饋並告訴你真正的答案，再來分析以後的運勢，不但能對客戶負責，也能進一步增強批命的能力，然而前提的條件，必須建立在客戶

什麼都不告訴你的情況下，意即不問而批。

如果客戶問的是財運，假如是投資的情況，必須從運勢上分析給出建議和指引。實際批命並不神奇，批命講求的是真實，而非神奇的批論，八字專注在實務，透過經驗讓學術發揮真正的價值。

3-2 日主受剋基本功

很多人一看到日主受剋總認為要倒大楣了，其實沒那麼嚴重啦！因為它有輕重緩急之分，有些人甚至完全無感，日主受剋並非論斷八字好壞的唯一依據，除了天干地支綜合觀看之外，還必須瞭解日主當下的強弱，才能決定運勢的起伏，大多數情況日主受剋只是一個名詞，而不是動詞。

3-2-1 什麼是日主受剋

官殺剋日主就是所謂的「日主受剋」，看過我視頻或文章的朋友都知道，出現這種情況會感到壓力、煩躁、倒楣、破財、受傷、卡陰，甚至死亡。所以很多人一聽到日主受剋就很害怕。為何會令人感到焦躁不安呢？因為日主代表就是自己，我本來沒事，卻遭受到壞人的欺負，突然沒事變有事，令人措手不及，這就是日主受剋。

其實日主受剋並不可怕，可怕的是本命沒有日主受剋，突然在某個大運流年出現，這種情況發生的問題將會特別嚴重，若是本命已存在日主受剋，情況就比較沒有那麼明顯了，只要留意大運流年有否加重受傷即可。

官殺剋日主從原本沒事變有事，才是真正的日主受剋，這種情況都是很突然，讓人陷入情緒低潮，做任何事都會感到力不從心，甚至出現憂鬱症。女命的話，可能出現家庭不睦或離婚，男命則在工作或生活陷入困境，無論男女嚴重時皆可能發生意外或死亡。

實際上日主受剋一定會出事嗎？那倒未必，有時只反映在上班遲到或趕不及公車如此而已。**一切取決於當下日主的強弱，請聽好！是「當下」哦！**如果當下日主夠強的話，官殺對日主幾乎不會構成威脅，因為有能力或出現貴人相助將問題解決，的確剛開始有一點壓力，但對當事人並不痛不癢。

　　假設本命存在日主受剋現象，則要避免大運流年走到財星或官星，一旦加重了官殺的力量，可能導致嚴重的結果，所以流年走到日主受剋就得小心謹慎，行事低調並放慢腳步，力求平安才是上策。

　　簡單來說，日主受剋通常有兩種情況，請讀者一定要區分清楚，一種是本來沒有日主受剋，因為大運流年的影響，從沒事變成官殺剋日主，這一種的日主受剋一定要特別小心；另一種是本命已存在日主受剋條件，只要不加重其壓力，通常也能相安無事，有的時候反而有利運勢。

　　我們以數據做個分析，每個人的八字在每個月，至少有八天以上會碰上日主受剋，你是否會感到奇怪？甚至根本察覺不到？這是正常的現象，因為你並沒有失憶呢！事實上有時日主受剋的反映，對日主而言可能是微不足道。

　　日主受剋的反映有多大，取決於當時日主到底是強還是弱。比方說當一個孩子吵著買手機，身為父親的你已經應驗日主受剋了，因為孩子就是你的官，孩子給你壓力硬要買手機，當日主強時自然不會輕易就範；反觀日主一弱，就抵擋不住小孩的要求而破財了。

　　雖然並非每次日主受剋都如此可怕，但還是請大家留意，尤其出現日主受剋兼破財的組合，往往也容易出現意外事件。

日主是四柱八字的靈魂，它就像一個皇帝，雖不會參與作戰，但是當下屬保護無力，亦會遭受到傷害。有的時候皇帝也會偷偷化身到坊間微服出巡，比如丙火日主化身為午火，癸水日主化身成亥水，多帶幾位保鑣隨從，既可掩飾又可掩護，倘若全軍覆沒時，日主一樣不能倖免於難。

3-2-2 財生官殺剋日主

除了單純的日主受剋，想必讀者都非常地熟悉，我就不再贅述了。

如果一個命盤出現三種日主受剋的情況，你比較擔心哪一種呢？讓我先考考你們吧！

（1）官殺剋日主
（2）官殺剋合日主
（3）財生官剋日主

八字再怎麼沒有基礎，我猜大家一定會選擇3，沒錯吧？單純的官殺剋日主其實並不嚴重，真正可怕的是財挾官，為什麼？因為財是龍頭，在它的助拳下讓官殺的力量變強了，兩人狼狽為奸連合起來欺負日主，日子不但難過，壓力也會破表！

其實本題真正的答案是官殺剋合日主，相信你一定會傻眼，為何不是3卻是2呢？這裡我用白話解釋一下什麼是剋合，下一章節會有更詳細的說明。

所謂的剋合，**簡單來說就是黏著你不放手**，在傳統命學稱之為虛情之合。假如女生長得美如天仙，一般來說桃花一定很多，然而若被一個狂徒猛力追求，甚至死纏爛打，愛著妳但也不放過妳，緊緊將妳抱住無法掙脫，猶如生不如死的感覺，所以一剋一合的傷害性高於其他兩者。

　　實務中，剋合的八字若用印來當和事佬，效果只能呈現百分五十，為什麼？**想像一下熱戀中的男女，多半只能勸合無法勸離**，不信？下回當你有機會談戀愛，就會瞭解合的力量有多大了，任誰來擋都擋不住。

　　另外，我們來細說一下財生官剋日主，根據文堡老師的經驗，這也是非常糟糕的組合，因為財引起的問題，造成生活上諸多不順，以下提供幾種類象供大家參考：

　　‧男命為女人問題所苦，容易因財惹禍。（男人沒事別跑夜店，當心仙人跳）

　　‧男命有了小孩壓力大，賺錢供養小孩。（因小孩不良行為，出現教育問題）

　　‧女命為先生做牛做馬，卻得不到感激。（一味的單向付出，吃力且不討好）

　　‧名人選舉花錢買官位，日後易見官司。（在社會履見不鮮，多用印星化解）

　　‧總是錢財助小人，入列月光族的一員。（真心換絕情，別人把你當凱子削）

　　‧辦事處理能力差，缺乏自信抗壓性低。（看過草莓吧？一捏就

碎不足為奇)

　　‧年幼父親管教嚴格，父子關係緊張。（父親經濟條件差，不理會小孩死活）

　　‧責任感重自我期許高，上司帶給你壓力。（老闆找碴，目的要你知難而退）

　　OK！你已知道日主受剋是個大麻煩，此時你會問我，要用什麼方法才能化解呢？很簡單，當然是**印星，比劫星，食傷星**啦！這三顆星可是你的救世主呢！請聽我詳細解說：

　　(1) 印星：財官印一氣順生可以解救日主受剋，讓工作事業考運變得更順利。

　　(2) 比劫星：用比劫剋財星，官星少了財星的幫助下，日主的壓力瞬間減輕。

　　(3) 食傷星：以食傷剋制官殺，不但讓日主減壓脫困，同時也能夠增強自信。

　　如何？是不是感到很有趣呢？下次碰到財挾官找你麻煩時，多找這三個保鑣就對了。若是碰上剋合，最佳的解決方式即是利用比劫與食傷，印星基本上的作用並不大。

3-2-3 日主受剋的區分

　　前面提過，日主受剋即是日主受到壓力產生的諸事不順，批命時不能一見到日主受剋，便直斷他人命運坎坷，因為日主受剋可能只是其中一個環境因子。

首先你必須知道日主受剋有多種情況，**有本命存在、有大運流年形成、有因流月帶來，甚至流日流時牽一字而動全命。**

　　如果有人問我為什麼今天會發生意外，你不能單純解釋日主受剋的問題，因為可能早在很久以前，此人便已潛伏日主受剋一段時間了，就拿癌症來說，一定得經過好幾年潛伏期才會發病，你會問我為何不是天天生病，卻是發生在今天呢？這就是文堡老師要講的重點啦！

　　有一盆植物，原本在極佳的環境下茁壯成長，有一天被置於陰暗的角落，此時日主便開始受剋了，但不代表會立即死亡，但能感受它漸漸在枯萎。假如主人開始從某天忘了澆水，再遇上天氣乾燥的日子，不用多久植物便會一命嗚呼。

　　問題往往是多種原因造成的結果，日主受剋可能只是其中一個因素，那什麼才是事件的導火線呢？我們要好好研究一下，日主受剋有哪些區分，請讀者接著往下看吧！

（1）靜態日主受剋

時	元女	月	年	大運	流年
庚	甲	庚	癸	壬	X
午	寅	申	巳	戌	X

本命官殺剋日主

解說

天干兩個庚金剋日主甲木，先天已承受壓力，不過這只是靜態的現象，只要大運流年不加重受傷，對運勢來說還是不錯的，走壬戌大運，壬水可通關，形成殺印相生，有利於學習考試或感情事業，大運若走甲木，乙木，丙火，日主亦能脫困轉好運。

（２）動態日主受剋

時	元女	月	年	大運	流年	流月
辛	壬	丙	乙	戊	戊	壬
丑	辰	戌	丑	子	子	戌

歲運剋日主

解說

天干丙辛合，乙木可稍微強化丙火的力量，本命日主不存在受剋的條件，然而走到戊子大運，無巧不巧碰到戊子流年，壬戌月日主亦出干，此年遭到兩個戊土重擊，壬水出現嚴重的受傷，由大運流年流月帶來的日主受剋，往往讓人措手不及，當事人因男友劈腿出現憂鬱症，大運流年子丑合到完，代表感情容易擦身而過。

（３）潛在日主受剋

時	元女	月	年	大運	流年
壬	戊	甲	丙	辛	壬
戌	午	午	午	卯	午

財官印一氣順生

解說

天干財官印一氣順生，氣宇非凡，但只要大運來一個辛金，整個命局將呈現驟然變化，偏印被傷官合走，流年以及時干的壬水即可生甲木剋日主，請讀者留意一個 Point，此命出現日主受剋，源頭是大運的辛金引動，批命的時候要論斷前因後果，食傷合印可能因起心動念簽下一份合約，造成資金周轉不靈或出現官符，意即因財惹禍。

文堡老師補充

當有一天你碰到日主受剋，如果有印星或比劫支持，對運勢影響不會太嚴重。另一個考慮的就是食傷星，假如你的八字裡有很多官星，也經歷長時間的日主受剋，為何仍自我感覺良好呢？很簡單！因為食傷星被保護得很好。

你可能會這樣問我：「老師，食傷不也會受傷嗎？因為要幫你抵擋官殺來救日主，還是說食傷星都躲在本命裡面了？」這個問題非常好，如果有考慮到洩的關鍵，以下的三個答案，可提供讀者參考。

1. 本命沒有食傷，只是中間受到流年影響。

2. 食傷跟日主各一方，分別在天干與地支，彼此互不相干。

3. 食傷在本命被合走，影響較輕微，但不代表消失。

請掃描右方的 QR 碼影片，加深對日主受剋的區分。

日主受剋的區分

八字充電坊 11：千萬別在身弱日主受剋下決定

你也許很好奇，為何我會取這個標題做文章呢？很簡單，很多人會倒大楣，通常都是在身弱配上六神無主的情況下，做出錯誤的決定！而所謂的六神無主，就是八字中耳熟能詳的日主受剋，本篇我們來談談，官殺星在生活的類象，會帶來什麼樣的人生變化。

中文字很奧妙，將管的竹字拿掉就形成官，可以說官就是由管字變化而來，換個角度說就是管束，約束的意思。在八字學裡官星分為正官及七殺，一般來說七殺也可以解釋為偏官，自己為人批命的實務上都會用偏官而非七殺，除非有學過，不然一般人並不懂八字命理，為避免客人看到殺字留下陰影，我都捨用七殺。

首先，大家必須有一個概念，世上任何一件事，都有其正反兩面的涵義，官殺星也不例外，好的時候可以成就豐功偉業，壞的時候會導致家破人亡，兩者的差別實在很大！批命時最怕碰到官殺出現在日主身旁，且缺少比劫及印星當後盾，天干日主受剋所發生的問題，往往比地支來得嚴重，因為大家都看得到。

初學八字的人看到這個官字，會直覺就是政府官員，其實不然，它也代表名望、管理、權勢、壓力、官符、小孩（男命）。命帶正官的人具有正義感，行事中規中矩，一步一腳印。命帶七殺在好的部分代表氣勢強，聲名遠播；不好的部分代表強盜、黑道、小人、官非訴訟。

一個得到聲望地位的人，相對壓力也會比較大，所謂人紅是非

多，官位越高官司事件也會越多，你應該見過總統卸任後淪為階下囚的新聞吧？另外官殺為人踏實守紀律，但相對也讓人感到思想守舊不知變通，所以對於官殺我們要認真地研究一下，以下將分成五項主題，請聽我慢慢說：

1. 食傷剋官殺
2. 食傷合官殺
3. 官殺剋比劫
4. 官殺合比劫
5. 官殺剋日主

1. 食傷剋官殺

A. 傷官見官為禍百端，為人正義感強烈，路見不平拔刀相助，抗議人士，革命先烈就是屬於食傷剋官的類型，好的方面將帶來好名聲，壞的方面則會惹禍上身。

B. 官司勝訴－身為律師需要具備這個條件，否則很難打贏官司。

C. 突破困境－運動員打破世界紀錄，創業家名利雙收，考生金榜題名。

D. 與上司易生口舌是非，脾氣倔強，心思異動想換工作。

E. 女命的婚姻不佳，生了小孩後容易與先生離婚或失去工作。

F. 男女皆不容易有小孩（女方不易懷孕，男方不想要小孩）。

G. 男命跟自己的小孩相處不睦，小孩身體欠安或出現死亡。

2. 食傷合官殺

　　女命受孕機率高，心思早熟想談戀愛，交往時對另一半沒有意見，不會反抗。有一種情況是地支出現食傷合官，雖然有交往多年的男友，因為官星被合走，結婚的可能性不高。

3. 官殺剋比劫

A. 行事獨來獨往，不善交際，人際關係不好，屬於宅男宅女型。

B. 與兄弟姐妹的感情緣薄，聚少離別多。

C. 新官上任三把火，對下屬管理強勢，結局有好有壞。

D. 求學時期易遭到同學孤立或欺負。

4. 官殺合比劫

A. 老公容易在外面偷吃養小三。(比劫有分享的功能)

B. 上司升等同事的職位，卻沒我的份。(上司與同事狼狽為奸)

5. 官殺剋日主

　　碰到這種情況，人生都是處於低潮期，請記得當日主受傷，任何事都可能發生(破財，官符，意外，生病，失業)。另外官殺剋日主也會出現三種極端的性格。第一種是凶性殘暴，第二種是膽小如鼠，第三種是吝嗇小氣。坊間的書多半不會提及，分享給大家參考。

寫到這裡，你們也許會問我，假如流年正好走到官殺年，該如何選擇工作呢？做生意好嗎？當然不行囉！因為財生官會加重日主的傷害，但你會說食傷不是會生財嗎？沒錯！但這個條件必須在大運流年同時出現食傷及財星才行，若只出現財星，則日主會因財惹禍；若只出現食傷，食傷會剋官殺，日主雖然脫困，但工作也跟著消失不見，不是嗎？所以投資做生意一定行不通！

此時該如何選擇呢？這裡提供兩種方法，第一用印星救日主，讓財官印一氣順生，日主得到貴人之助解除危機。我們知道印星代表平穩安逸，所以工作就要選擇保守的上班族；第二則是用比劫來分擔日主，前面談到比劫有分享日主的好壞功能，兄弟朋友就是最好的支柱，可以暫時和他們一起工作，但不能合夥做生意。

人在走衰運時，若執意往前衝，只會跌得頭破血流，千萬別鐵齒！平安度過低潮期，才是日主受剋最重要的事。

日主受剋的救星

比劫星 — 讓你看得更開；印星 — 讓你學會更忍讓

3-2-4 難分難解的日主剋合

所謂的剋合，以白話來說，就是日主被纏住、受到很大壓力的合。

剋合在傳統命理學稱之為虛情之合，意思就是將你抱住不讓你走，以女命來說，可以比喻被一個狂徒追求死纏爛打；男命的話，容易因小孩教育或上司產生壓力，若說是日主受剋的強化版本，一點也不為過。

剋合的人格特質

待人真誠，乖巧聽話，保守自律，守法務實，固執己見，內向害羞。

剋合的條件

（1）只有陰日主才會出現剋合，陽日主不在討論的範圍。

（2）陰日主的左右兩側出現正官，也就是時干及月干，若出現在年干，則剋合的條件不成立。

舉例說明（乙木為日主）

（情況一）庚乙己丁 → 庚金在日主的時干，剋合條件成立。

（情況二）己乙庚丁 → 庚金在日主的月干，剋合條件成立。

（情況三）庚乙庚丙 → 月干庚金受到年干丙火所傷，但時干仍有一個庚金可剋合乙木，剋合條件成立。

（情況四）庚乙庚壬 → 依貪生忘剋觀念，庚金齊生壬水，再生日主乙木，日主沒事，剋合條件不成立。

（情況五）戊乙己庚 → 戊土己土生庚金剋乙木，但庚金不在日主的左右兩旁，乙木只能論斷受傷，剋合條件不成立。

（情況六）乙乙庚庚 → 時干乙木合月干庚金，即使因合空出了

一個位置，但年干庚金不在日主旁，剋合條件不成立。

（情況七）庚乙庚乙 → 年干乙木合月干庚金，時干庚金仍可以剋合日主，剋合條件成立。

（情況八）丙乙庚庚 → 時干丙火剋月干庚金，但年干庚金不在日主旁，剋合條件不成立。

（情況九）丁乙庚甲 → 月干庚金會優先剋年干甲木，日主乙木沒事，剋合條件不成立。

（情況十）庚乙丁乙 → 時干庚金會剋年干乙木，雖然庚金為陽且在日主旁，剋合條件仍不成立。

天干陰性日主剋合

乙木日主：庚金正官

丁火日主：壬水正官

己土日主：甲木正官

辛金日主：丙火正官

癸水日主：戊土正官

剋合包括合及剋的觀念，**剋合若用通關來解效用並不大**，此時要利用破合或頂剋的方法。

實證案例 — 日主剋合

時	元男	月	年	大運
壬	丁	壬	辛	戊
寅	丑	辰	酉	子

89	79	69	59	49	39	29	19	9	大運
癸未	甲申	乙酉	丙戌	丁亥	戊子	己丑	庚寅	辛卯	虛歲

生於清明後 23 日 11 時辰

大運 7 年 11 個月又 20 日上運

每逢甲己之年清明後 13 日交脫

五行八字分析

　　天干：本命兩壬剋合丁火，辛金助壬水剋丁，即財生官剋日主，日主壓力好大。

　　地支：本命辰酉合，食傷合財，男命想法和情人一致，會聽情人或老婆的話，剩下寅木剋丑土 (正印剋食神)。

　　整體：先天日主受剋，食傷被合又被剋。

　　性格：保守、沉悶、低調、務實、話不多、自信不足、自律性強，投資不敢衝。

你要「先甘後苦」還是「先苦後甘」？

　　此命是我的一位客戶，目前為職業軍人，天干兩個壬水剋合丁火，地支辰酉合，寅木剋丑土，本命日主剋合兼食傷受剋，年幼性格上自律嚴謹，不苟言笑，沉默寡言，剋合本質上很難改變，即使用甲木通關效用可能只有一半。

　　但你能說此命一輩子都歹命嗎？其實這樣的八字反而好，為什

麼？

　　首先要知道何謂好運和壞運？我打個比方，假設有兩個學生分別是 A 和 B，手上一同拿著 70 分的數學考卷，你能判斷誰比較開心呢？單憑相同分數你是無法得知的。可能 A 學生上一次只考 40 分而這次取得 70 分，對他來說已經是大躍進了，

　　但 B 學生上次考 100 分而這次只取得 70 分，結果當然是強差人意。

　　八字也是如此，別以為本命五行順生的人等同一世好命，看到命盤順生流通，排列整齊沒有受剋，便直斷是富貴命，那可就太草率了！往往一個大運配上不同的流年組合，**容易因為合、洩、剋，讓整體的八字瞬間變弱**。反觀本命五行交戰的弱八字，進步的空間反而更大。我曾說過，先天日主受剋的八字，人生旅途也許步履難艱，卻存在很大的提升機會，若要先苦後甘，毅力絕不可少，能做到即可成為未來的頂尖人士。

　　此命走辛卯及庚寅大運，學習之路備感艱辛，與父親的緣份淡薄，然而大運一交己丑，食神進來卻有利婚姻以及事業發展。一般而言，日主剋合兼食傷受剋之人，比較適合走公職或軍警穩定的工作。2019 年交戊子大運，天干傷官剋制一個正官，日主會轉變好運，你可能會問我：「老師，不是還有一個正官嗎？日主怎麼會變好呢？」請仔細思考一下，出生時被兩個正官看管，現在少了一個，雖不完全脫困，但感覺是不是輕鬆多了？**將大運與本命做分析比對，才能真正瞭解當下的運勢好壞**。另外地支子水合走受傷的丑土，更有利於自信及

能力提升。

　　我再舉一個本命做說明：**丙辛丙戊**

　　日主辛金，雖說月干時干各有一個丙火，但剋合條件仍不成立，依據貪生忘剋的觀念，兩個丙火可以生一個戊土，戊土再去生辛金，日主沒事，但已存在潛伏基因，當大運走癸水，流年走甲木或丁火，日主便會倒大楣，此時就要看地支是否有比印來救了。

　　以下分別解說日主剋合的化解法：

（1）　日主己土，甲己剋合：大運流年用庚金剋甲木拆合，或者大運走戊己土當替死鬼(己土不宜出現在流年)。

（2）　日主乙木，庚乙剋合：大運流年用丙火剋庚金拆合，或者大運走甲乙木當替死鬼(乙木不宜出現在流年)。

（3）　日主辛金，丙辛剋合：大運流年用壬水剋丙火拆合，或者大運走庚辛金當替死鬼(辛金不宜出現在流年)。

（4）　日主丁火，壬丁剋合：大運流年用戊土剋壬水拆合，或者大運走丙丁火當替死鬼(丁火不宜出現在流年)。

（5）　日主癸水，戊癸剋合：大運流年用甲木剋戊土拆合，或者大運走壬癸水當替死鬼(癸水不宜出現在流年)。

　　親愛的讀者你發現了什麼？為何我會在最後註明不宜出現在流年呢？這問題很容易理解，因為流年本身就是一枚不定時炸彈，隨時都可能引爆危機，換句話說流年的氣並不穩定，日主出干時好時壞，故不建議使用流年與日主相同的五行來化解。

3-2-5 日主出干御駕親征

很多人對日主出干感到十分的陌生，所謂日主出干就是與日主相同五行的干支出現在流年，意即與日主同陰陽的十神比肩星，出現在流年干支就是日主出干，這是五行八字的一種獨特稱呼，與傳統命理的伏吟有異曲同工之妙。

2019 己亥年，假若你是己日主或癸日主的人，今年流年就是日主出干，這是己日主天干的看法。但癸日主地支的日主出干，看法上可能比較複雜，因為地支本來是沒有日主的，相信有些人會感到疑惑，地支既然沒有日主，何來地支日主出干之說？

道理很簡單，請記得：

與天干日主同陰陽五行的十神就是地支的日主，經由我這麼一說，相信很多人都能理解，原來地支日主出干就是這麼一回事。但是地支的日主我還沒訴說詳盡呢！千萬不能看到流年地支比肩星，就一口認定為日主出干，要知道坊間很多地支標註的十神，其實都是代入地支的人元藏干來看。

學過傳統八字的人都知道，己亥年的亥藏干為壬甲，對於癸日主的人，你一定會認為亥就是壬水的本氣，應該是劫財而不是比肩，更談不上是日主出干對吧？

若是這樣認為，不好意思只能說你錯了，多數人忽略了陰陽的概念，然而五行八字著重在陰陽的劃分，以亥子水的陰陽來說，亥水是陰，子水才是陽，所以亥水跟癸日主為同陰，它是比肩而不是壬水劫

財，用傳統命理來看藏干容易混淆，這也是為什麼五行八字不看人元藏干。

瞭解地支日主出干的方式後，那麼出干究竟是好還是不好呢？對運勢有什麼樣的影響？前面提到，日主出干與傳統八字的伏吟有相似之處，一般來說日主出干，代表日主從家裡跑到外面來玩，對一個興高采烈的小孩而言，將會大大增加意外發生的機率，所以運勢也會受到影響，雖然不一定遭遇重大事件，但多數的情況會感到不順，做什麼事都覺得不對勁。

其實，我們每個人都可能經歷天干十年一次，地支十二年一次的日主受剋，但並不表示運勢皆會轉為衰運，此時就要看個人八字的組合而定了，所以流年日主出干，猶如皇帝御駕親征，好的時候可讓士氣大振力量倍增；但在不好的流月，可能導致運勢岌岌可危。

根據 2019 批命的經驗，比起己土日主，癸水日主的人反而容易出現工作不順、焦躁不安的現象。一言以蔽之，當日主出現在你的八字流年，那麼此年就得小心謹慎對待。

以下我用兩個實例說明。

實證案例 1：天干日主出干

時	元女	月	年	大運	流年
癸	戊	乙	乙	戊	戊
丑	辰	酉	丑	子	戌

解說

本命不存在亦無潛在日主受剋的條件，乙木無法剋盡戊土，大運戊土合本命癸水，流年戊土等於本命日主出干，戊土不在或受傷的時間，只有在甲寅月和甲子月之後，經印證此命在甲子月生活工作壓力大，但因地支仍有比劫保護神，故流年日主受剋不會帶來嚴重的問題，另外留意合不代表消失。

實證案例 2：地支日主出干

時	元女	月	年	大運	流年	流月
壬	壬	庚	辛	甲	庚	庚
子	午	寅	酉	午	子	辰

解說

動靜態干支皆無合，甲午大運壬水及寅木雖洩，但八字仍順暢流通，走到庚子年庚辰月可就大不相同。首先觀察地支，發現流年出現太歲子水，與日主壬水同為比肩，代表地支日主出干。庚辰月辰土剋流年子水，所有子水全軍覆沒，當子水受傷時，寅木生午火剋死酉金，比劫及印星皆重剋；再看天干，庚辰月看似庚金很旺，其實不然，庚金一旦受傷，本命的庚金也會遭殃，同時壬水辛金也洩得夠力。

綜觀此月整個八字弱到不行，配上地支日主受剋，身弱以財星當主導神，人會變得焦躁不理性，情緒反覆無常沒有安全感，感覺浪費了很多時間，很難靜下心來完成一件事。

3-2-6 日主受剋牛刀小試

題組一：哪一個選項沒有日主受剋？（可複選）

選項	時	日主	月	年
A	丙	癸	甲	戊
B	丙	癸	乙	戊
C	丙	癸	庚	戊

解答

A和C沒有日主受剋，B為日主受剋。

說明

（A）這是許多人容易搞混一頭霧水的問題，如果將它批成甲木生丙火，丙火生戊土，戊土再去日主癸水，那可就大錯特了，當日主身旁出現三陽順生的組合，別忘了日主可以當起點龍頭，癸水不但無傷反而更好。

（B）此題將月干改成乙木，你覺得和A選項有何差別呢？你可能會說，癸水一樣可以當起點，於是癸水生乙木生丙火生戊土，不也一樣是順生嗎？很抱歉我只能說你批錯了，為什麼？不過是將甲木改成乙木，老師怎麼會說是錯誤呢？這個問題我們要回到基礎的陰陽觀念，我曾說過陽跟陽要先作用，B選項日主跳過不看的話，只有丙火及戊土為陽，乙木為陰，此時丙火生戊土會直接剋日主癸水，乙木無法抵擋戊土的力量，故要論斷為日主受剋；然而A選項的戊土欲打日

主，有陽甲木來保護，所以日主癸水能相安無事。

（C）除了日主癸水之外，其他皆是陽的五行，規則為丙火生戊土，戊土生庚金，庚金再生日主癸水，日主當終點被正印所生，這是好事。

學生的求救
B選項乙木不能通關嗎？因為力量不夠？

鄭老師解說
切記陽的五行先作用，陰五行無法化解。

題組二：哪一個選項出現日主受剋？（可複選）

選項	時	日主	月	年
A	壬	丙	壬	甲
B	壬	丙	壬	丙
C	壬	丙	壬	戊

解答
A沒有日主受剋，B和C出現日主受剋。

說明
（A）以壬水當起點，依貪生忘剋觀念，兩個壬水生甲木，甲木可生旺丙火，日主不會受傷反而更好。

（Ｂ）兩個壬水打兩個丙火，一物剋一物，日主受剋也。歲運來一個辛金，丙火更陷於水深火熱的困境。

（Ｃ）年干的戊土只能抵擋月干的壬水，另一個時干壬水一樣可以傷害丙火，日主受剋也。

題組三：癸水日主是否有受剋？

時	日主	月	年	大運	流年
己	癸	丁	壬	丙	己

解析：本命丁壬合，己土剋癸水，日主先天已受剋，然而大運丙火生兩個己土剋癸水，日主受剋加重。

學生的求救：日主何時能脫困呢？

鄭老師解說：當流年己土被合或受傷的時間，日主即可脫困。

PS. 本書著重在基礎心法，流年氣不在討論的範圍。

題組四：丙火日主是否有受剋？

時	日主	月	年	大運	流年
甲	丙	甲	丙	辛	乙

解析：大運辛金合本命丙火，留下兩個甲木和流年乙木，日主仍有貴人保護沒事。

學生的求救：本命留下兩甲及一乙，丙火何時會有危機？

鄭老師解說：當流年乙木走到甲月時，日主可能出現危機。

PS. 此題在於探討保護神的概念，本書 3-7 有詳細的解說。

題組五：甲木日主是否有受剋？

時	日	月	年	大運	流年
庚	甲	甲	丙	辛	己

解析：本命甲木生丙火剋庚金，日主無傷，但已存在受剋的條件，大運辛金合年干丙火，日主依然沒事，因為時干庚金會剋月干的甲木，甲木是日主的替死鬼，當流年來一個己土，甲木被收買，日主就完蛋了。

學生的求救：己年建議用什麼五行來救日主呢？

鄭老師解說：壬水或乙木最佳，丙火和甲木無用。

PS. 別以為本命的五行永遠流通，只要大運流年合走丙火和甲木，日主就會備感艱辛，寸步難行。

3-2-7 日主脫困享受斷捨離

日主受剋，相信大家都已耳熟能詳，但日主脫困呢？應該比較少人知道了。藉由這篇文章來陳述一個重要觀念，本命出現日主受剋並

不可怕，大家千萬不要被嚇到了，因為它只是一個名詞，而不是動詞，靜態的八字，只能分析人的性格本質，換句話說本命只是先天的基因，不代表你的一生將會如此坎坷，當動態有大運流年通關，或者將官殺拉走，減輕了日主壓力，這種情況就是日主脫困了。

想知道日主脫困，會帶來什麼樣的運勢嗎？我跟大家說，這樣的人反而有利成功，容易成為社會的中流砥柱，因為挫折忍受力，通常比一般人來得高。對女生而言，如果長期受到先生的家暴，唯有在日主脫困的時候，才有機會斷捨離，享受未來真正的幸福，把該還的都還完了，這是好事而非壞事！

時	元女	月	年	大運	流年
戊	癸	丁	丙	癸	庚
午	酉	酉	辰	巳	寅

85	75	65	55	45	35	25	15	5	大運
戊	己	庚	辛	壬	癸	甲	乙	丙	虛
子	丑	寅	卯	辰	巳	午	未	申	歲

生於白露後 10 日 8 時辰

大運 3 年 6 個月又 20 日上運

每逢乙庚之年清明後交脫

此命透過朋友的介紹慕名而來，一看八字立刻知道，本命財生官剋日主，好可怕對吧？戊土將癸水緊緊抱住，癸水無法爭脫，有如狂

徒對美女死纏爛打，這是日主受剋的強化版啊！透過先天的基因，我們可以批出她的人格特質：**內向、保守、冷酷、孤僻、朋友少、行事獨來獨往、不善交際、濫好人**。

25 歲行甲午大運，天干甲木生丙火，丙火生戊土，但此時的戊土剋不到癸水，你也許很好奇，怎麼日主不會受傷呢？這也是一般人不懂的邏輯，**因為甲木傷官（小孩）可以擋掉正官（老公）壓力**，但是當甲木不在，這個婚姻立馬被打回原形，她說在這個大運結婚，生活十分痛苦，精神壓力超大。

這裡附帶一提，傳統八字中，很多人認為戊癸合，不是能夠得到老公的疼惜嗎？

其實，這個觀念並不正確，**所謂戊癸合，是指戊土認為自己很Low，非不得已的條件下，才會選擇入贅癸水**，但對癸水來說，這可是極大的壓力啊！假如本命或大運流年出現丙火，猶如在日主的傷口上灑鹽，因為丙火會幫助戊土，等於有了外力的加持，凶性更加殘暴，癸水只能任憑挨打。

瞭解這個道理，我們可以推斷，這個八字婚姻不會太好，甲木為傷官，意即心甘情願去幫助先生，但到頭來卻是賠了夫人又折兵，可謂勞力助夫，吃力不討好。

但是，35 歲交癸巳大運可就完全不一樣，為什麼呢？因為大運的癸水合走本命的戊土，此時日主終於解脫了，她在 2010 的庚寅年結束婚姻，有種重獲新生的感覺，離婚後反而有不錯的物質生活。

從這個案例，我們可得到一個小心得：大運的癸水比劫，代表你生命中不曾相識的朋友，戊土被外來的癸水合走，老公的心思早已不在原配身上，說白一點就是小三搶走了老公，雖然戊土消失，婚姻不見了，但日主卻得到了自由，財運上亦有很大的幫助，一失一得，似乎也符合宇宙的定律。

後語

離婚對命主是否會比較好呢？答案是肯定的，身為一個職業命理師，道德上雖是勸合不勸離，但實際上讓官殺消失，反而對日主是件好事呢！戊土官星除了代表老公，也代表事業，若走升遷工作的上族族並不適合，但假如走專業技能，或者當老闆做點小生意，也許會有不錯的發展。人無完人，再完美的八字總會有缺陷，人生很多事，本來就是不可預期，開心過好你的每一天吧！

人生如天氣，雖可預料，但往往出乎意料。不管是陽光燦爛，還是聚散無常，一份好心情，是人生唯一不能被剝奪的財富。把握好每天的生活，照顧好獨一無二的身體，就是最好的珍惜。得之坦然，失之泰然，隨興而往，隨遇而安，一切隨緣，是最豁達而明智的人生態度。— 節錄自小 M 老師。

八字充電坊 12 ：案例－日主受剋必出事？

本例是我一位五術界的好友，經當事人同意後，用以解說日主受剋為何能平安無事，若你能考慮到身強身弱，此問題即可應刃而解。

以傳統命學而言，本命看似為專旺格，因為甲木坐在辰土之上，甲木能夠化為戊土；但以五行八字來說，我們是以五行流通來看全局，不論是傳統命理抑或五行八字，本命都要論斷為身強；天干甲己合，因年干有丁火幫助時干己土，故在這個合的關係中，可解釋為土強木弱；再來看地支，一個巳火生出三個土，印生比劫為人心地善良，熱心公益，守時重信用，樂於將自己所學的知識分享社會大眾。

本命解說到此告一段落，你也許吐嘈：「老師！怎麼只批出這些東西？太籠統了吧！」

別急！我曾說過，本命不過是一個時間靜止的 DNA，只要瞭解其五行流通以及先天性格即可。

現在，換我來考考你們，請思考後回答以下三個問題。

時	元男	月	年	大運	流年	流月
己	己	甲	丁	己	己	乙
巳	未	辰	未	亥	亥	亥

87	77	67	57	47	37	27	17	7	大運
乙	丙	丁	戊	己	庚	辛	壬	癸	虛
未	申	酉	戌	亥	子	丑	寅	卯	歲

生於清明後 19 日 7 時辰

大運 6 年 6 個月又 10 日上運

每逢戊癸之年立冬前 1 日交脫

問題

(1) 己亥大運可能發生何事？

(2) 乙亥月以後須留意何事？

(3) 己亥年日主受剋為何相安無事？

文堡老師解說

(1) 很多人看到這個八字，通常會直斷缺水（命局無財無庫，辰土不看藏干），但缺的五行是否為我們所要的呢？答案是不一定，通常八字中缺的五行，代表它的運程很平穩，不會與本命其他五行起任何漣漪，然而一生是否真的缺錢？對八字無財的人，實際上有許多種類象，對金錢數字無感、買東西不會貨比三家、不將金錢視為第一生命，也就是說，在沒有走財星的情況下，經濟條件反而不易大起大落。

但一交己亥大運就不是這麼回事了，本命辰土及未土皆能傷亥水，大多數人都會斷破財，但假如鐵口直斷，很有可能被客戶打槍，為什麼？因為財的類象不單只有指金錢這件事，實務上我們可以換個方式批：父緣淡薄、婚姻關係交惡、老婆健康亮紅燈、個人血液循環或代謝不佳等等。通常在不問而批的情況下，我們可以將這些可能的類象指引出來，讓客戶選擇對號入座，要知道，相同八字不可能出現相同的境遇，而本命主印證在另一半的

健康出現狀況。

(2) 乙亥月，天干乙木剋流年己土，己土一旦受傷，甲木將被放出來剋合日主；地支三個土剋三個亥水，亥水反而變好但土卻變弱了（不考慮流日的變化下），故此月須留意人際經營及工作業務繁重之事。

(3) 本題就是重點啦！你會說既然流年己土受傷，同時甲木被放出再打一次日主，怎麼會沒事呢？很簡單，印星仍存活在本命裡不是嗎？別小看這一顆小丁火，它依然可以保護日主，地支比劫雖然洩了，但還有巳火在，看到這裡，身強身弱的心法是否讓你茅塞頓開了呢？日主受剋其實沒有想像中那麼可怕。

最後，節錄命主過往之事，讓讀者動腦腦，一同練習推敲吧！

癸卯大運 (1974～1983 年)

父親為零食、玩具中盤商，母親從事小生意，家境小康，零用錢不虞匱乏，國小階段讀書成績名列前茅，此運家中平房翻造為透天厝（至今仍居住此地）。國中期間，入學在資優班，但此階段社會風氣為成績不好就體罰，因為叛逆心重，越體罰越不願意用功讀書，成績一落千丈，後來考上私立五專。

壬寅大運 (1984～1993 年)

1985 年 (乙丑年) 車禍，鎖骨骨折開刀。專科時因為學校較差，所以稍微讀書就能獲得好成績，因此有許多時間可以學習自己有興趣的知識，此時期迷上五術。畢業後服兵役，任連部文書，離家近，與

長官關係良好，休假多。

1989 年 (己巳年) 退伍後就職日商公司售後服務人員 (維修機器設備)，目前仍在此公司已 30 年，工作順利，升遷比同期同仁快。此運末 1993 年 10 月 (癸酉年) 結婚至今。

辛丑大運 (1994 ～ 2003 年)

工作順利。1994 年 (甲戌年) 妻子懷孕，但三個月時嬰兒突然無心跳，故人工引產。1995 年 (乙亥年) 年兒子出生。1999 年 1 月 (戊寅年底) 晉升課長，薪資提升 10%，2000 年 (庚辰年) 調動非主管二線職務 (薪資少 5% 但工作輕鬆)。1999 年 (己卯年) 女兒出生。

庚子大運 (2004 ～ 2013 年)

工作順利但工作單位調動頻繁，約 1 ～ 2 年就會調動換部門，薪水不變。2009 年 (己丑年) 再度調任課長，薪資提升 5%，但工作地點在外地 (台南、屏東)。

己亥大運 (2014 ～ 2023 年)

2016 年 (丙申年) 晉升經理，工作地點在外地台南，薪資提升 15%。2017 年 (丁酉年) 妻子體檢檢查出「甲狀腺濾泡瘤」與「大腸癌三期」，本年先進行大腸癌開刀與化療。2018 年 10 月 (戊戌年) 公司發生大罷工 (10 天)，部屬約 8 成人員罷工，期間工作壓力大，須隨時調度人力、物資維持單位基本運轉。

2019 年 (己亥年) 公司組織架構大改革，進行優惠退休辦法調整人力，部屬人力約減三成，薪資調升 10%。妻子進行甲狀腺濾泡瘤切除手術。

3-3 身強身弱與你想得不一樣

　　傳統八字與五行八字身強身弱的看法完全不同，尚未解說之前，我們先來談一個觀念－十神的天秤理論。五行八字的天秤理論，靈感源自於物理學的能量守恆定律。你一定很好奇，這是什麼理論？請繼續往下看便知。

3-3-1 十神的天秤理論

　　一般來找我論命的客戶，絕大數人關心的都是財官，到底什麼是財官呢？

　　客戶1：「老師！我何時能發大財？」

　　客戶2：「我什麼時候會結婚？」

　　客戶3：「今年適合換工作嗎？還是留在原單位好？」

　　客戶4：「下個十年大運，事業能否飛黃騰達？」

　　這些皆是客戶常見的問題，身為一個命理師，首先要做的，就是在他們身上打針強心劑。這針強心劑指的是什麼？從下面這張圖表中，你又可以發現哪些蛛絲馬跡呢？請大家一同來發揮想像力！

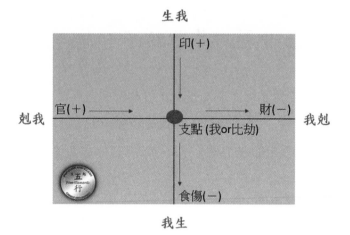

我們知道五行的能量分為印星、比劫、食傷、財星、官星，統稱為十神。

印星＝生我、比劫＝同我、食傷＝我生、財星＝我剋、官星＝剋我。

十字圖分為縱線和橫線，兩條線相交，共產生五個點，上、下、左、右、中間。縱線與橫線相交處為支點，此支點為與我同類的比劫，支點的左邊 (+) 為官，支點的右邊 (-) 為財，支點的上方 (+) 為印，支點的下方 (-) 為食傷。

在縱線 (直線) 中，有進就有出，即有吸收 (印) 就有支出 (食傷)。人體若要取得平衡，有進食即應有排泄，食傷不好的人，排泄功能多半不順。

而橫線就是財星、官星，這兩項正是現代人所追求的目標。但他們往往忽略了縱線 (直線) 的比劫、印星，影響命主八字的強與弱，

決定在這兩顆十神星身上。如果沒有支點（比劫）、印（貴人、長輩）、食傷（晚輩、才華），也就是縱線（直線）的支持和支撐，即身弱時，再多的財星和官星，橫線也會往下倒塌，因為撐不住了。

故此，印星在上，印星＝貴人、福祿、長輩，安定，能直接把命主整體運氣往上拉。

比劫在中，比劫＝意志、同輩、朋友，能積少成多，團結就是力量，讓運氣不會倒。

食傷在下，食傷＝才華、能力、晚輩，能靠知識改變命運，相較之下付出稍微辛苦。

若命主八字印比食傷均旺，也就是縱線（直線）很穩固，即身強。縱線（直線）的印比食傷就是命主的一家人，印星＝長輩、比劫＝兄弟姐妹、食傷＝小孩。有了家人的支持與呵護，命主自然沒有後顧之憂，也能夠撐起橫線的財星與官星。

行筆至此，相信各位讀者應該都看懂了，**所謂的能量守恆定律，其實指的就是身強身弱的理論。**

古語云：「身強才能任財官，身弱是撐不住的」，這句話一點也不含糊。

身強，即有印星，印星代表貴人與福報，一個人從出生開始，只要印星在本命，通常都有被神眷戀的人生。在家被父母寵、出門有錢花，一生中雖無大志，但總是順風順水。

故此，十字圖中的印星在上，即便自己在下，有人在上面不斷往

上拉，命主並不會倒。同時有印星者，財星和官星也必能順水推舟。

十字圖中縱線（直線）的相對論，印星會剋食傷，印在上，食傷在下，故印強食傷弱，二者間力量對抗才能取得平衡。從生活中理解，倘若命主一直有貴人相助，所有事情都順著來，自然不能發揮自身才華，因為一直靠別人幫忙，就會缺乏面對事情的處理能力。故此，民間流傳窮人家裡找當家，因為先天的不足，須靠後天的努力，而食傷是透過努力付出得到的成果，也創造了人定勝天的機會。

十字圖中橫線（水平線）的相對論，雖然財可生官，二者力量並非對抗。但是財星代表慾望、官星等於規則，一個想要財的人，容易偏向於慾望，官星的力量自然就會減弱，意即不守規則，奸商一詞也許就是這樣而來。

3-3-2 **身強身弱的區分**

搞懂了天秤理論，現在我們拉回本節的主題，關於身強身弱，五行八字與傳統命理最大的差別在哪裡呢？

在1-1單元我曾提及，五行八字是一門時間物理學，我們認知的強與弱，同樣也必須隨著動態和環境做出改變。

當成千上萬的企鵝配合適當的環境，這時的企鵝可以說是鵝強馬壯，突然出現天災，眼見一群的比劫紛紛掉落下海，立足之地恐怕都站不穩，小命已自身難保，如何談身強呢？

這是自然的道理，世上沒有永遠的強或永遠的弱，一切事物皆必須透過實戰分析修正，正因為五行八字是時間學，身強身弱與用神也要因時制宜而變，這是本書的關鍵之處，傳統八字一成不變的強弱，恐怕不再適用，切勿墨守成規。

　　五行八字的身強身弱，與傳統八字的看法截然不同，一般來說，傳統命學會教你如何從本命上找出強弱，然而，五行八字是運用邏輯推理，根據大運流年與本命的五行流通，得出最後的結果，然後判斷當下八字的強與弱，這是兩者最大的不同之處。

　　無論如何，每個派系皆有不同的觀念及論點，只要批得準確即可。

　　個人不會去抨擊不同學派的缺點，因為每一門派都有所謂的高人，也有各自的盲點，這也是為何學習八字，必須透過不斷的實證，才能在這門學術突破進步。相信購買本書的讀者，也一定能感同身受！

　　文堡老師提供了一部影片，讓大家瞭解五行八字強弱的觀念，請掃描右方的 QR 碼觀看。

五行八字的身強身弱

　　最後列出幾個重點供讀者參考：

（1）傳統八字：從本命優先找出身強身弱，定完格局再批命。

（2）五行八字：運用邏輯推理觀察動靜態的關係，根據批出來的結果得知日主現階段的強弱，如果日主夠強的話，官殺對日主幾乎不會造成傷害；假如身弱，其實不用等到日主受剋，當事者在當

下就會感到焦慮,胡思亂想,沒有安全感。

（3）無時無刻的變化:我可以斷你本月身強,但也許下個月就變為身弱;也可能前一個時辰身強,下一個時辰身弱,總之不會一成不變。

（4）與日主關係親密:這無須解釋了!身強身弱的主角就是日主,不會是食傷或財官。

（5）身強時,財破印會得財 (本命＋大運＋流年＋流月)。

（6）身弱時,財破印會破財 (本命＋大運＋流年＋流月)。

若你能懂得運用這些心法,即便是招中藏招,最終也能見招拆招,以下內容,我將用兩個實證案例來解說身強身弱。

3-3-3 身弱的案例

時	元女	月	年	大運	流年	流月
甲	己	丙	甲	癸	辛	辛
子	卯	寅	子	亥	卯	卯

八字命析

男性找伴侶,最好找財生官的女生,因為有幫夫運。

→ 地支兩子生寅卯,兩財生兩官。命主非常重感情,一直為夫操心。

→ 大運寅亥合,官星從二變一,尤其陽的被合,整體力量大大減弱。

→ 財生不到官，代表丈夫長期在異地工作，聚少離多，導致婚姻關係變質。

→ 天干丙辛合，兩甲齊剋日主，女命容易出現工作或感情危機，己亥年丙子月為感情而煩惱。

→ 財生官、日主受剋合，女命容易為感情付出，不被珍惜，卻又不懂拒絕。

※ 本命無比劫，只有一個丙火為印星，故印星消失，八字就呈現身弱，容易出事。

老師解說

本命天干兩甲生一丙為官印相生，地支財生官，對多數人來說，這是一個很漂亮的八字，喜愛上一個男人必定全心全意、死心塌地付出。辛酉大運期間，辛金合走本命唯一的印星，此時八字呈現身弱兼日主受剋，對婚姻或工作有很大的影響，命主於癸亥大運辛卯年辛卯月離婚，天干日主受剋，地支財洩官弱。

註：欲瞭解進一步的批命心法，請翻至以下章節繼續閱讀喔！

八字充電坊 20 ：案例－剪不斷理還亂

3-3-4 身強的案例

時	元女	月	年	大運	流年
丙	辛	壬	戊	丙	戊
申	未	戌	戌	辰	戌

八字命析

本命天干丙生戊剋壬，地支三土生申金，土不會洩，金旺。

→ 丙辰大運天干兩丙生戊剋壬，壬水重傷，地支多一個辰土，印旺比旺。

→ 官生印剋食傷，食傷弱，命主雖有貴人相助，但也容易胡思亂想。

→ 戊戌流年，干支的土同時受傷，本命的土也一併受傷，日主就會身弱。

→ 地支本命還有未土，但陰生陽會洩，陽受傷陰也不會旺。

※ 流年戊土受傷，壬水返剋兩丙火，壬水雖會洩，但食傷會變好。

老師解說

以傳統學來說這是一個身強的八字，然而壬水食傷很弱，在丙辰大運戊戌年，如果單看流年，大部分人認為會破財，事實上在上半年，天干戊土未進氣，地支戌土不在的時間反而有利進財，因為地支尚有辰土及申金來幫身，財破印仍有一條路可走時，代表當下為身強可任財，經印證此女命上半年的財運不錯。

總結一下身強身弱的心法：

（1）天秤理論的重點，強調日主與家人的互動能量，當印比食傷強時，也能帶動財官。

（2）五行八字與傳統學的觀念完全迥異，傳統學從本命找強弱，五行八字視當下情況。

（3）身強身弱的變化很大，每個大運、流年、流月均不一。

（4）身強身弱與日主的關係密切，決定走好運抑或倒大楣。

八字充電坊 13 ：案例－財多身弱

　　你一定聽過財多身弱這玩意兒，但你能瞭解它的真正涵義嗎？用白話來說，當一個人擁有很多的金銀財寶，因長期太過操勞體力不繼，無法將身邊的銀子扛起，說清楚一點就是賺得到卻花不到，另一種解釋代表錢賺越多，身體健康就越糟糕。

　　很多古書會告訴我們：身弱格局需要比劫和印星扶濟幫身，但實際為人批命時卻不是這麼回事。有許多人更陷入傳統命學的迷思，舉凡從官格，從財格，從勢格，還有似懂非懂的假從格。其實八字只有正格與從格兩種格局，因此財多身弱只能歸類為正格而非從格，身弱之人要用印比扶濟，也要根據五行的排列組合而定。

　　不論是學習或者幫人批命，對於古人的理論切勿默守成規，囫圇吞棗，因為理論與實務，大多有一定的落差，個人認為要利用邏輯思考來活化八字，這樣批算出來的命，基本上準確度會比較高，希望這些新的觀念，能夠帶給八字的同好參考。

　　我舉一個女命實例：

時	元女	月	年	大運	流年
癸	己	壬	丁	乙	己
酉	亥	子	卯	卯	亥

78	68	58	48	38	28	18	8	大運
庚申	己未	戊午	丁巳	丙辰	乙卯	甲寅	癸丑	虛歲

生於大雪後 8 日 9 時辰

大運 6 年 11 個月上運

每逢甲己之年立冬後 8 日交脫

　　本命丁壬合，丁火失去保護己土的作用，28 歲至 37 歲交乙卯大運，形成癸水生大運乙木，乙木反剋己土，日主受剋可解釋為感情運不順，在這十年之中，所遇到的男人大都不 OK。這段時間日主受剋是因為財星引起，容易因財而惹禍，另外一種解釋：以財心力幫助男人，不但得不到另一半的感恩，反而承受更大的壓力，用一句台語來形容最貼切不過：做到流汗被嫌到流口水。

　　依據傳統命理學來看，身弱之人須用火土來生扶，這個八字取丙火或丁火，可是日主的救命仙丹，因為官印相生，出現適合的桃花對象會比較好，其中取丁火為用神最佳，丙火為次之。但如果取戊己土為用神，可能出現很大的麻煩，原因在於戊己土會剋合癸水，各位看

倌照過來，這可是破財之象呀！你說能用比劫去扶濟日主嗎？

由以上得知，這個八字身弱用比劫和印星，只能選擇印星為用，印星為喜神，比劫是忌神。所以此命在 2018 戊戌年，財運並不太好，原因在於戊土合掉癸水，天干只剩下乙木剋日主己土，乙木在少了癸水的助力下，對日主而言，壓力減輕很多不是嗎？己亥年日主出干，仍須留意年底日主受剋的壓力。

其實，這個八字只要脫離乙卯大運，感情及事業運將可呈現一百八十度大轉變！是好還是壞呢？當然是變好囉！丙辰大運是日主的印星用神，也是寒冬中溫暖的火源。

現在，我再將充電坊 8 的案例，拿出來跟大家充電一下。

時	元女	月	年	大運	流年
甲	辛	甲	癸	戊	丙
午	未	寅	丑	午	申

80	70	60	50	40	30	20	10	大運
壬	辛	庚	己	戊	丁	丙	乙	虛
戌	酉	申	未	午	巳	辰	卯	歲

生於立春後 2 時辰

大運 9 年 10 個月又 10 日上運

每逢丁壬之年大雪後 10 日交脫

身為讀者的你，能否看得出來，這是標準的財多身弱格呢？

此女命在 30 歲後罹患了憂鬱症，看了這麼多憂鬱症的命例，相信應該可輕易地推理出答案了。另外，40 歲戊午大運期間會碰到丙申年及丁酉年，這兩年容易出現破財，判斷錯誤，憂鬱症復發，讓她幾乎無法入眠。

我們來做個簡單分析：大運戊土合龍頭癸水，智慧受到蒙蔽，丙流年甲木生丙火剋日主辛金，此歲運食傷受合兼日主受剋，破財和憂鬱症可能同時出現。另外 2017 丁酉下半年，出現了一個對她非常體貼的男人，但是她卻不願意接受，我告訴她這個桃花只是曇花一現，走到年底就會消失不見。這又該如何看呢？很簡單，請大家動動腦不難。

文堡老師後語

寫到這裡，你們一定想知道，當日主受剋時，感情與工作會出現極大的壓力，假如運氣不好，正好走在這個大運時間，該用什麼方法來降低或減輕不佳的運勢呢？

一般來說，走到日主受剋的大運或流年，就要利用印星的優點來提升自己的運勢，該如何做呢？我們知道印星代表休息、發胖、學習、貴人，沒錯吧？

第一：改善睡眠品質，讓自己睡個好覺降低壓力，別忘了睡覺就是最好的醫藥。

第二：吃對食物將體重稍微增加，讓外表看起來更有精神，過瘦的人通常氣色都不佳，也不會帶來好運氣。

第三：多利用時間去學習新知，努力充實自己，知識就是Power，能幫助我們改變思想行為。

最後：多參與公益社團，三人行必有我師，與長輩或正能量的人相處，進一步提升自信磁場。

行運日主受剋之人，我大多建議他們這樣做，雖然不能完全改變命運，但至少能將傷害減至最低。

3-4 合是天堂也是地獄

老實說「合」實在太有趣了，雖然我很討厭合，但它總有訴說不盡的話題，本章節我想用另外一個角度來讚美「合」。五行八字的合，我們只採用天干五合與地支六合，沒考慮三暗合亦不談合化。

可別小看簡單的雙合，最原始才是最重要的基本觀念，當你真正明白合的意義，你會發現那些三合暗合，只是把簡單變為更複雜化，對批命非但沒有幫助，反而會更亂。合在實務運用上，可代表暗傷或還原事件的源頭，剛開始批命的時候，合可以暫時不看，但並非永久消失，當批完流年後再將合拿出來論，還原事件的原因和最後結果，也就是所謂的因果關係。

合令人又愛又恨的原因，關鍵在於八字的排列組合，如果直接把合起的東西視而不見，那麼有很多八字互動的精髓，你將永遠被蒙在鼓裡。

一個簡單的合，可以讓你鹹魚翻身，也可能跌入深坑。

本章節內容十分精彩，準備好了嗎？讓我們一同看下去吧！

3-4-1 合的種類意義

談到八字的合，許多人並不陌生，合有三合六合，其中還包括是

否合化，關於是否合化坊間各有說法，公說公有理，婆說婆也有理，爭論不休！這只是簡單從合的方面角度看問題，如果再加入刑沖破害的理論，對一個初出茅廬的人，容易無所適從甚至顧此失彼，學了這些繁雜的理論仍然不會批命，或者不知從何下手批八字。

五行八字的陰陽生剋法則，合的應用這方面就來得簡單得多，五行八字的合只有天干五合跟地支六合，其他繁雜的三合三會通通都捨棄不用，亦不談合化的化學作用，五行八字的合有動態與靜態，代表的意義完全不同。例如，比劫合財或是財合比劫，有主動與被動之分，不一樣的組合所呈現的意象也是截然不同。

合在八字上是個很有趣的型態，在生剋的運算上有著特殊的特性，但這部分因為太複雜，所以本書簡單跟大家介紹合的種類和意義。

合的種類可為分本命合和靜態動態合兩種，本命合就是我們本命八個字內有的合。靜態動態合就是指本命(靜態)跟大運流年(動態)之間的合。

本命的合，一般可反映出日主的性格，例如本命有官合食傷的人，容易感到有不公平的待遇，比如有好的主意時，但官卻不聽你的意見；反倒換成官來控制你，因無力反抗而感到忿忿不平。本命的合是先天的 DNA，故無區分為官合食傷抑或食傷合官，總之它們就是合著，彼此互相影響。

動靜態的合可就有趣多了，首先你要分辨，合是把危機合走還是把有用的東西合走，因為合就是弱了意思，把危機合弱了當然就是

好，把有用的合弱了就是不好囉！因為動靜態的合，代表外來的把本命的搶走，所以官合食傷與食傷合官意義上大不相同。假如大運流年來的官合走本命的食傷，其中一種現象表示命主起心動念想著創業。若是大運流年的食傷合本命的官，可解釋因一時衝動的行為而得罪了上司。

當你留意到，大運流年與本命即將出現什麼樣的合，其實已經在暗示你，生活中必須加倍留意的事。

原則上合可以暫時當消失，但這是有條件的消失，關鍵在於五行生剋的流通，而不是整個當成消失不看，比如你的財被合，代表你的錢可能不見了，一般人大多會感到難過，消失的東西意味著一種不好的情況，所以還是要將合的因素帶進來論斷。

合最常見的現象，就是纏住跟合剋，若是纏住對你不懷好意的十神，運勢就會往好的方面發展，反之也是相同的道理。所謂合剋就是某一五行受到控制，比如乙庚合，必須當成庚金剋乙木，若是出現這樣的現象，就要論斷為不好的情況，因為合的關係讓乙木暗傷受害，合在五行八字雖可暫時忽略，但乙木仍然會受傷，因為乙木對庚金束手無策。

簡單而言，合是自行獨立空間的一角，遠離生剋前線殺戮的旁觀者，但也能隔山打牛，敲山震虎，因為彼此的作用能讓整個局勢發生逆轉。所以當你瞭解合的原始特性，能夠快速準確做出推理，還須考慮三合三會及合化嗎？當你明白合與八字的關係，要推算運勢可說是

易如反掌。

合對八字的影響可以是好也可以是壞，一切視被合的十神是否為你所要，相信大家早已明白，但是合又能代表什麼意義呢？如果說合了便不考慮其他，這其實是很膚淺的批法，你只能看到八字的最外層，更多內層的互動關係，你尚未看清看透呢！

別小看這個合字，將它比喻為間諜戰最好不過了，不必與城外的駐守部隊死戰，也不需要強攻城門，即可讓敵方軍心潰散自取滅亡。所以說合有好壞之分，別以為合就代表合好，有的時候反而促成更嚴重的問題。

注意：合的互動跟合化絕無關係，因為五行八字不看合化。「合」就是自成獨立的空間，離開了生剋兇殘的戰線，雖遠觀不可褻玩，但仍可隨波逐流。

例如：庚丙丙丁（日主為丙火）

本命丙火剋庚金，比劫剋財星為破財之象。當大運走辛金，丙辛一合，庚金財星復活，財運由不好轉為順遂，為什麼會好轉呢？因為外來的辛金財星，合走本命的丙火比肩，有很多種類象解釋，其一可能是當事者運用小的投資，然後獲得較大的回報；其二可能因其他女人的幫助而獲得一筆意外收入，其三可能生意的競爭對手搬到其他地方經營，財運瞬間時來運轉，請注意丁火剋不盡庚金，此時要論斷庚金脫困。

剋合：吃虧之合，暗傷，不愛人知道，不公開，遭到小人出賣，

察覺不出問題任由事件發展。比如身體健康方面出現問題，不知不覺患上疾病等等。

合與剋的差別：例如丁火剋辛金，剋是明顯的動作，假設辛金財星被丁火劫財所剋，這樣就好比遇上打劫似的，所以合與剋呈現出靜與動的區別。

有合要先論合

假如你已為人父母，小孩正處於情竇初開，為了談一場轟轟烈烈的戀愛，不惜身邊的一切事物，亦不理會大人的反對，堅持和另一半相親相愛，此時的你，就會感受到合的力量有多大了，我們都曾經年輕，不是嗎？

換個角度來說，我軍與敵方作戰，不選擇正面衝突，不橫衝直撞，而是派遣間諜滲透內部軍情，爾虞我詐也是合的最佳詮釋。

在合的世界裡，不是互相交流，就是互相廝殺，表面看似美好，卻不知其中禍福相倚。

禍兮，福之所倚；福兮，禍之所伏。

合的好壞之分，如同事物之一體兩面，一切請返璞歸真，從八字不同的排列組合，運用推理找出真正的答案。

文堡老師為你重啟了這堂課，請掃描右方的QR 碼學習。

命局有合要先論合

3-4-2 合是一種羈絆

合可以讓一個八字釀成極大轉變，可能是機會點，也可能是危機點。

例如：本命地支戌申子，土生金再生水一氣相生，要是來一個巳火，巳申合，就會造成土剋水的問題，完全變成另一種狀態，所以合在八字可以改變原來的情況，完全把本命扭轉過來，所以五行八字在合的應用相當重要。

在批命的過程中，「合」有兩個不同的角色。我所指的批命過程就是**看生剋和論十神強弱**。

（一） 看生剋

在計算生剋的過程當中只要把合視而不見便可以了。被合起的東西就好像被放在防護罩內，瞬間逃離八字的混戰，不再參與其他十神的生剋關係，間接讓剩下的生剋關係變得簡單，而且顯而易見。

（二） 論十神強弱

表面上被合起的五行其實就是弱了，例如金日主，大運流年遇上寅亥合（財合食傷），意味著財運和食傷運都弱了，但同時間財和食傷可是受到很好的保護。合就好比母親過分保護子女一樣，子女雖不能好好發展所能，但卻不易受到傷害。若是合財，即使財運較差，但絕不會破底，因為你的財只是被合，而不是受剋！

別以為合起便沒用，合還有一種隱藏的特性，如果你懂得的話，一樣可以好好運用，至於要怎樣運用呢？必須從實務批命去累積經驗了。

再說一次！合與剋相比，我還是討厭合。

→ 以甲來論，甲剋戊，以丙火通關便可。若甲剋合己，丙火不能通關。

→ 當甲己合，丙火進來，除了可以增強己土，同時也會洩甲木的力量。

案例：2021 辛丑年運勢如何？

時	元男	月	年	大運	流年
丙	己	乙	丁	壬	辛
寅	酉	巳	丑	寅	丑

解說

天干：本命乙木生丙丁火，乙木為龍頭且洩，但無剋無合。

地支：本命寅木剋丑土，巳火剋酉金（別忘了三陰一陽）。

大運來壬水合掉年干丁火，流年再來一顆辛金，合掉時干丙火，看到這裡，相信我們都心照不宣了。家裡沒大人，命主會感到很衰，起因點是壬水及辛金。財合印配上食神合印。本命看似不錯，但動態變不好，壬水及辛金皆是忌神。

食傷合印：心思專注在學習，容易遇上瓶頸不開竅，行事判斷錯誤。

本命寅木剋丑土為官剋比肩，先天的日主受剋沒事。大運來了寅木，丑土會加重受傷且酉金會弱，流年丑土進來被大運寅木剋代表斷氣（本書不談寅丑暗合），巳火洩於兩個丑土，天干亦逢日主受剋，整個八字弱到不行，辛丑年行事宜保守謹慎。

　※ 先天日主受剋之人，一般代表年幼的性格較為保守，內向，自律，千萬別批一生苦命。

　※ 本命日主被保護得很好，動態突然合走本命的印星，此時的日主受剋較令人無法承受。

　※ 學八字切勿在本命上打轉，仍需要配合時間、空間、環境順勢而為。

　※ 大運的合可能一合就好幾年。若是剋的話，流年可來通關甚至更好。

江山易改，本性難移

對於這句老生常談的話，你有何看法呢？我嘗試用科學八字分析一下。人的性格乃由八字組合而成，而這個組合是否容易改變，就意味著性格是否容易改掉。

本命八字就是我們的底牌，隨著大運流年會出現不同的運勢，當中以本命合的特性最難受到控制，雖然並非絕對，但被改變的機會很

微小而且不持久，若受到大運流年的作用，產生短暫生尅合的性格，相對就容易改變得多。

另外，大家也別忘記同一個排列組合，可能以好壞的方式呈現，如同「破官」給人的感覺就是反叛不聽話，但你可曾想過破舊立新，青出於藍之人也是破官的特質。他們之所以可以往好的方面發揮，主要就是因為日主夠強，如果日主很弱，就會給人挑剔的壞印象了。

當大家明白性格其實也是跟隨時間環境而動，那便要多多包容身邊的朋友，原諒他們一時身不由己的衝動，有你的支持說不定可以讓他們變得更好，因為比劫正是令人強大的五行因素。

人的運勢皆是隨著時間不停變化，所以要對身邊的人多予包容，隨緣、隨順、隨喜，江山易改，本性難移，如同捨棄日主，達到忘我之境界。

3-4-3 合不代表消失

把合當消失，你將批不到命主內心的世界，一般來說以地支最為明顯。初學八字，我會告訴我的學生，合只能代表彼此相互吸引牽制，但不能當作消失，透過動態五行的變化，總有一天能改變先天的合，這個動作，可能是讓某一個五行變強或變弱，也有可能因為拆開分手，造成人生一場不可預知的結果。

例：午卯戌丑

日主為辛金，卯木為財戌土為印，如果將卯戌合一開始當成不

看，你怎能瞭解此命年幼成長時家庭的情況？父母的關係？先天理財的觀念為何？假如你是這樣看八字的話，只留下午火生丑土，官印相生，然後斷此人老實一生平穩，沒錯！官印型的人的確有這樣的性格，但卯戌合的印合財又該怎麼解釋？

　　前面說過，相合的五行如同被放在防護罩裡，瞬間逃離與其他五行的混戰，但其實合有如**水波湧動，此消彼長**，當一個五行力量提升，另一個五行的力量即會下降，這是什麼意思？

　　我們來看地支五行的排列，午火生丑土，代表丑土增旺，別忘了午火為陽，生陰丑土並不會洩，當土旺的時候，戌土的能量是否也增強了呢？原本卯戌合的關係中，卯和戌彼此是互相牽引，要決定哪個五行強，就必須視身旁其他五行的生剋而定。當戌土變強，卯木不就弱了嗎？此時我們可推理得知，此命先天的印強但財弱了，所以斷與母親的關係佳，與父親較不投緣，也能批成母權當家。

　　財合印另外一層涵義，代表容易將金錢投入到個人的興趣或須求上，比方說學習上課、購書閱讀、音樂收藏品、生病看醫生，投資買房出租……等等，意即手邊沒有留很多現金，實際上是將金錢放在標地物裡，但你能說這是破財嗎？其實不然，所謂破財指的是經濟學上的沉沒成本，比如股票被斷頭，借出去的錢拿不回，浪費時間做無意義的事。然而財合印卻不是這種情況，錢還是在的，只不過暫時套在一個知識產品，這就是合的觀念，清清楚楚，相信你一定看懂了！

　　此時你會問我：「老師，買股票基金被套牢算不算是財合印呢？」算啊！只要不賣出就不算破財，但假如有一天被斷頭想認賠殺出，代

表比劫剋財放出印星；如果是多頭市場，將印剋掉放出被合住的財星，表示你投資賺到錢了。

3-4-4 合的 12 天試驗

看到這裡，相信大家對合一定感到好奇，究竟合了應當消失還是存在呢？因為合的特性涵蓋在教學範圍，所以本節不便多談，但我們可以透過實驗來驗證一下，親身感受才會是最真實可靠。來吧！實驗開始！

實驗目的：證明合去的十神沒有消失

資料：一個有合的八字

測試期限：12 天（地支一個循環）

測試內容：為了確保測試結果沒受到目標合以外的十神影響，我們必須挑選一個簡單清晰的八字。

1. 本命八字至少要有一個合。

2. 合以外，沒有同樣的目標五行在天干或地支。

我們來看以下這個案例：

時	元男	月	年	大運	流年	流月
己	辛	辛	辛	戊	己	甲
丑	卯	丑	未	戌	亥	戌

八字分析：大運戌土合走本命卯木，整個八字只有一個木（財）

被合，木就是目標五行。

OK！找好之後，開始觀察日主 12 天，如果合是代表消失的話，被合的五行 (財星) 理論上不會有任何變化，因為八字裡已沒有其他的木，但假如在 12 日內財的力量明顯有強有弱，即可證明被合住的木仍有受到影響，根本沒有消失。

學生疑問：沒有八字基礎的人，也能看出來卯木絕對有變化，但因為大家承認了時間，而時間本身就是一個變化。想請教老師，甲戌月進來的財也用不到嗎？

老師解說：如果你明白靜態與動態環境的關係，就不會有這個疑問了。從上面的例子來看，你應該瞭解己亥年甲戌月，當甲己一合，環境上的木便無法直接與本命作用，加上亥水重剋，硬是切斷了卯木來源。所以此時日主所能感受到財的變化，就只剩下本命的卯木，而沒有其他的五行了。

3-4-5 沒靈魂的八字

話說有一個網友，在我的 FB 社團貼出這個八字，他說地支五行全合了，是否空空如也？若要等到破合才有互動作用的話，我豈不是一段時間沒有靈魂？

時	元男	月	年	大運	流年
戊	戊	丁	乙	癸	戊
午	寅	亥	卯	未	戌

看完後莞爾一笑，但也不能怪他啊！因為大家也認為「合」一日不破就等同消失，但其實不是！否則的話，這位網友不知要癡望多久，地支才能出現「真東西」了。

合的確可以被破，然後釋放出十神。但大家卻不知道被合的十神，其實一直存在你的八字裡，而且每天也存在著！即使合的時候也存在影響力，這個技法在我的教學裡有詳細的解說。當你瞭解合的真正意義，便沒有解不開的八字。

首先我們來看一下地支全合的圖表：

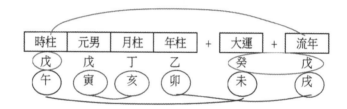

有疑問要修正答案，不要盲目隨從！

市面上很多視頻教你將「合」當成消失，批命的過程可不予理會。但我始終有個很大疑問，「合」不就是八字的一部分嗎？為何要當成消失不看？一個力量無論多弱的十神，對於本命八字皆有一定程度的影響，若將這些全都忽視了，對於批命的精準度，以及十神的領悟力，期望會有多高呢？

此時你一定迫不及待想問我：「老師，地支全部合到完，該如何批命呢？另外主導神又是什麼？」

不急，請聽我仔細分析吧！

初學者一開始可將相合的五行圈起來暫時不看，但不代表完全消失，而要看成兩種力量的對視，它們仍然存活在本命。

被合＝力量減弱，限制其行動 ； 被剋＝受傷無力，才是真正消失。

→ 寅亥合是本命之合，兩者力量受限，若是印星被合就要注意，可能影響身強身弱。

→ 寅亥合代表官合財，官星本命有寅木和卯木，寅木被合為弱，故主要力量看卯木。

→ 天干地支同時存在的五行，以地支為實象較為重要。

→ 地支卯木生午火，午火本來沒事。現在被未土合走，印星力量減弱，此時就要看有否後路，即天干的丁火。

→ 流年來戌土，卯戌合，卯木被合代表官也弱了，午火再洩於流年戌土，此時的印星更弱。

→ 主導神須因應日主身強或身弱，從而產生好或壞的事情。

合的心得 – 勿忘本

1. 先留意本命之情況，誰強誰弱誰受傷。

2. 動態有合先合，再與本命比對。

3. 地支的龍頭為卯木，卯木被合午火就會弱。

4. 官合財：命主重視自我管理，對財很敏感。

5. 身強與身弱，與本命比、與大運比、與上年或上月相比。

若地支的印星被合，但天干的印星沒有被合，被剋或洩，代表命主仍有後路，沒事！

考考你 - 命主現階段為身強還是身弱？

已知：主導神為財，身強可任財，身弱此財就不能用。

學生回答：身弱，因為比劫印星均被合。

老師解說：正解！印被合又洩主身弱，想賺錢但會感到壓力大，因為財而生妒忌心，或者願望無法達成。比劫弱官弱，不被上司看重，做事很難成功，因為出現在地支，故斷內心失落不欲人知。

總結：本命卯木生午火，大運午火被合，午火已弱，流年戌土合走卯木，午火少了卯木來源再次減弱。午火亦洩於流年戌土更弱，本命只剩亥水沒受影響，故主導神為亥水，**身弱若以財星當主導神，代表想賺錢或完成一件作品，容易事與願違。**

3-4-6 合的另類思維

隨著第一本電子書發行，這段時間不斷收到讀者的回饋，文堡老師再次感謝大家的購買與支持，以下是一位讀者提出來的問題，我相信也是多數人的疑問：

乙木日主

時 日 月 年　　運 年

寅 亥 寅 戌　　亥 卯

讀者賜教：因為是破財，所以記錄為 -1，流年卯戌合的關係，戌土從原來的 -1 變成 0，不是好事嗎？

　　文堡老師：本命的財是受傷 -1，在這個大運被放出來，從 -1 變成 +1，流年走卯，卯戌合，從 +1 又變回 0。

　　市面上的五行八字都會這樣教你，我的電子書也不例外，為什麼還要用此案例，在這本書強調一次呢？

　　乙日主，地支寅亥合，寅木被合，所以另一個寅木攻打戌土，戌土受傷主破財，此時大運亥水合走寅木，戌土脫困，此大運的財運與本命比較，財運自然變好了。但流年走卯，又合走被放出來的戌土，從原本的受傷後來變好，之後又被合走，相較之下，你會發現因為流年卯木的關係，戌土又變弱了。

　　沒錯！本命真的是破財，也可能代表消化系統或婦科不好，這是簡單的邏輯推理，同時也是最基本的流通，我相信大家一定能看得懂，因為我知道你們會將地支看成合到完，但假如真的合到完，這個八字你會怎麼批呢？你可不要告訴我：「老師！不就是財被合走財運弱，如此而已。」真的這麼簡單嗎？

　　現在我們來換個思維，看這個地支關係，你還可以找到什麼呢？

　　假如把寅亥合當成消失，這個八字只能看到一半，另一半就是我今天要談的洩，也就是我們不把寅亥當成消失，而是看成羈絆，沒錯！寅木的確是被亥水合了，這點無庸置疑，但本命因為還有一顆寅木，雖然跑去打了戌土洩了一部分的氣，但大家別忘了，它也是寅木的比

肩救星哦！

OK！我們先不予理會，因為生下來的 DNA 即是如此！好比我出生就是一副愁眉苦臉的醜八怪，雖然長得醜不是我的錯，但常跑出來嚇人就是我的不對，哈！扯遠了，我們繼續……

注意囉！現在大運來一個亥水，它把寅木拉走了，試問本命的寅木是否暫時少了一個朋友了呢？代表此時的寅木很弱沒錯吧？

寅木是劫財，本來在本命打戌土，洩了一點氣沒事，但這個大運被合走，以洩的觀點而言，因為兩個寅木都被合走了，此時寅木只會變弱不會變強；再看流年，出現另一個卯木比肩，拉走了本命的戌土財也就算了，同時還洩了亥水正印的氣，猶如在傷口上灑鹽越幫越忙。

親愛的讀者，當你看到這裡，應可曉以大義一件事，學習八字，不單只有看到合到完這件事而已，而是當下八字呈現身弱了，假如天干也弱不禁風，即使給你再多的財官，也是無三小路用。

3-4-7 合的小故事

話說，在同一屋簷住了三代同堂的一家人，故事共有四位主角，有勤儉守財的老婆婆、刻苦耐勞的女兒、脾氣暴躁的女婿和亭亭玉立的孫女。

為了生活和養家的問題，夫婦常有拗撬，有時丈夫更對妻子動手，所以妻子也很怕他。有一天女兒提出想與相識已久的男友結婚搬

離家裡。為了籌辦婚事和應付突然其來的開支，丈夫選擇了一份薪水較高，但必須到偏遠的地方工作。

於是屋子產生了巨大變化，婦人的女兒搬走了，與女兒相處的日子大減，令婦人鬱鬱寡歡，但脾氣暴躁的丈夫，因工作而暫時離開，讓婦人多出了私人空間，過了一段時間，有天老婆婆百年歸西，一家人傷感之餘，卻發現原來一直勤儉的婆婆留下了豐厚的財產給家人，最後他們就利用這些錢做了一些小生意，安穩地生活下去。

故事說完了，你有什麼心得呢？

如果將發生在他們身上的故事用合來解釋，你能聯想到多少八字合的特性？請猜猜看！

很多人對合有先入為主的誤解，希望透過故事引發大家的聯想，動動腦筋，把平時沒注意的留意一下。

其實除了不同的十神相合有不同的類象外，合也可分為本命合和大運流年合，在這故事中，我們可分為兩個大運流年合和一個本命合。

若以婦人為中心，故事中的女兒要嫁人離開家裡，等同於大運流年的印將本命的食傷合走，雖然女兒因結婚而離家，然而並非與家人斷絕關係，只是暫時緣份薄了，見面少了而已。所以食傷被合但不代表沒有(合為弱不等同消失)。而這個食傷本來是為婦人帶來歡樂的女兒，現在被合走，對她來說就會產生不好的影響。

婦人的丈夫，為了優渥的工資而到外地工作，如同本命的官被大

運流年的財合走，丈夫留在身邊的日子變少，緣份自然也淡薄，但是對婦人倒是好事一樁，因為本來剋著她、管她的官暫時離開了，生活頓時變得輕鬆愜意，這種合對她來說就是好的合。

而性格守財的婆婆，對婦人如同一個本命的印合財。除了須扮演家庭主婦，還得面對勤儉持家的婆婆，財務上多少仍會感到一絲的壓力。但有趣的是，假如這個印被破了，力量還真不小呢！因為大量的財會被釋放出來，不就代表得財了嗎？

看完以上的小故事，能夠應用合的關係，進而解釋一家人的互動，是否感到驚奇有趣呢？

3-4-8 地支的生合與剋合

首先，文堡老師想請讀者觀看一部影片，有了概念之後，往下閱讀更能融會貫通，請掃描右方的QR碼。

地支的順合與剋合

地支六合相信大家都很熟悉，但你知道它能細分為兩組合的關係嗎？這個關係即是本節要談的生合與剋合，我們一起觀察以下的圖表，你會發現，紅色箭頭代表的是相生，黃色箭頭為相剋。

我們首先觀察紅色的箭頭，以印星為起點，印生比劫，比劫生食傷，食傷生財，財再生官，最後回到官生印，這些東西相信大家都十分熟悉，現在我將生改為合，則十神的關係為：印合比劫，比劫合食

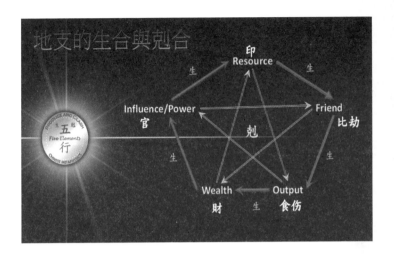

地支的生合與尅合

傷，食傷合財，財合官，官合印。

　　生合也稱為順合，而且只會出現在地支，天干你是找不到的。然而，地支的生合可用那些符號來表示呢？很簡單，請記得永遠只有三種組合：**寅亥＋午未＋辰酉**。聰明的你有否發現，三個十神組合皆是順生的情況呢？

　　寅 亥 ＝ 水生木
　　午 未 ＝ 火生土
　　辰 酉 ＝ 土生金

　　總而言之，地支的生合，我們只能找到三種組合，沒有其他了。

　　現在，文堡老師分別列出生合的五張圖表，請留意某些組合中，日主不存在生合。

甲乙和戊己日主，不會出現官合印。

日主	官星	印星
甲乙	X	X
丙丁	亥	寅
戊己	X	X
庚辛	午	未
壬癸	辰	酉

丙丁和壬癸日主，不會出現印合比劫。

日主	印星	比劫
甲乙	亥	寅
丙丁	X	X
戊己	午	未
庚辛	辰	酉
壬癸	X	X

甲乙和庚辛日主，不會出現比劫合食傷。

日主	比劫	食傷
甲乙	X	X
丙丁	午	未
戊己	辰	酉
庚辛	X	X
壬癸	亥	寅

戊己和壬癸日主，不會出現食傷合財。

日主	食傷	財星
甲乙	午	未
丙丁	辰	酉
戊己	X	X
庚辛	亥	寅
壬癸	X	X

丙丁和庚辛日主，不會出現財合官。

日主	財星	官星
甲乙	辰	酉
丙丁	X	X
戊己	亥	寅
庚辛	X	X
壬癸	午	未

紅色的生合說完了，我們再來看黃色的剋合，這與生合完全不同，因為生合僅地支有，天干沒有，但剋合干支皆有。意即地支有生合及剋合，但天干只有陰陽剋合，文堡老師再次為讀者整理出干支的剋合圖表。

子 丑＝土剋水

卯 戌＝木剋土

巳 申＝火剋金

印合食傷（天干）

日主/天干	印星	食傷
甲乙	壬	丁
丙丁	甲	己
戊己	丙	辛
庚辛	戊	癸
壬癸	庚	乙

印合食傷（地支）

日主/地支	印星	食傷
甲乙	X	X
丙丁	卯	戌
戊己	巳	申
庚辛	丑	子
壬癸	X	X

食傷合官星（天干）

日主/天干	食傷	官星
甲乙	丙	辛
丙丁	戊	癸
戊己	庚	乙
庚辛	壬	丁
壬癸	甲	己

食傷合官星（地支）

日主/地支	食傷	官星
甲乙	巳	申
丙丁	丑	子
戊己	X	X
庚辛	X	X
壬癸	卯	戌

官星合比劫（天干）

日主/天干	官星	比劫
甲乙	庚	乙
丙丁	壬	丁
戊己	甲	己
庚辛	丙	辛
壬癸	戊	癸

官星合比劫（地支）

日主/地支	官星	比劫
甲乙	X	X
丙丁	X	X
戊己	卯	戌
庚辛	巳	申
壬癸	丑	子

比劫合財星（天干）

日主/天干	比劫	財星
甲乙	甲	己
丙丁	丙	辛
戊己	戊	癸
庚辛	庚	乙
壬癸	壬	丁

比劫合財星（地支）

日主/地支	比劫	財星
甲乙	卯	戌
丙丁	巳	申
戊己	丑	子
庚辛	X	X
壬癸	X	X

財星合印星（天干）

日主/天干	財星	印星
甲乙	戊	癸
丙丁	庚	乙
戊己	壬	丁
庚辛	甲	己
壬癸	丙	辛

財星合印星（地支）

日主/地支	財星	印星
甲乙	丑	子
丙丁	X	X
戊己	X	X
庚辛	卯	戌
壬癸	巳	申

天干只有尅合，即陰陽合；地支有生合及尅合。

行筆至此，我猜大家一定迫不及待想知道，生合與尅合所代表的意象對吧？其實，光是十神的類象就可以寫一本書了，因篇幅的關係，若有機會出書，再與讀者分享心得。

不過，為了不讓你們空手而歸，我來教授一個簡單的尅合，讓大家先睹為快。其他類象的內容，亦能在本書其他章節中找到，請用力爬一下文吧！

本文除了文堡老師的經驗體悟，亦集思廣義五行八字社團網友的心得，若要深入瞭解十神的類象，建議將自己曾經歷過的事，鉅細靡遺地記錄下來，然後慢慢從箇中領悟，說不定有天你也能成為大師。

尅合的十神類象：財合印

- 合代表將該十神暫時保管之意，印合財，當破印放財時，有機會拿回金錢。

— 分為動態財合本命的印，動態的印合本命的財。

比如 2019 己亥年甲戌月，流年流月甲己合，若你是庚辛日主，則會發生財合印之事，請細想是否有將財或時間投入於印星當中。

財＝時間、金錢、付出、資產 ； 印＝宗教、知識、家庭、長輩、健康。

財合印的生活類象

— 婆媳相處和睦。

— 花錢放鬆享受。

— 重視家庭生活。

— 投資或買房子。

— 投資股票基金。

— 投入公益宗教。

— 男命感到妻子沒有安全感。

— 為了工作賺錢出差，離鄉背井。

— 將資產投入在一個地方，比如將金錢存入銀行。

— 家裡裝修、花錢學習、花錢看病、收集珍藏品。

— 從國外代購回家鄉賣，入境時被發現須繳稅。

— 將房子過戶給老婆、女人。

— 為了賺錢放下傳統觀念。

— 為了私慾跟女人偷情。

— 為了金錢簽訂了合約。

動態與靜態的關係

— 印合財，動態印合本命財，代表花錢上課，學習新知識，請傭人看護來照顧你。

若本命是破財，動態印合本命財，將財救起，代表有貴人或母親伸出援手相助。

平日玩物喪志，某天告訴自己該努力用功了，於是收起了玩心。

— 財合印，動態財合本命印，因財使印弱，為了賺錢不惜離家或搬家，感到生活辛苦，為生意煩惱。

若本命為財破印，動態財合本命印，外來的財救起本命的印，可能花錢享受生活，開心上課學習。

受到物質生活誘惑，靜不下心讀書。

修行人動了凡心，也可能代表破戒。

這部直播影片談及印合財的生活類象，全程 56 分鐘紮實有料，歡迎掃描ＱＲ碼觀看。

不論是財合印或印合財，讀者須區分動態的因，如何影響靜態的果，透過批命能更深入瞭解生活十神，不要怕批錯，有錯才有對，唯有多練習才能更進步，大家加油！

有趣的印合財

3-4-9 合的基礎規則解說

合的基礎觀念

規則 1：本命有合先論合。

例：庚辛甲己，辛金為日主，本命甲己先合，留下庚金。

規則 2：本命若無合，大運若有合可論合。

例：丙己戊甲，己土為日主，大運出現辛金，丙辛合，甲木即可傷戊土。

規則 3：大運合完，再觀察流年是否可合。

例：丙己戊甲，己土為日主，大運出現辛金，丙辛合，流年走癸水，戊癸再合，剩下甲木，日主受剋。

注意：一般而言，大運比流年先到，故本命與大運會優先合。

規則 4：本命若有隔柱不能合，大運流年合走隔柱的字，本命即可一拍即合。

例：辛乙丁丙，乙木為日主，大運或流年來一個壬水，合走本命的丁火，此時本命的丙辛即可合。

規則 5：日主不會參與合的作用，不能忘記自己是誰（合了就沒日主了）。

例：壬甲乙癸，甲木為日主，大運流年來一個己土，己土不能合走甲木，日主不能參與合的作用。

規則 6：若本命與大運流年有相同的五行，則此五行將一併被合走，此為出干概念。

例：甲壬丁己，壬水為日主，大運或流年來一個己土，合走本命的甲木，年干的己土也會被合走。

規則 7：本命一個五行可合走動態所有五行。

例：甲丁丙丙，丁火為日主，大運流年皆走己土，則兩個己土可被本命甲木合到完。

規則 8：動態一個五行只能合靜態一個五行。

例：辛庚辛辛，庚金為日主，大運出現丙火，只能合走本命的年干辛金。

規則 9：本命兩個五行相合，大運流年若出現與本命相同的五行，則要視為多出。

例：乙甲庚壬，甲木為日主，本命乙庚先合，動態若出現庚金，則此庚金不會與本命的乙木合，須看成多一個庚金。

規則 10：本命無合，大運流年亦無與本命任何五行合，則流月不能與本命合。

例：癸丁丙庚，丁火為日主，本命無合，大運走甲木，流年走丁火，流月走辛金，則辛金不會與本命的丙火合。

學生問題 1：

本命沒有的五行，動態若出現要當成是外來的嗎？天干地支是否

有分別呢？

老師解說 1：

→ 只要本命八字沒有的五行，出現在動態即是外來。

→ 天干與地支必須分開來看。天干有的，地支沒有，動態地支出現為外來的。

→ 大運為期十年，行動為緩慢自然進入，故可能隱藏在命主身邊而不被發現。

→ 流年為期一年，行動快速，命主能及時發現。

若大運與流年相同，命主能深切體悟大運與流年的五行作用，尤其當大運與本命合，流年有時可以拆合，被放出的五行從而影響本命生剋，其力量可是很強大。

學生問題 2：

動態出現財合印，但本命並無財星與印星，請問這是從何而來？

老師解說 2：

→ 假設本命無財，流年走財星亦與本命無合，但流月一定會碰到印星來合流年財星，故此月兩者就會產生作用。

→ 若流年流月作用為城牆外之事，則當下可能只是瞬間的小事，對命主的整體影響不大，或者記不得發生何事。

合的小練習（是非題）

問題 1：動態丁壬合，本命壬水為多出，且剋合丁火日主？（是

（／否）

時	日主	月	年	大運	流年
壬	丁	癸	己	丁	壬

解說 1：否！大運流年丁壬合，本命的壬水也會一併被合走，日主沒事。

問題 2：

(A) 動態子丑合，本命丑土為多出？（是／否）

(B) 當大運丑土受傷時，本命丑土也會受傷？（是／否）

時	日	月	年	大運	流年
寅	丑	酉	巳	丑	子

解說 2：

(A) 是！動態合要當成一個獨立合，本命丑土要視為多出。

(B) 否！大運的丑土為本命丑土的替死鬼。

問題 3：

(A) 本命子丑不合，大運來子水不會合完，本命子水仍要看成多出？（是／否）

(B) 流年走申金，本命酉金不會受傷？（是／否）

時	日	月	年	大運	流年
酉	丑	巳	子	子	申

解說 3：

(A) 否！大運來子水會先合丑土，本命的子水也會一併合走，此為出干之概念。

(B) 是！當申金合走本命巳火，酉金即可脫困無事。

問題 4：

本命午未合，動態午火為多出？（是／否）

時	日	月	年	大運	流年
丑	未	午	卯	午	未

解說 4：

否！動靜態皆出現午未合，最後卯木剋丑土，午火不能看成多出。

問題 5：

(A) 本命寅木合大運亥水，流年子水及流月寅木皆可進位？（是／否）

(B) 兩個子水會生兩個寅木，然後剋死本命的戌土？（是／否）

時	日	月	年	大運	流年	流月
子	戌	未	寅	亥	子	寅

解說 5：

(A) 是！當大運被本命合走，流年及流月均可往前進位，亦稱四捨五入。

(B) 否！當流月寅木進位到流年，大運亥水即可將寅木拉走，戌土雖無傷，但跑去剋兩個子水，也會洩得夠力。

問題 6：

大運亥水合本命寅木，流年子水及流月卯木進位，子水最後仍會受傷？（是／否）

時	日	月	年	大運	流年	流月
子	戌	未	寅	亥	子	卯

解說 6：

否！當卯木進位到流年，即可合走本命之戌土，最後剩下兩個子水與一個未土，子水無傷，反而讓未土洩了。

你答對幾題呢？若全部答案，代表你對合的觀念十分清晰，很棒哦！

合的優先順序

一個客戶的實例，八字如下表。

時	元男	月	年	大運
己	庚	己	乙	甲
卯	申	卯	巳	戌

問題：大運戌土會優先合靜態那一個卯木？

解說：天干無論合哪一個五行，批命結果皆無影響。然而地支必須按照規則而合，不可隨便亂合哦！

地支動態合靜態的規則：年 → 月 → 日 → 時。

我們用兩種情況來分析，發現最後的結果差別很大！

（情況一）如果戌土合月支的卯木，此時本命中的巳申即可合，剩下卯木財星，地支的比肩被合，加上天干印星也被合及受傷，我們可以發現，此大運的八字呈現身弱之象。

（情況二）如果戌土合時支的卯木，此時本命的巳申非但不會合，且卯木受傷的現象依舊存在，在這個大運時間，兩個財星皆變弱受傷，對財運而言必非好事。

透過兩種合的不同規則，批命後的結果卻是大相逕庭。

哪一個合才是正確的呢？

相信你已經看懂了！戊土合月支卯木才是正解，記得合必須由外而內，不可隨意跳躍。

3-4-10 合的實戰批命練習

實證案例（ 1 ）

主題：女命的先天性格為何？合是否可當消失不看？

時	元女	月	年	大運	流年	流月
甲	丙	己	庚	丙	庚	戊
午	戌	卯	午	子	子	寅

86	76	66	56	46	36	26	16	6	大運
庚午	辛未	壬申	癸酉	甲戌	乙亥	丙子	丁丑	戊寅	虛歲

生於驚蟄後 16 日 4 時辰

大運 5 年 5 個月又 10 日上運

每逢乙庚之年白露前 4 日交脫

八字分析

我們先來看本命怎麼跑，天干甲己合，剩下庚金。地支卯戌合，留下兩個午火。丙火日主生於季春，以傳統學來說算是身強，不過五行八字並非從本命看強弱，而是找出干支五行的流通關係，透過合的變化來論斷命主的性格及運勢。

天干甲己合為傷官合印，庚金會給甲木壓力，故在甲己合中，本命的己土強甲木弱。己土為傷官，主聰明有主見，年幼不喜受長輩約束。

實證：命主小時候的內心世界的確如此。

地支卯戌合亦為食神合印，戌土有兩個午火生助，故卯戌合中，我們可以知道戌土強卯木弱，卯星無法駕馭食神。綜合干支來看，行為思想本應受制父母、長輩影響，但因食傷強過於印，由此可推斷性格聰明、能幹，愛美，貪玩，有自我見解，不喜受傳統教育約束，因為合的關係，表面上看似聽從父母的安排，實際內心並非如此，暗地裡反抗。

由於先天有印星，但印被合，且有暗剋和洩，故與父母感情較淡薄，然而地支比劫旺，靠的不是父母而是兄弟姐妹。丙火陽女，性格剛烈，喜愛照顧弟妹、同輩，友情勝過親情。

進入丙子大運，我們發現天干丙火剋庚金。當庚金一弱，甲木不就變強了嗎？那原先的己土呢？反而變弱了。地支出現子水剋一個午火，當午火受傷時，稍微削弱了戌土之氣，但卯木力量相對提升，故此大運須論斷印星強食神弱。

實證：丙子大運，命主的行為思想與年幼恰恰相反。

庚子年戊寅月，戊土進位到流年，丙火生戊土生庚金，此時庚金又活了起來，恢復了己土強甲木弱的情況；地支寅木的功能只用來洩

子水氣，當子水一弱，午火的力量即可提升，故斷戌土強卯木弱。

實證：此月與好友開心出遊享受美食，與長輩互動少。

假如一開始把合當消失，以剋為重心，你怎能批出動靜態十神力量變化？又如何瞭解她內心的實際想法？

實證案例（2）

主題：丙辛合不要當消失

時	元女	月	年	大運	流年	流月
辛	丁	丙	庚	癸	庚	戊
亥	巳	戌	午	未	子	寅

85	75	65	55	45	35	25	15	5	大運
丁	戊	己	庚	辛	壬	癸	甲	乙	虛
丑	寅	卯	辰	巳	午	未	申	酉	歲

生於寒露後 11 日

大運 3 年 8 個月上運

每逢甲己之年芒種後 11 日交脫

學生批命練習

(1) 本命：天干丙辛合，剩下庚金，財合劫財，財強劫財弱。地支巳午火生戌土剋亥水。

(2) 性格：本命劫財合財，但財佔優勢，代表愛美貪玩。比劫生食傷

剋官，人緣佳有主見，不喜受控制。

(3) 動態：天干財生官剋日主，庚流年加重受剋。地支午未合，剩下
巳火生戌土剋子水，傷官雖剋官，但比劫及傷官也弱了。

→ 日主受剋從無變有，壓力很大。地支比劫洩，人際關係不佳，
食傷剋官，官星受傷。

→ 官星受傷等於工作、感情或事業出現問題。因食神合走比肩，
代表思想易受朋友影響。

(4) 癸未大運：

天干丙辛合，動態來官，日主受剋，故須靠流年來救。【錯誤 1】

地支午未合，本命有兩個比劫但無印星，且陽被合，故斷身弱，
比劫減弱，食傷無來源也弱。

→ 日主丁火，地支有巳火，保護神為午火比肩與戌土食神，當比
肩被合，就得留意食神。

→ 若戌土被剋或被合，本命亥水即可復活反剋巳火，須注意
2022 壬寅年與 2023 癸卯年。【錯誤 2】

(5) 壬午大運：

天干丙辛合，來壬水，財生官剋日主，陽剋陰加重日主受剋，須
靠流年來救。

地支比劫被放回，出現兩個火午，代表身強，即使日主受剋也不
會出事，但亥水官星受重傷。

→ 天干來官日主受剋，地支卻是傷官剋官。女命須注意工作、與
上級和伴侶的溝通。

文堡老師解說

本命丙辛合，但切記不要把合當成消失。若消失不看，一般人都會直斷癸未大運日主受剋，但事實上反而沒事，為什麼呢？不要忘了，大運癸水可以洩本命的庚金氣，當庚金一弱，丙火就會變強，也就是說，丙火還是存在你的本命裡，可以抵擋癸水官殺的傷害。

再看地支，巳午火生戌土剋亥水，友情勝於愛情，龍頭是午火，大運來未土，午未一合，當龍頭被合時，除了巳火變弱，戌土也無力，當戌土一弱，亥水受到傷害的力量就沒那麼強了，意即比劫弱了官就會變好。配合天干癸水進來，故此命在 25 歲已結了婚。

然而結婚至今始終沒有小孩，原因出在地支的食傷仍壓著官，庚子年戊寅月雖有機會但並不高，怎麼看？不難！天干戊癸合為傷官合官，地支寅木救走受傷的亥水，但本命戊土仍會剋流年子水，看似有懷孕之象，但實際上仍無小孩。

學生整體觀念不錯，批得很棒，但其中有兩個地方錯誤，特此說明修正。

【錯誤 1】本命有合先論合，其他五行及動態來的，將會影響合的力量，故丙火仍可保護日主，天干來官（壬／癸），日主仍相安無事。只有丙火真正受傷，日主才會受剋。故須留意丙年，丙氣不在時日主便會倒大楣。

地支火生土剋水，官星受剋。龍頭為午火，午未一合，戌土力量減弱，亥水受傷減輕。

【錯誤 2】2023 天干流年癸水增加日主的壓力；地支卯戌合，亥水剋巳火，日主受剋加重，故 2023 年批法正確。但 2022 壬寅年巳火並不會受傷，請仔細觀察，寅木已將亥水拉走了，留下巳火生戌土，巳火雖洩，但有戌土在水無法傷火，故 2022 年巳火沒事，但天干日主仍存在危機。

文堡老師補充

→ 官星轉好，代表工作或感情會有所著落，這可是好事。

→ 健康：先天亥水受傷，消化系統不良，代謝不好，傷官剋官，命主排斥懷孕；當食傷一弱，人也會變削瘦。

→ 比劫弱食傷也會跟著弱，食傷弱人會胡思亂想，比劫弱代表意志力薄弱，性格出現小孩子氣。

八字充電坊 14 ：案例－心急如焚的印合比劫

原本對印合比劫，容易有心急的性格，始終抱持懷疑的態度，直到批到這個八字，讓我瞬間茅塞頓開，同時印證了這套理論，在八字的學術大道上，又往前跨了一小步。

開始說故事吧！Let's go！

當事人告訴我，出生時間是 3 點 10 分，查了一下真太陽時，發現 3 點 12 分才會交到寅時，批命碰到這種尷尬的情況是家常便飯，我早已摩拳擦掌，Stand by 等著做挑戰。

該怎麼找出正確的時辰呢？當然是交給專業的命理師，幫當事

人印證並做出修正，於是我將兩個命盤分析比對，假如是寅時出生，2017 年工作及財運會很順遂，2018 戊戌年走財星，不是應該會出現女友嗎？怎麼音訊全無？另外，從談話過程中，發現命主的說話很急促，於是讓我想起了印合比劫的類象。

丑時命盤

時	元男	月	年	大運	流年	流月
丁	乙	丙	己	癸	己	甲
丑	巳	寅	巳	亥	亥	戌

寅時命盤

時	元男	月	年	大運	流年	流月
戊	乙	丙	己	癸	己	甲
寅	巳	寅	巳	亥	亥	戌

84	74	64	54	44	34	24	14	4	大運
丁	戊	己	庚	辛	壬	癸	甲	乙	虛
巳	午	未	申	酉	戌	亥	子	丑	歲

生於立春後 10 日 1 小時

大運 3 年 4 個月又 15 日上運

每逢丁壬之年小暑前 5 日交脫

我們來看這兩個命盤的差別，仔細推敲丑時的特質，還記得三陰

一陽嗎？這是一個先天破財的格局，年幼與父親關係應較疏遠，但他說從小與爸爸的關係還不錯，於是我進一步確定，他的時辰可能是寅時而非丑時，假如是丑時，戊戌年會有很高的機會結識女友；另外丁酉年也不會過得很順，為什麼？因為天干火生土剋癸水印星受傷，地支寅亥合，雖然巳火生丑土，丑生酉金一氣順生，但別忘了流年的身變弱了，印不但受傷而且消失，何好運之有？

我們再來分析寅時 2019 年的運勢，己巳月亥水剋掉巳火，地支的巳火遭到三殺出局，情緒簡直盪到谷底，做什麼事都提不起勁，但戊辰月可是好運連連啊！辰土剋掉亥水，拆開寅亥之合，寅木被放了出來，財破印有意外的收穫。你們也許會問我，寅木不是會反剋流月的辰土，這不是破財之象嗎？嗯嗯！你想太多，別忘了天干本命的財星還在，這種身旺破財，代表花錢自在或者很開心，他說此月買了房子，不是好事一樁嗎？經由以上的分析推理，我可以百分之百確定，這個八字是寅時而非丑時。

整體來說，2019 己亥並不是很順的流年，地支的寅木劫財跟歲運的印星合到完，天干戊癸亦合，八字已呈現身弱之象，即使本命仍有食傷生財，但當事人卻感覺不到好運。行筆至此，你也許會跟我抱怨，老師！我無法理解你的這段解說。現在，請想像一下，本來有朋友貴人來幫你做事，現在只剩下孤伶伶一個人努力，以賺錢這檔事而言，你覺得會是輕鬆抑或辛苦呢？當然辛苦囉！身都已經弱了，留著食傷也是無三小路用，不是嗎？

我們再來看求學時期的整體運勢，甲子大運學業成績不錯，以優異的成績考上高雄第一學府，但他說高中三年成績並不理想，關於這

一點，必須配合流年來推理，單看大運其實太過於籠統，而且不夠客觀實際。

最後，你能批出他何時能交到女友呢？前面談過，印合比劫的特質是獨立、心急，想要得到女友必須牢記一件事，先把自己的生活及思緒調整好，切勿操之過急！接著我告訴他，己亥年癸酉月、甲戌月、乙亥月、丁丑月，這幾個月可能有機會，怎麼看？很簡單就是財破印，印星雖受傷，但也放出了比劫生食傷，八字轉為身強，讓人散發自信及魅力，桃花自然會不請自來。但須小心甲戌月的對象，可能有第三者。

補充：辛未月財運不好，未土看似能剋亥水，放出比劫生食傷，然而亥水是不會受傷的，本命寅木反而會剋流月未土，不但無法拆合，更可能導致破財，配上天干丙辛合，身弱之象也！食傷無法發揮，故斷財運或感情不佳。

單有自信仍微不足道，仍必須提升正能量，修正心急如焚的性格，幸福才不會停留在天涯。

2019 年 10 月 26 日，這位網友突然 LINE 我，他說癸酉月認識了一位女友，但在甲戌月被騙了 3 萬元，以一種質疑的態度問我：「老師！你不是說我有機會交到女友嗎？怎會在甲戌月被女人削了一筆錢呢？」

文堡老師：「朋友！我說有桃花緣，不代表你可以隨意借錢給女友啊！」

己亥年配上癸亥運，即使有些月份不錯，但整體八字呈現身弱，

身弱的食傷容易受人左右擺佈，無論什麼對象都應謹慎保守為上。

學生問題

(1) 癸亥大運可能發生何事？

(2) 為何一直沒有女友，庚子年有機會嗎？

(3) 己亥年甲戌月被女友騙了錢，怎麼看？

(4) 印比被合，會出現什麼樣的性格？

學生批法

(1) 天干戊癸合，地支寅亥合。印合財，印合比劫，因為工作、學習、名聲而勞累。

(2) 癸亥大運財弱，故無女友。庚子年，食傷剋官，但地支有印，會好一點。

(3) 天干甲己合，比劫合財。地支比劫剋財，皆是破財之象。

(4) 印星比劫被合，身弱，做事無厘頭，容易發脾氣。

老師解說

簡批：本命地支劫財生傷官，代表能力、智慧、口才佳，熱愛運動，表現自我，有時較臭屁。

(1) 癸亥大運，身弱。地支寅亥合，傷官少了來源，劫財被合，意志力下降，天干戊癸合，印合財，感情桃花運較弱。

(2) 地支印生比生傷官，劫財有來源比較好，走印星有安全感。

(3) 己亥年甲戌月，己為財，甲為劫財，故命主交的女友存有競爭者，或者來騙錢。

實證:比肩與劫財有很大不同,命主交了一個想騙他錢的女友,而甲木正好是劫財。

(4) 比劫印星被合,容易出現小孩脾氣,做事無方向,沒有安全感,心急衝動。

心法:印合比劫,干支呈現身弱現象,主導神為食傷,容易心急如焚,或者倒大楣。

讀者牛刀小試

如何判斷認識的女友是有伴侶的?以下哪一個解釋較為正確?

1:乙木日主,本命有己土沒有甲木,流月走甲木,所以己亥年有競爭者?

2:乙木日主,本命只有甲,動態走己,財合劫財,代表伴侶出軌?

3:乙木日主,本命多一乙,動態走己,比劫剋財,是否被朋友搶了女友?

解說:正確為1,流年己土出干,流月出現甲木,甲己一合,代表認識的女友是有對象的。

文堡老師總結

(1) 比劫生食傷,只要任何一個被合都不是好事,比劫被合,食傷沒有保護神。

(2) 食傷被合,比劫生不了食傷,財源被切斷,這也是財務的危機點。

印合比劫的小知識

印合比劫只會出現在地支，而且只有甲乙、戊己、庚辛的日主才會出現印合比劫，其他的日主不會出現，然而印合比劫與比劫合印，在實務上所代表的涵義有些許不同，不過有幾個共通點提供給讀者參考。

其一代表宗教文化深植社會大眾，一群志同道合的人參與宗教團體活動，比如妙嬋，寺廟集會遊行；其二代表媽媽與自己的兄弟姐妹關係良好。其實這些並非重點，大運流年若出現印合比劫，干支無後路呈現身弱之象，這可不是一件好事。

文堡老師為你準備了印合比劫的教學影片，請掃描以下的 QR 碼觀看。

印合比劫的生活類象

3-5 動靜態的人生變化球

　　傳統命理教你從本命八字，抓出一生固定的用神與身強身弱，你認為準確度有多高呢？

3-5-1 大運與流年

　　許多人研讀八字，學到最後可能很頭痛（曾經走過的路、我能感同身受），先是抓用神，好不容易等到了自己的用神運，結果卻是大失所望，因為用神與自我的認知完全背道而馳，以為自己的大運到，準備要好運十年了！殊不知用神已告訴你，理想很豐滿現實卻很骨感，根本不是那麼一回事，也因此很多人放棄了這套學術。

　　八字的核心主要分成兩大部分，分別為「靜態」和「動態」，所謂靜態就是我們本命的八個字，多數人喜愛圍繞在本命上打轉，但卻往往忽略來得快又一針見血的動態，每一天生活中所發生的事情，就是所謂的動態八字。靜態只能描述你先天性格的特質，實際上，**你將投出什麼樣的人生變化球，決定在動靜態的五行流通。**

　　動靜態的概念，也是八字中用神與忌神變化的地方，八字本命就是你生下來的 DNA，它只不過是靜態的狀況，並非主導命運變化的主要因素，而是要結合大運與流年一起分析，這樣去批八字，才能像魚水般活絡，否則只流於本命打轉，論斷格局和富貴貧賤完全沒有意義，

別忘了同八字並不會同命，本命不過是一個靜止的植物人，說白了就是一個時間停止的符號。

大運流年是本命以外的動態環境，它們會直接影響我們的八字，然而彼此的反應卻大不相同，此話何說？

大運配上本命八字便是十年的藍圖，而流年只能主宰一年的變化。比方說天干大運丙火遇上流年甲木，這個丙火的氣相對穩定且靠得住，因為它被流年保護著，猶如一道城牆，充當保衛本命和大運的作用，避免它們受到流月衝擊，與大運相較之下，流年更顯得歷經滄桑而反覆無常。

進一步說，大運與流年有如一條護城河，隨時保護我們的本命和日主，當流年走到與本命日主一樣的五行，如同皇帝御駕親征，好的話有利士氣倍增，但假如不好國家將岌岌可危。

我們所認知的流年好壞，乃因流年受流月衝擊所致。

2019 年己亥年，己土日主的風光早已節節敗退，唯有等待十年後再捲土重來。2020 庚子年，便是庚金日主面對考驗的時候了。但我們很難判斷整個流年是好還是壞，說句實話，學八字若只批流年太過籠統了，因為八字的靈魂在於流年與流月的互動，危機與轉機皆是藏在動態的細節裡。

依據時間學的觀念，動態的事率先發生，進而影響靜態之五行，論斷運勢因時間點切入的改變，產生的結果卻是截然不同。**論動態的**

作用速度，流月一定快於流年，當然流年也會快過大運，彼此之間皆會相互受制，形成一道無法跨越的城牆，當流年刷存在感時，流月就得立正站好，不可貿然越雷池一步，這是動態作用速度的不變法則。

然而，**若是論動態進入靜態的速度，大運會優先快過流年，流年也會快於流月**，因為大運主導整個十年方向，而流年只擁有大運其中一年的主導權，流月亦會受到流年之控制。比如 2021 辛丑流年，當流月走到丙申，丙火就會受制於流年辛金的羈絆，當流年沒有被收買或斷氣，流月丙火絕不可跨越城牆，地支丑土也是同樣的道理，這是動態切入本命速度的規則。

如果單看流年便可判斷運勢好壞，是否整年也是如此呢？事實上流年會直接受到流月主導影響，有些流月能增強運勢，但有些卻對流年不利，甚至流日流時也能牽一字而動全命。

換句話說，流年的運勢總是反反覆覆，我們很難說一年是好年還是壞年，只能說出一個運勢的平均值。

很重要！再強調一次，看生肖運勢批流年，那是留給外行人湊熱鬧，學會動靜態五行流通，才能真正掌握天機。

3-5-2 流年流月的特性

很多人都以為流年好，一整年都會順風順水，但最後仍吃了一悶棍，流年理應要走好運，為何卻是反其道而行呢？究其原因疏忽了流

月，因為流年的氣並不穩定，它帶來的是一種警告意味，所以流年不能當用神看。

流年為什麼是警告而不是用神呢？因為它會受制於流月的影響，隨著流月的氣盛旺衰而變化，再加上流年的危機點稍有不慎，導致的後果不容小覷，這也是為什麼流年會耍流氓的原因。

今年流年走什麼十神運，大都呈現在那方面有危險，所以我們反而要注意該方面的運勢，如果你覺得我在嚇唬你，可以自行去體悟印證，比如你今年走財運，代表這一年可能因為財方面的事，碰到很多疑難雜症。投資理財反而要更理性，以防出現破財，所以流年的警告意義大於用神，意即在告誡你該年要注意何事。

如果你看得懂的話，運用五行生剋觀看動態八字就是家常便飯，這也是比傳統八字略勝一籌之處。但同樣學五行八字，又有多少人看得懂？甚至從未聽過「動態八字」呢！俗話說：真功夫在於基礎，當聽到這一句話時，我內心是非常認同的，無論學習什麼技能基礎一定要紮實，學習八字的真功夫也是在基礎上。

很多人總認為，八字的基礎在於判斷用神，但文堡老師並不同意這樣的看法，我認為八字的基礎在五行生剋，也就是一定要把十天干跟十二地支搞懂，很多人認為已經很懂這些理論了，沒必要再去認識，但在實務批命中就會亂用一通。

另外陰陽的概念，這也是批八字最重要的東西，當你沒有這些觀念，批命是相當不準確的，可能連五成的命中率都扯不上邊，還有可

能流於套命，所以搞懂陰陽概念相當重要！

以上就是基礎觀念，當你懂得這方面的基礎，批八字就再也不用其他的特殊規則，最基礎的規則就能批論所有的八字，如果你能駕輕就熟這些理論，學八字將會相當快速，因為最有用的就是這些最不起眼的理論，假以時日練習修正，批命功力自然就會更上層樓，八字的陰陽五行及生剋基礎，你熟悉了嗎？

你一定好奇，既然不是你想像的那一回事，那麼問題出在哪裡呢？大運不是決定五年(天干地支各管五年)的運勢嗎？

依據實務的經驗，大運決定的是十年，我們知道大運一柱是十年，天干歸天干，地支歸地支，天干和地支不拆分前五年和後五年，干支有各自的流年氣法，且要詳看流年的主要五行為何，假設一個八字用神是水，好不容易走到了水的大運，我們就暫時把這十年當成是水的十年，但是千萬不能認為就要好十年了，不然可能會讓你失望五年以上。

此時就須對照大運與流年的關係，因為你要水，也走到水的大運，但這個水對八字本命來說是外來的，此時將大運當成你的客人，把流年當成是保全，客人來你家，保全就得顧門，客人進門就要看保全的臉色，能不能進門關鍵在保全。

比如今年流年是土，大運用神水就會怕土，因為土剋水，所以大運是水，你的客人被流年保全趕走了。若是要金的話就很不錯，但必須瞭解一件事，這些都只針對某一部分的好運，而非全部皆好運，因

為五行的流通不同，流年水就會進來水，流年火就會進來火，但同時也會造成某些五行受傷，人生不如意事十有八九，此乃一失一得的宇宙定律。

當你明白保全的看家本領，瞭解到大運並非代表你未來幾年皆是好運，也有掉入衰運和平淡無奇之時，命運操控在流年的保全身上，這樣一來你對八字的認識將會更全面，觀點也會更客觀，想用八字看透人生的鉅細靡遺，其實仍存在許多盲點，如果不考慮流年與大運關係，容易大錯特錯。

別忘了！八字尚有五行生剋制化的情況，若是忽略考慮，單純只抓用神看大運，那麼學八字就跟猜的沒有兩樣了，這也是學習命理的通病，被用神所迷惑，認為用神到了就一定有好運，但答案往往卻是大相逕庭，因為用神會隨著歲運說變就變。

3-5-3 流年流月生剋心法

1. 觀看動態命盤時，流年和流月優先起作用。

2. 流月不可與本命盤和大運互動，除非流月進位取代大運或流年。

3. 如果本命或大運在流年出干，流年被流月所剋，則本命或大運皆會受傷。

4. 流年和流月的作用，可分成以下五類：

(1) 流年生流月

A. 流年的力量被洩。

例：流年為子，流月走寅卯木均可洩子水氣。

B. 流年可與本命和大運互動，但要考慮流年的力量被削弱。

例：流年為庚，流月甲(其剋之)、壬(其生之)均可洩庚金之力量。

C. 流年可與本命和大運互動，但要考慮流年的力量被增強。

例：流年為庚，流月戊、己、庚、辛均可增加庚金之力量。

(2) 流年剋流月

例： 流年為庚，流月走甲，甲木受傷。流年為子水，流月走巳午火皆
會受傷。動靜態無合，流月在城牆外作用，本命若無相同五行，
則受傷的力量相對減輕。

A. 流年的力量被洩。

B. 本命和大運無法通關流年剋流月。

C. 流年可與本命和大運互動，但須考慮流年的力量被削弱。

(3) 流月生流年

例1：流年為庚，但庚金進氣為四月，於九月後消失，故戊己土均不
能生庚金氣。

例2：流年為子，流月為申、酉均可生旺流年子水，此時水旺。

A. 流年的力量被加強。

B. 流年可與本命和大運互動，但須考慮流年的力量被增強。

(4) 流月剋流年

例：流年子水在辰、戌、子月均會受傷，天干庚氣在庚月及丙月受傷，
若在丙月受傷，其後將消失三個月。

A．流年被剋，代表受傷消失。

B．本命和大運無法通關流月剋流年。

C．流年無法與本命和大運互動，因為流年暫時受傷消失。

D．流月不能與本命和大運互動，因為沒有進到流年位置。

(5) 流年流月合

例：天干流年為庚，流月走乙，乙庚合。地支流年為子，流月走丑，
子丑合。

A．流年和流月暫時無作用。

B．流年無法與本命和大運互動，因為流年被合住動彈不得。

C．若流年與本命合，流月即可進位取代流年位置，並與本命和大運
互動，直到流年再次出現。

補充：天干跨年氣的應用

這套跨年氣的法則，為很久之前胡老師的理論，五行八字這幾年
已經過修正，在此提供與讀者分享。

問題

(1) 甲木為何從癸年的 11 月甲子月開始？

(2) 丁火開始於丁年丁未月而不是從前一年？

解說

(1) 以出國旅行做比喻，出國須具備 2 個條件，其一是我方的政府放行，其二是他國的政府接受，方法是以當年的 1 月、2 月，前一年的 11 月、12 月為基準，當年的 1 月、2 月代表我方政府，去年的 11 月、12 月代表他國政府。

以甲年為例，1、2 月是丙寅，丁卯月，為木火相生，故我方政府同意放行，前一年癸年 11、12 月是甲子，乙丑月，沒有對甲木構成傷害 (五行相剋)，故他國政府也接受，當 2 個條件都成立的情況下，甲木即會提前從前一年的甲子月，開始走第一階段 (癸年 11 月到甲年 5 月)。

(2) 再談丁年，1、2 月是壬寅，癸卯月，組合為水火剋合，故我方政府不同意放行，在一個條件都不成立的情況下，丁火只能從丁年的 6 月丁未月走到 12 月的癸丑月，換句話說只要任何一方條件不成立，天干五行就不會從前一年提前開始出現，只能在當年走短短的幾個月就結束了。

總結

甲年的乙亥月有甲木和乙木，丙子月有甲木乙木丙火，丁丑月有甲木乙木丁火，戊寅月有甲木乙木戊土，但戊土會受傷，假設戊土是財，則此月會破財，其實最嚴重的應驗期會發生在 2 月的己卯月，因為甲木和己土剋合，何謂剋合呢？

甲木將己土緊緊抱住讓己土無法掙脫，乙木若在此時出現則可輕易剋掉己土，所以己土受傷一定比戊土受傷還要來得嚴重，若欲斷此人糖尿病的應驗期，此月一定會加重病情（己土為脾胃），3月庚辰月庚金剋掉甲木，當甲木受傷時，氣就完全停止了。

3-5-4 缺不等於要

早年學習八字，都有一個先入為主的觀念：缺什麼就補什麼。

包括客戶朋友，也都異口同聲的問我：「老師，我的八字缺什麼？如果缺水，該如何補水？」

自從接觸了五行八字，發現缺不一定為我們所要，有時候在歲運出現，可能帶來更多的麻煩，平常沒走到反而沒事，因為缺的五行，代表在八字裡很平穩，雖然不是個人強項，但也不會隨著命運起漣漪。

要知道，「沒有」不等於「差」，取而代之是「穩定」與「不易受影響」，躲在家裡不出門，敵人無法攻擊你，只有穩不會差，但平常若不努力，也很難有所成長。所以本命缺少食傷的人，在大運流年碰上便會出現兩極化，存在受傷的機會，也有提升的可能，一切取決於能力的培養。

比方說，某人官星多缺比劫，行事獨來獨往，平常鮮少與人互動，朋友主動邀約合作的機會並不高。有一天走到比劫歲運，朋友和客戶自然多了起來，但也容易遭人嫉妒或閒言閒語，因為官殺會剋比劫。

別相信缺什麼補什麼，決定運勢的根基，在於五行流通與排列組合。

現在我用一個學生實例解說，相信大家就能明白，此例僅供學術參考。

時	元男	月	年	大運	流年
丙	丁	戊	乙	癸	丁
午	巳	寅	巳	酉	酉

90	80	70	60	50	40	30	20	10	大運
己巳	庚午	辛未	壬申	癸酉	甲戌	乙亥	丙子	丁丑	虛歲

生於立春後 28 日 2 時辰

大運 9 年 4 個月又 20 日上運

每逢甲己之年小暑後 18 日交脫

我們從本命可推得，天干乙木生丙火生戊土；地支寅木生午火。你看！這是多麼漂亮的八字，干支五行一氣順生。等等，這不過是先天的基因，我們只須知道龍頭即可。

你可能會問我：「老師！命裡缺金怎麼辦？八字無財是否一生窮困？」

請看一下甲戌大運，你認為這十年的財運是好還是壞？天干印生

259

比劫，地支印生比劫生食傷，五行氣勢流通順暢，身強又有食傷，這十年可是四家公司的大老闆，身價好幾億呢！八字無財又如何？

大運一交癸酉，才是真正噩夢的開始。

現在，換文堡老師來考考各位囉！

問題一：請問丁酉年賺錢還是賠錢？

在這十年大運中，無巧不巧碰上丁酉年，此年心血來潮，找了香港某一位大師論命，大師看完命盤直接跟我學生說：「朋友！你今年要開始走運了，切勿錯失投資發大財的機會喔！」

當下學生反應為何？當然二話不說，直接往賭場試手氣。

結果呢？輸錢輸了近兩億，請注意是人民幣。

八字不是缺金嗎？走財星應該要更好，怎會輸到脫褲呢？傳統八字身旺任財官只說對了一半，但它並沒有告訴你，必須考慮整體的五行流通，本命三顆火，外加寅木龍頭助拳，走申金看不到財，走酉金只能任憑挨打，走財必破財，何財運之有？

運用邏輯推理八字，簡單又易懂，排列組合很重要，你說對吧！

千萬別質疑我，怎沒警告學生不可賭錢？很簡單啊！2017 年我們根本未曾認識呢！

問題二：甲戌大運戊子年辛酉月生病住院怎麼看？

時	元男	月	年	大運	流年	流月
丙	丁	戊	乙	甲	戊	辛
午	巳	寅	巳	戌	子	酉

解說

探討主題前，文堡老師額外補充一個觀念，一般人水若受傷，健康上除了腎臟泌尿系統（約佔7成），亦能代表消化功能（約佔3成），你會說腸胃問題不是要看土嗎？沒錯！但水受傷也可能吃了壞東西拉肚子，怎麼說？水份若要從體內排出，除了皮膚之外，還有兩種方式，其一為尿道，其二為肛門，排尿大家可以理解，但這和肛門有何關係？簡單，腹瀉由肛門直洩而出，拉出來都是水份，不就等於腸胃失衡了！所以水受傷也能代表消化功能出了問題。

另外水受傷，也可代表聽力受損、血癌、陽痿、女命婦科代謝不佳。

回到正題，辛酉月為何暈倒住院呢？因為大運甲木在前，流年戊土一進氣即被打，稱之為斷氣。此時辛金即可進位與本命作用，但這一進來可就不妙，時干的丙火被合走，無力救起受傷的戊土。

甲木剋戊土為印剋食傷，別忘了甲木也會洩，食傷受剋除了判斷錯誤，亦指生病失去自由，因為印星的關係而住院。地支子水進氣，被大運戌土剋傷，水亦出了一點問題。整個八字主要關鍵在於天干戊土受傷，但因地支仍有印星比劫，生病住院只是受到流月影響，翌月

丙火復活即能相安無事。

實證：辛酉月命主因心臟停止被送醫住院。

此題須從斷氣來看，屬於高階批命技巧。

問題三：癸酉大運己亥年己巳月可能發生何事？

時	元男	月	年	大運	流年	流月
丙	丁	戊	乙	癸	己	己
午	巳	寅	巳	酉	亥	巳

解說

己巳月，天干戊癸合，地支寅亥合。地支巳火進位至流年，代表地支日主出干，流年亥水雖被合，但力量仍強（別將合當消失），當流日走子水或亥水，巳火即會全軍覆沒，地支日主受剋，壓力大不開心。

實證：命主此月情緒不穩定，因日主受剋在地支，故鮮為人知。

問題四：癸酉大運己亥年辛未月得財怎麼看？

時	元男	月	年	大運	流年	流月
丙	丁	戊	乙	癸	己	辛
午	巳	寅	巳	酉	亥	未

解說

辛未月,天干戊癸合,地支寅亥合。因動態有合,未土欲傷流年亥水,但因進位問題,與本命午火相合,陽火暫時被拉走,酉金財星受傷減輕,須論斷財運好轉。

實證:命主此月得到意外收穫,金額為千萬以上。

八字充電坊 15 :案例－流月引爆的行車意外

這是一位好友提供給我的實例,從流月體悟生命的無常,人的運勢總是千變萬化,所謂天道無常而有常,人道有常卻無常,生活中的很多意外,我們其實可以小心避開危機點,然而在八字中,在事物發生變化前會有一個醞釀期,這個關鍵字就是我很討厭的「合」。

話說主角是一個小男孩,我朋友客戶的小孩,去年丁酉年發生嚴重車禍,傷勢頗重,但幸好撿回一命,受傷部位在身體的右側,事故發生在 2017 年 12 月底,小孩的母親非常的內疚,想問今年若透過手術治療有無康復的機會?

時	元男	月	年	大運	流年	流月
壬	庚	丙	丙	X	丁	壬
午	午	申	申	X	酉	子

88	78	68	58	48	38	28	18	8	大運
乙巳	甲辰	癸卯	壬寅	辛丑	庚子	己亥	戊戌	丁酉	虛歲

生於立秋後 9 日 1 時辰

大運 7 年 4 個月上運

每逢戊癸之年大雪後 9 日交脫

先來看天干的排列組合,同時也讓各位看倌動動腦,日主為庚金,年干及月干共有兩顆丙火,時干為壬水,請問先天的日主是否有受傷呢?答案其實是見仁見智,無論如何這個八字已存在危幾點,可以確定的是一旦壬水被收買,凶象就會爆發,而且力量會是平常的好幾倍。

我們用邏輯推理來分析這個八字,天干兩個丙火對日主早已虎視眈眈,幸好有壬水這個保護神來解圍,地支午火剋申金,無論天干或地支,都出現岌岌可危的現象,這也是危機所在之處。不幸在 2017 丁酉年,丁火合掉壬水,丙火官殺直接攻剋日主庚金,出現車禍意外受傷,七月到十二月是流年的危險期,但特別要留意十二月,看到這裡你一定會有疑惑,為什麼出事的時間在十二月而不是七月呢?除了地

支子水能剋午火，救出一個申金比肩稍稍增旺了日主，天干的部分就留給讀者動腦思考，你會發現八字真的很有趣。

這個小男生要到 2023 年才會上大運，童年和青少年時期都受到官殺的壓制，從生理和心理層面來分析，童年的事故難免會在心中埋下陰霾，建議母親平常多給予小孩心理上輔導及鼓勵，讓孩子有個快樂的童年。今年 2018 戊戌年，天干戊土剋壬水，地支火剋金幸好有戊土通關解圍，危機看似沒有解除，但事物一定會出現轉機，流月的危機點在四月到十月，特別要留意的月份在十月，所以建議盡量避開十月動手術，2018 是危機和機會共存的流年，建議媽媽不用太過於擔心，最終將會有滿意的治療效果，土和金是孩子此階段最佳的用神。

從八字來看，發生這樣的事故實屬不幸，如果事故發生前能得到預警，相信可以降低意外的傷害，實務上只批算流年的吉凶永遠不夠，能夠指出一個相對應的月份時間，才能領悟到八字的核心，若只在乎流年而忽略流月，流於在本命上打轉忽視危機點，這套學術可說是於事無補。

3-6 保護神就在你身邊

多數人都以本命的身強身弱來研習八字,但假如是強弱的問題,依照傳統命學的理論,食傷洩身的日主應該會更弱,但實際上反而沒事,所以日主能夠得益或脫困,關鍵在於同黨的保護神,與本命的強弱無關,所謂同黨即是印比和食傷這三個十神星,記得當你走到日主受剋的衰運,請多運用這些同黨來降低不順的運勢,才能真正發揮保護神的作用喔!

3-6-1 保護神的概念

五行八字雖然採用干支分開論命準則,然而實務上仍有一些日主受剋的案例,並不代表一定會出事,大家知道原因出在哪裡嗎?答案是保護神發揮了作用,所謂保護神即是印比和食傷,比方說天干日主受剋,假如地支有印比或食傷,這時可以減輕日主的傷害,因為本命來救都是日主的熟人,或者說靠著行動力改變了運勢發展,讓事物不往壞的方向轉移,一般來說這些人能夠幸運度過難關,平常都會紮下廣結善緣的果實,有一部分人則因宗教信仰拉了自己一把。

五行八字的批命規則,干支必須拆開來論,但是大家別忘了,一個八字其實要觀看整體命局,無論怎麼拆,最終結果仍要透過邏輯思考做出推理分析,我們假設歲運天干出現日主受剋,地支也正好走到比劫剋財,此時我們就可以輕易判斷,該年存在很高的破財機率,

因為比劫剋財帶給日主極大的壓力，更要留意財生官殺剋日主的時間點。

以男命來說，因財惹禍造成的壓力更加擴大，不單是破財，同時婚姻亦可能付出代價，這些論命的方式與傳統八字截然不同，完全顛覆了傳統身強身弱與喜忌用神的枷鎖。身為一個研習學術的命理師，我必須斬釘截鐵地說：保護神與傳統身強身弱一點都沾不上邊，從社會觀看現代人的變化，然後整合生命的運程，才是學習八字的不二法門。

現在回歸本節的主題，何謂保護神？以白話來說，保護神指的就是你的家人，他們能夠為你遮風擋雨，保護你不受壞人的侵犯，想像一下，若有一天小偷（官殺）闖入空門，家裡卻空無一人，此刻的你是否會感到恐懼身陷麻煩呢？也許你可以用一己之力獨自對抗，讓壞人束手就擒，但小偷也有可能失手傷害你。如果家裡有父母、兄弟、小孩，在人多勢眾的情況下，一般來說壞人多半居於劣勢，發生傷害的機率將可大大降低。

總結一下，保護該五行不受其他五行傷害稱之為保護神，除了日主之外，干支其他的十神也有各自的保護神。

有句話說得好，保護神的作用，就是我背後有你看不見的靠山，您認為呢？

3-6-2 保護神的種類

一個五行 (包含日主) 通常都有三個保護神：

(1) 生我的印星

(2) 我生的食傷星

(3) 同我的比劫星

請看下圖：

保護神概念

戊丙甲丙

寅子午申

日主為丙火，干支五行的保護神如下：

天干

(1) 日主：保護神為甲木、丙火、戊土。

(2) 丙火：保護神為甲木、戊土。

(2) 戊土：保護神為丙火。

(4) 甲木：保護神為丙火。

地支

(5) 寅木：保護神為子水、午火。

(6) 子水：保護神為申金、寅木。

(7) 午火：保護神為寅木。

(8) 申金：保護神為子水。

靜態保護神

　　靜態的保護神指的就是本命的八字，若消失或受傷，日主或該五行則會發生問題。

例：丙辛甲壬

　　日主為辛金，丙火對辛金早已虎視眈眈，但因為有壬水保護神，辛金倒能相安無事，若要收買或殺死日主的保鏢壬水，有以下四種方法：

(1) 大運或流年出現丁火。

(2) 大運丁火配流年壬水。

(3) 流年丁火配流月壬水。

(4) 流年壬水配流月丁火。

動態保護神

　　指的是本命 + 大運 + 流年的組合。

例：午辰辰午

　　日主為戊土，大運為子水，流年為申金，保護神如下：

(1) 大運子水：流年申金可通關子水。

(2)流年申金：本命辰土＋大運子水。

(3)地支日主：本命午火＋流年申金。

保護神的種類①印星

時	日主	月	年	大運	流年
壬	甲	庚	戊	丁	壬

（問題）日主甲木的保護神為何？

（解答）時干壬水印星。

（解說）印星壬水具有保護日主的作用，不幸大運流年丁壬合，等同本命壬水一起帶走，當日主保護神不見，戊土生庚金直接剋殺甲木，日主受剋嚴重，此年生活容易出現諸多不順，壓力破表，須留意因財惹禍之事。

保護神的種類②比劫星

時	日	月	年	大運	流年
戌	丑	午	未	卯	寅

（問題）日主為己土，請問丑土的保護神為何？

（解答）時支戌土比劫星。

（解說）本命午未合，剩下戌土與丑土，戌土可幫丑土擋殺，故戌土是丑土的保護神。大運卯木合走時支戌土，戌土被拉走暫時失去作用，流年寅木即可傷害日支丑土（注意寅丑不論暗合），此年出現

地支日主受剋，容易為工作生活感到煩躁，地支為實象，代表少為人知，有口難言。

保護神的種類③食傷星

時	日主	月	年	大運	流年
（甲）	癸	（甲）	戊	（己）	甲

（問題）日主癸水的保護神為何？

（解答）月干＋時干的甲木食傷星。

（解說）本命兩個甲木傷官星可抵擋戊土正官，當大運流年甲己合，等同本命的兩個甲木暫時失去作用，日主保護神不見，戊土可直接剋殺癸水，傷官合官可解釋因起心動念開公司當老闆，最後出現官非訴訟。

3-6-3 保護神實例解說

實證案例 1

時	元男	月	年	大運	流年	流月
（甲）	乙	庚	（丙）	癸	（己）	（辛）
（申）	酉	寅	（寅）	巳	（亥）	未

（問題）命主想在己亥年辛未月投資擴點，你覺得適合嗎？

（解答）不建議。

（解說）日主的保護神為丙火及甲木，流年己土於己巳月出干合

走時干甲木，此時食傷的力量減弱了，辛未月辛金進位，合走年干的丙火，甲木與丙火暫時被綁住動彈不得，對日主來說可是一個危機點，因為庚金會剋合日主乙木。

再看來地支，大運巳火合時支申金，食傷進不了本命作用，流年亥水合掉年支寅木，此時流月即可進位與本命作用，寅木剋未土主破財。當天干出現日主受剋，地支亦逢比劫剋財，不是一個投資及擴點的好時機。

實證案例 2

時	元女	月	年	大運	流年	流月
丙	辛	壬	戊	丙	甲	丙
申	未	戌	戌	辰	午	寅

（問題）命主適合在甲午年開店做生意嗎？

（解答）上半年不建議，下半年還 OK。

（解說）2019 年客戶提到甲午年生意如何？當時我只看流年而忽略流月以致批錯，證明老師也是人。本命先天印剋食傷，甲午年看似一氣順生財官運亨通，事實上開服飾店賠了一大筆錢，乃因生意不佳，原因出在哪裡呢？光看流年絕對無法得知，流月才是導致破財的最大關鍵。

首先看地支，午未合，本命有申金在，流月走寅卯木財星進不來，不是被剋就是被合。再來看天干，壬水的保護神為甲木，但你要瞭解，流年的甲木氣並不穩定，戊辰月甲木剋戊土，甲木洩；己巳月到癸酉

月，甲木財星受傷消失，當甲木不在，本命立即回復到食傷受剋，認真說起來，財運較佳的時間是在甲戌月後，然而此客戶卻在秋季前結束營業，故斷生意不佳。

流月險招、殺招暗藏，若不明辨，謬以千里！

八字充電坊 16 ：案例－劉真是否為真？

提筆寫這篇文章，內心感慨萬千，天道無常而有常，人道有常卻無常，演藝圈痛失了一位奇才，文堡老師也深感難過與不捨，在此祝福她能一路好走。

說實在話，我幾乎不批名人的八字（這是本書的唯一案例），為什麼？理由很簡單，你從何得知八字的由來？出生時間的準確度？同時別忘了，民國 64 年（西元 1975 年）日光節約時間落於陽曆 4 月 1 日至 9 月 30 日之間，當事者出生時，有否校正過真太陽時？

搜尋了網站資料，出現好幾個版本的出生時間，有戌時，有子時，也有巳時，到底哪一個才是真正的時辰？可信度有多高呢？

命理界有個很大禁忌，一般客戶找老師算命，通常我們只能寫出八個字，絕對不能公開命主的名字（連姓都不行），以及住在什麼地方，只能說曾經碰過這樣一個案例，因為這關係到個人的隱私，同時也是命理師應有的職業道德。

OK！我們回到正題，假設當事人出生在巳時好了，八字分析如下。（我也是事後套命）

時	元女	月	年	大運	流年	流月	流日	流時
癸	丙	壬	乙	丙	庚	己	甲	乙
巳	戌	午	卯	戌	子	卯	子	亥

　　本命日主受剋不足為奇，生下來的 DNA 即是如此，但也代表為人自律守法，地支兩顆比劫生食傷才華洋溢，八字很好啊！沒錯！但這只是本命的現象，打從娘胎出生的那一刻，經過動態與本命的作用，早已不是原本的八字了。

　　現在我們來說重點，大運丙火的氣優先到來，對日主來說可是好事一樁，因為有人幫忙擋殺（替死鬼），日主脫困沒事。流年走到庚金，優先到來的大運丙火，可殺死後到來的流年庚金，意即流年庚金受傷代表此年斷氣，再加上己卯月，庚金尚未進氣，所以乙庚無合之理，此時流月的己土進到城牆內，癸水生乙木剋己土，己土重剋。

　　另外補充一點，大運走丙火，乙木已弱，丙火被壬水剋亦洩於流月己土，丙火早已弱不禁風。再看地支，大運及本命戌土合卯木，等於卯木被合了兩次，流年子水剋午火，流月卯木也被戌土合到完，無法搭救午火，故地支呈現日主受剋，本來子水可以生卯木來救午火，**因為合的關係，子水官殺來時，想請卯木醫生幫忙，但戌土始終抱住卯木，不但救不到午火，反而越幫越忙。**

　　干支食傷受剋又被合，若當事人來批命，我一定建議她此月開刀不宜（事後諸葛請跳過）。

　　3月22日流日為甲木，甲木的氣從午時到酉時受傷在家休養，直到戌時才正式康復出門，然而一出門時就被己土給綁架，當流年，流

月，流日都空出了位置，流時即可進入城牆與本命的其他五行作用，壬申時的確會造成干支同時日主受剋，但為何沒有在申時死亡呢？很簡單，因為本命的乙木尚在（前面講過乙庚無合）。

根據新聞報導，劉真因腦壓過高，於台北時間 3 月 22 日晚上 22 時 22 分不幸逝世（經過校正真太陽時為 22 時 21 分），而 22 時 22 分的流時正好是乙亥時，乙木出干同時又進到了城牆，容易出現危機點，因為 22 時 21 分到 22 時 30 分的流分為甲申分，此時流時的乙木尚未復活，代表本命的乙木印星亦受傷不在，天干日主頓時失去了保護神，地支的流月卯木不用看嗎？當然不用，一進城牆立馬被戊土收買了，無三小路用，且流年子水與流日子水一起狠狠為奸，殺死本命的巳火及午火，地支日主受剋外，同時也失去了保護神。

也許你會說，天干只留下一個癸水，根本傷不了日主，怎麼會在這個時間往生呢？

我們將身強身弱拿出來複習一下，**一般來說日主受剋指的是緊急突發的意外事件**，比如瞬間車禍或意外身亡，這類型的死亡通常都是身弱兼日主受剋。但若是生病往生，日主不一定要受剋，**只要讓當下的比劫＋印星＋食傷星變弱即可，常見的三種方式分別為被合，被洩或受傷。**

當然，此案例僅供參考，畢竟網路流傳的時辰是真是假，只有當事人自己知道了。

另外，本篇堪稱本書最難的推理心法，若讀者看不懂不必灰心，這是很正常的現象，當你有天打通五行八字的任督二脈，即可如夢初醒、恍然大悟。

3-7 學會拆合過城牆

　　什麼是拆合？顧名思義就是將原本一對相合的五行強制拆開，本命靜態的合，就得靠動態的五行來拆開本命的合。比如本命天干戊癸合，動態走戊或癸即可拆合，但須留意拆開以後，放出來的五行，是否會被本命其他的五行所傷，或者去剋其他五行，這是什麼意思呢？以下我用一個實例解說，你就能看懂了。

3-7-1 拆合基本功

時	元女	月	年	大運	流年
己	庚	癸	戊	戊	己
卯	寅	亥	申	午	亥

　　首先來看天干，有一個戊癸合對吧？前面曾談到，所謂的戊癸合，指的是癸水承認自己的條件很 Low，才會選擇入贅戊土，你可能會問我：「老師，時干的己土可直接殺癸水放出戊土嗎？」這可行不通，本命的合猶如一對戀人，己土欲打癸水絕對拆不了，為什麼？**因為戊土仍然會將癸水合回來**，想拆散一對熱戀中的男女談何容易！反而在己土的幫助之下，土的力量更加茁壯了，我們發現在這個合的關係中，戊土強癸水弱，如果要批此命的先天性格，你該怎麼批？簡單，不就是偏印強傷官弱嘛！代表此命易受長輩控制行動與思想，或者年

幼被保護得很好，個性內向保守，喜靜不喜動，如何！是不是很簡單呢？

然而，這只是先天的特質，你能說一輩子皆是如此嗎？別忘了，**人的性格會隨著時間及環境而變**，現在，我要表演一段搞破壞的即興節目，請接招！

在這個戊午大運會碰上戊戌年，流年走到戊土，一定會有受傷的時間，因為流年戊土出干，**代表本命及大運的戊土也一併跑出來玩**，當流月走到甲木，從戊土的背後狠狠戳上一刀，戊土不就完蛋了嗎？此時包括流年，大運，本命的戊土全都無一倖免，戊土ＧＧ之後，本命的癸水會被放出來。

此時你會說好棒棒，終於脫離長輩的控制重獲自由了，且慢！本命還有一個己土在等著你啊！癸水無法成為己土的囊中物，乃因戊土將癸水緊緊抱住，己土才無法得逞，就好比一個小兵欲殺死敵人，但將軍卻想留活口，然後跟己土小兵下令：「聽好！此人暫時由我代管，其他人絕不可動手，也不能趕盡殺絕。」

現在戊土將軍被甲木殺死，癸水失去了保護，己土小兵早已暗自竊喜，等待多年終於等到你了，最後癸水一命嗚呼，但別忘了己土也會洩哦！本來被合住沒事，現在被放出來問題更大條，我們來複習一下印剋食傷：「心生退志，能力不足，懷才不遇，有志難伸，情緒不穩，財運不濟。」

3-7-2 城牆概念

　　說完了天干，我們來看地支，本命寅亥合，申金剋卯木，在這個合的關係中，你要如何批出此人的內心戲呢？申金是陽金，本來要殺寅木出氣，然而卻是毫髮無傷，因為亥水將寅木帶進防護罩，於是申金只好找卯木代替，當寅木失去了卯木也會心生畏懼，別忘了陽申金也能給陰亥水力量，故寅亥合為亥水強寅木弱，食傷強過於財，代表私下我行我素，不喜聽取他人意見，容易衝動消費，買東西著重感覺。

　　這種拆合，無疑是給自己挖了一條深坑，自尋死路！

　　現在大運來一個午火，申金倒楣（日主受剋，但天干有印不怕），促使卯木復活，寅木剛好刷存在感，當寅木一強，亥水就會轉弱，偏財強食神弱又代表何意呢？通常指不須辛苦付出，即可賺到錢享受生活，意即不勞而獲。流年亥水一進來，就得注意受傷的時間。

　　我曾說過，本命是我們的底牌，大運流年猶如一條護城河，流月欲進來與本命參戰，必須等這座城牆不攻自破，否則它永遠只能跟城牆外的流年互動，**所謂的不攻自破，代表大運流年被本命任一五行收買或斷氣，流月才能進得了城牆，與本命其他的五行作戰；但假如這座城牆很堅固，流月只能跟流年發生作用。**

　　回到這個女命，一樣只看地支，你會發現，大運流年這道城牆很堅固，有太歲的亥水頂著，流月根本無法進城，只能與流年打交道，當流月走到**辰、戌、丑、未、亥月**，一旦亥水撐不住而受傷，本命寅

亥合的防護罩將會被打開，然而放出了寅木，也不是一件好事。因為寅木生午火剋申金，加重了申金受傷，這種類象該如何闡述呢？不難！財生官剋日主，可能將錢幫助了朋友，最後被擺了一道；也可能因為愛上某個男人被騙財騙色……。看到這裡，你可能會問我，發生問題的起因點又是什麼？這也難不倒文堡老師，還記得印剋食傷嗎？容易因一時心軟，做出錯誤的判斷與選擇。

我們來總結一下：

（1）天干戊癸合，本命的己土無法剋癸水拆合。

（2）地支寅亥合，本命的申金無法剋寅木拆合。

（3）天干戊癸合，大運戊，流年甲，甲剋戊，放出癸水。

（4）天干戊癸合，大運癸，流年己，己剋癸，放出戊土。

（5）地支寅亥合，大運寅，流年申，申剋寅，放出亥水。

（6）地支寅亥合，流年亥，流月辰，戌，丑，未，地支四土剋流年亥水，放出寅木，但流月的時效很短暫。

（7）流年剋大運，拆合時間長；流月剋流年，拆合時間短。

另外補充，天干拆合和與地支拆合有著天壤之別，觀念完全不同，請看下面的案例：

時	日	月	年	大運	流年	流月
申	寅	亥	丑	寅	亥	戌

解說：本命申金拆不開寅亥合，流月戌土也打不開動態的寅亥合，戌土直接過城牆進位，與本命其他的五行互動，戌土生申金，金很旺。

3-7-3 拆合規則解說

問題1：流月辰土能否拆開大運流年的子丑合，放出子水？

時	日	月	年	大運	流年	流月
卯	(子)	寅	辰	(丑	子)	辰

學生批法：可以拆合，動態已合，流月可進位，雖然本命有寅木，但也有辰土，故流月辰土強。流月辰土剋流年子水放出丑土，本命子水一同受傷，寅木從剋一土變成剋三土，洩得很夠力，請問老師這樣的批法是否正確？

老師解說：觀念錯誤！此例無法拆合，因為**動態的大運流年合，要將它視為與本命的合相同**，辰土無法拆子水放丑土，而是直接進位到大運位置與本命作用。當日支的子水被合，寅木少了子水的幫助下，又跑去剋辰土，此時寅木會轉弱，現在流月多了一個辰土，寅木從原本剋一個變成剋兩個，故辰土會轉好，對寅木來說，會洩得很夠力。

學生求救：假如不能拆合，子水是否也會受傷呢？

老師補充：流月辰土旺，辰土傷不了子水代表無法拆合，但土一強時，水也會變弱。

問題2：流月卯木能否拆開大運流年的子丑合，放出

子水？

時	日	月	年	大運	流年	流月
子	丑	寅	申	子	丑	卯

學生批法：可拆合，本命及動態子丑均合，流月卯木剋丑土，放出兩個子水，申生生子生再生寅木，好事！

老師解說：不可拆合！動靜態子丑合，卯木即使剋丑土，拆開的子水仍舊會合回丑土，本命維持申金剋寅木，流月多一個卯木，申金會洩，但寅木受傷並不會減輕。

學生求救：流月多一個卯木，不是可以幫助寅木嗎？老師為何說寅木受傷不會減輕呢？

老師補充：因為卯木為陰，申金為陽，對寅木來說，卯木可說是無三小路用。假若流月換成寅木，則寅木可脫困或增強。另外，本命申金也能生被合住的子水，子水不會洩寅木，故卯月須論斷申金及子水均弱。

問題 3：大運丁流年癸，可否拆開丁壬合？

時	日主	月	年	大運	流年
丁	丙	壬	戊	丁	癸

學生批法：不能，因為本命有戊土，有合先論合，戊癸先合，故不能拆合。

老師解說：答對！本命丁壬合，拆合的條件動態必須走到丁或壬，但流年癸水會被本命戊土合走，故無法拆合。

學生求救：假設將年干換成庚辛金，癸水能剋丁火放出壬水嗎？

老師補充：年干若是庚金，癸水在庚金的幫助之下，可以輕易剋掉大運丁火，當大運丁火受傷，時干的丁火也一併 GG，此時壬水會被放出來，形成庚金生壬水剋丙火，財生官剋日主，這可不是好事啊！拆合反而衍生更嚴重的問題。

看到這裡，相信讀者對拆合有一定程度的瞭解，現在我放上一部客戶實例的影片，讓大家加強學習，請掃描右方的 Q R 碼。

己亥年拆合應用

八字充電坊 17 ：案例－食傷合財發大財？

以下為一位學生所提供的實例，請聽我細細解說。

時	元男	月	年	大運	流年
己	辛	丙	庚	庚	己
亥	酉	戌	申	寅	亥

79	69	59	49	39	29	19	9	大運
甲	癸	壬	辛	庚	己	戊	丁	虛
午	巳	辰	卯	寅	丑	子	亥	歲

生於寒露後 7 日 5 時辰

大運 7 年 6 個月又 20 日上運

每逢戊癸之年立夏前 3 日交脫

五行分析

天干：本命丙火剋庚金，己土很難通關庚金，動態多出一庚一己，有印星和劫財來助。

地支：本命戌生申金，申金酉金生亥水順生，流年亥水出干，大運流年寅亥合，本命的亥水亦被拉走，剩下土金，水弱。

老師解說

我們觀察到寅木大運，一出來即合走本命的亥水，當流年再來一個亥水，等於寅木被合了兩次，這可不是值得慶祝的事，為什麼？你可能會說：「老師，傷官合正財不是代表發大財嗎？怎麼被你說得一文不值呢？」

有這樣疑問的人代表你很用心，首先要知道，這個八字本命並沒有財星（亥水不看藏干），千萬別批人家一輩子窮困潦倒，當心被打槍！我曾說過本命無財，代表一生的財運很平穩，不容易有浮動，你看到了嗎？

以傳統八字來說這是身強的八字沒錯吧？一交到庚寅大運，天干的己土洩得夠力，印星一弱自然不想選擇上班。地支寅亥合為財合傷官，意思就是財影響我的思想意念，加上流年再來一顆亥水，財星被合了兩次，財運簡直是弱到不行，代表有生意做，但實際上卻收不到

錢。

聽當事人說，己亥年一交立春就開始破財，怎麼看？不難！丙寅月與丁卯月，財星根本進不來，卯月更慘，干支的比劫及印星均弱，身一下子變弱如何任財官？

財在男命代表可支配的一切，比如伴侶、財產、寵物，車子。

最後我們來談何謂破合破財？

本來大運流年合，辰土無法剋亥水拆合，但別忘了，辰月一定會走到亥日（一個月起碼會碰到2～3天），當亥水被剋，此時寅木被放逐出來，演變成申金剋寅木，這可是劫財剋財啊！傷官被揍財也被剋，豈無破財之理？看到這裡，你也許感到一頭霧水，嚴格來說不會一整個月都在破財，然而只要一天即可讓你負債累累，跌入萬丈深淵。

戊辰月有印星比劫斷身強，表示仍有貴人、朋友幫忙，沒事！

重點整理

→ 亥水受傷，主心情低落或交通事故，男命與妻子或父親發生爭執的機率高。

→ 此命一生朋友很多，基本上運程很穩定，但己亥年較不順利。

→ 真實情況：陽曆4月到5月間破財，收不到帳款。

→ 2021辛丑年：留意辛金不在的時間，日主受剋壓力大。

對食傷合財有興趣嗎？文堡老師重啟了這堂教學影片，歡迎掃描右方的QR碼觀看。

食傷合財實例解析

3-8 五行四時與調候

　　所謂五行即木火土金水，四時指的就是春夏秋冬，意思就是五行圍繞在一年四季中，木火土金水無時無刻皆有。由於四時變遷，冷、熱、燥、濕的不同，故五行受到自然環境及季節影響，出現旺衰起伏之循環。旺者五行，會由旺轉衰；衰者五行，亦會由衰轉旺。透過五行生剋的變化，在同一季節中，五行衰旺的程度大不相同，每個季節只有一個五行最旺，但同時也會有一個五行休眠。

3-8-1 瞭解五行四時

　　五行四時與調候的觀念，依據傳統命理學保留而來，而非五行八字自創心法，然而，用在實務的批命上，準確度可說相當高，還記得去蕪存菁嗎？現在我將它納入五行八字的體系，讓讀者見證學習。

　　首先，我們來解釋一下，什麼叫做「旺、相、死、囚、休」？

　　「旺」代表旺盛狀態；

　　「相」代表次旺狀態；

　　「休」代表即將退休；

　　「囚」代表衰退被囚；

　　「死」代表受剋無氣。

　　五行在四時中的旺、相、休、囚、死，簡括如下：

　　春 — 木旺火相水休金囚土死。

夏 — 火旺土相木休水因金死。

秋 — 金旺水相土休火因木死。

冬 — 水旺木相金休土因火死。

四季 — 土旺金相火休木囚水死。

請看以下圖表：

五行四時旺衰表
科學八字輕鬆學

五行 / 四時	木	火	土	金	水
春	旺	相	死	囚	休
夏	休	旺	相	死	囚
秋	死	囚	休	旺	相
冬	相	死	囚	休	旺
四季	囚	休	旺	相	死

由此圖你可以發現什麼？為何我只強調每個五行的旺及死呢？我們可以看出以下的規律：

當令為旺，我生為相，生我為休，剋我為囚，我剋為死。以木為例，春木是當令的季節，故木氣最旺；火為木所生，所以火相；水為生木的母親，現在木氣旺盛，水洩即可退居幕後，所以水休；旺木讓金已無力剋制，故金變為囚；土為木所剋，所以土死。在實務應用中，倘若在秋天季節出生的人，代表他月支的金為當令，也稱之為月令，秋天的火無法剋盡金，但秋天之金可將樹木連根拔起，其他季節的五行依此類推。

一般來說，五行八字只看季節五行旺與死的最終結果，其他部分

只須瞭解即可。但須留意土的旺衰時間，學過傳統命理的人都知道，在四立之前（立春、立夏、立秋、立冬）的前 18 天土氣最旺，其他時間的土則為退氣。

3-8-2 調候的案例解說

　　傳統命理對於調候的觀念，只適用在夏季及冬季出生之人，夏天太熱需要補充水份，冬天寒冷需要火來照暖除溼，這是自然的道理，調候的觀念同樣適用在五行八字上。

　　但請大家留意，五行八字指的調候，**並非從本命中找出季節用神**，假如一個八字生於夏季，干支的火皆過旺，但你不能說取水來當此調候的用神，因為有時進來的水會被火蒸發掉，反而物極必反！**五行八字著重在五行間力量的增減效果，而非取用季節調候之固定五行**，這個觀念須與傳統命理學做出釐清，避免讀者混淆。

　　夏天的水無法澆滅當令之火，但寒冬的水可輕易滅掉火。

　　以下我舉一個實例說明：

時	元女	月	年	大運	流年	流月
丁	庚	丙	壬	辛	戊	甲
亥	午	午	子	丑	戌	寅

82	72	62	52	42	32	22	12	2	大運
丁	戊	己	庚	辛	壬	癸	甲	乙	虛
酉	戌	亥	子	丑	寅	卯	辰	巳	歲

生於芒種後 3 日

大運 1 年上運

每逢戊癸之年芒種後 3 日交脫

八字分析

話說與此客戶邂逅了二十年，也算是老主顧了，每年幾乎都會回來找我複算。這裡附帶一提，早年練功批八字，看到這樣的命盤，心中都會浮現喜悅之感，怎麼說呢？因為八字的排列組合很簡單嘛！五行不過兩個，而且是水火激沖，通常都是鐵口直斷食傷剋官、剋夫或者性急脾氣不好。

命主婚前性格急躁脾氣不佳是事實，但能肯定一生剋夫？你以為水剋火，火真的會熄滅嗎？事實上剛好恰恰相反，在婚後反而對老公百依百順，洗衣燒飯帶小孩，家事皆是樣樣來的職業婦女，可謂相夫教子。

看了這麼多洩的案例，為何此命不能論剋夫，反而順從另一半呢？如果以調候及反向約束的角度來思考，你就能搞懂明白。首先夏季之火很旺盛，水欲澆滅火談何容易，通常只能當成兩敗俱傷；再來就是夏火能將水蒸發曬乾，因為水弱火旺，此時就會形成官來抑制食傷，聽過食傷剋官，沒見過官剋食傷對吧？這是本書要傳達的新觀念，對於打破傳統，身為看倌的你感覺為何？

我們來看辛丑大運，當天干丙辛合，丁壬即可合；地支子丑一合，干支調候之水皆被綁走，這可不是值得慶祝之事。因為本命生下來的水已弱，現在又給合走，等於是雪上加霜，食傷只會變得更虛弱。

戊戌年甲寅月，地支的戊土既傷不了亥水，亦無法被寅木所傷，因為寅木會救走本命的亥水，雖然洩了一點火氣，但食傷看似得救，其實早已暗藏危機。我們運用邏輯推理得知，午火生戊土本來可以剋亥水，但因流月來了寅木，寅木想殺戊土更無濟於事，因為寅亥已合，看到這裡，你一定想問，此年命主究竟發生何事？這中間的關係該如何解釋？

　　原來當時老公看好一位朋友的未來事業，想投資加入股東一同賺錢，在好友的鼓吹之下，老公於是跑來跟命主開口（錢歸老婆管），動態的財來合本命的食傷，彼此是一種順合關係，代表因財而起了動念，所以當下不疑有他，直接將錢領出交給老公，投資了朋友的事業，結果呢？卯月一過開始驚覺上當受騙，為何會如夢初醒自覺吃虧呢？還有，戊戌年整整胖了近十公斤，這又該怎麼看？

　　此題不難解，請讀者先去洗把臉，發揮五分鐘的思考力，再往下細讀文堡老師的解說。

　　回到正題，一般而言，當本命的財星被合住時（合不代表消失），就得根據當下食傷的強弱，來論斷財運的好壞。剛才說過，戊戌年甲寅月因寅木救走亥水，故戊土傷不了亥水，乙卯月卯戌一合，亥水亦不會受傷，但一交丙辰月可就不妙，地支兩個午火生辰戌土剋亥水，食傷重剋之外，官也洩得很夠力。天干辛金被丙火官殺合了兩次，日主完全沒有保護神，看到這裡也許你會一臉疑惑，流年戊土不是可以幫到日主嗎？老師你是不是批錯了？

　　NO！我沒寫錯！假如你懂得流年氣，此問題即可迎刃而解。綜

合以上的推論，我們可得知，因伴侶引起破財的問題，官星被合、被剋或洩，不一定是指吵架、分離、外遇，也可能伴侶遇上危機甚至連累命主，因老公也是家人，家人來取錢，地支食傷被合，代表破財的情況尚未明朗，一旦食傷被剋，即能真正感到被騙失財。

至於戊戌年何以胖了近十公斤？很簡單，水在女命代表婦科或代謝功能，一旦受剋就必須留意水腫失調，這種胖並不健康；另外食傷受剋，懶得運動也是發福的其中因子。

文堡老師為你準備了教學影片，請掃描右方的QR碼觀看。

調候的女命實例

3-8-3 四季土的小知識

學生問題：辰、戌、丑、未，四庫土生於月令，是否代表土旺？

老師解說：不一定！土是否為當旺之氣，須查閱萬年曆於四立之前 18 天內。

網絡參考資料

原文出處：https://kknews.cc/culture/b563zen.html

常言土旺於四季，辰戌丑未當何時？世俗常言土旺四季，卻不知辰戌丑未月在何時旺。水既旺北於冬季，土於何處益光輝？水既旺冬，四季已備，土於何處為旺？四旺三六九十二，各於節後氣前鏊（一本作「黎」，誤）。每抽九日為其旺，此理憑誰自審思。各於四季月節氣內，前後抽九日，共一十八日為土旺也。

原文出處：https://www.lnka.tw/html/topic/10115.html

五行土：旺於四季（辰、未、戌、丑）月，每個季節的最後一個月，代表正中央，天干為「戊己」，地支為「辰戌丑未」。每一個季節分三個月，而五行土旺於四季，也就是旺於立春、立夏、立秋、立冬，四立前各18天。也就是春木旺於72天、夏火旺於72天、秋金旺於72天、冬水旺於72天，四季土也旺於72天，一年四季五行各平分秋色，合計360天。

老師補充：如何知道土是否為當旺？

土旺於季，一年有春季、夏季、秋季、冬季。而這個「季」即是季末的後18天，也可說成四立前18天，此上皆以陰曆二十四節氣，十二個月來論。

春季：一月(寅月)、二月(卯月)、三月(辰月)，辰月的第十三天起算，至三十天，此為18天。

夏季：四月(巳月)、五月(午月)、六月(未月)，未月的第十三天起算，至三十天，此為18天。

秋季：七月(申月)、八月(酉月)、九月(戌月)，戌月的第十三天起算，至三十天，此為18天。

冬季：十月(亥月)、十一月(子月)、十二月(丑月)，丑月的第十三天起算，至三十天，此為18天。

立春(寅月)、立夏(巳月)、立秋(申月)、立冬(亥月)、故此前18天·為土當(司)令，故土旺於季，亦可稱為土旺於四立前18天。

重點整理

(1) 土 → 辰、戌、丑、未，又名四庫土，分別為春、秋、冬、夏四季。

(2) 辰 = 春末、未 = 夏末、戌 = 秋末、 丑 = 冬末。

(3) 出生於辰、戌、丑、未月之人，須查閱命主之月令是否為當旺，觀念與傳統八字不謀而合。

(4) 土當令，即四立前 18 天內土最旺。

(5) 四立代表立春、立夏、立秋、立冬，一年有 24 個節氣。

(6) 若出生日非四立前 18 天內，月令之土氣為不旺。

建議讀者自備一本萬年曆，以方便查閱。

八字充電坊 18 ：憂鬱症其實離你很近

生活在知識爆炸與資本主義年代，壓力是否讓你感到力不從心呢？很多人都說，有錢能使鬼推磨，窮人因為窮，罹患憂鬱症比有錢人來得高。我要跟大家說，這觀念其實大錯特錯！二十年來批過無數的八字，發現有錢人的煩惱也不少，根據統計，有錢人罹患憂鬱症的比率高於窮人，為什麼呢？因為有錢人的思維，與一般人的想法大相逕庭，有些人甚至窮得只剩下錢……。

憂鬱症，其實近在咫尺！

我曾經寫過一篇文章：別忽視情緒的殺手 — 憂鬱症，我們可以從八字中，找到憂鬱症常見的三種類型，想知道嗎？COME ON ！趕

快記下來吧！

　　第一種：日主受剋（官剋日主）

　　第二種：食傷受剋（印剋食傷）

　　第三種：印星受剋（貪財破印）

　　除了上述的情況，以下兩種亦有可能出現憂鬱症：

A. 生於冬季命局水旺但缺火調候

B. 生於冬季命局有火但遭水剋熄

　　想像一下，身處在冰天雪地沒有陽光的地方會是什麼樣的情況？除了寒冷之外是否也會讓你感到前途茫茫然呢？沒錯！應用在八字上也是如此。

　　八字是時間學也是自然的道理，你會發現冬天出生的人，幾乎都有沉著穩重、保守冷漠、不夠熱情、話不多的性格，不輕易與他人分享內心世界，面相通常喜怒不形於色，很難在第一時間瞭解他們真正的想法，若要比喻心機重、城府深，一點也不為過！

　　2018 戊戌年，經朋友介紹的一位女客戶，來店找我批算八字，命盤排好後心裡已有譜。

時	元女	月	年	大運	流年
丁	癸	癸	癸	丙	癸
巳	丑	亥	亥	寅	巳

87	77	67	57	47	37	27	17	7	大運
壬	辛	庚	己	戊	丁	丙	乙	甲	虛
申	未	午	巳	辰	卯	寅	丑	子	歲

生於立冬後 13 日 1 時辰

大運 5 年 6 個月又 10 日上運

每逢甲己之年芒種前 7 日交脫

我與客戶的對話

客戶：「老師，我這一生中有什麼要特別注意的呢？」

我：「妳先天的心臟功能不好，27 歲以後須注意有憂鬱症，這段期間想要存錢也變得困難。另外，對別人好雖不是壞事，但如果付出太多，換來的不會是謝謝，而是更多的要求！」

此時，她有如當頭棒喝，用一種不可置信的眼神望著我。

客戶：「老師，這些都被你說中了，但我要如何改變，才能讓自己的未來更好呢？」

我：「家人朋友若有借貸往來，妳要勇於說 NO，做人勿太過重情義，否則很難存住錢；平常切勿過度勞累，留意心臟的保養，減少上大夜班的工作。」

客戶：「謝謝老師指點迷津，我會試著改變作息，讓自己未來更好。」

文堡老師解說

老實說，這個八字沒什麼難度，論破財及心臟不好乃因丁火受癸水所傷，但你們一定又會問我，此命既沒有日主受剋亦無食傷受剋，為何交丙寅大運會得到憂鬱症？該怎麼看？

從八字我們可以細心觀察，為何 17 歲乙丑大運沒有憂鬱症的情

況？運用邏輯推理，你應該能輕易的看出來，因為癸水生乙木，乙木再生丁火，通關了水火激沖，所以求學階段個性活潑貪玩，物質享受多為正常的現象。但是……大運交 27 歲丙寅大運可就豬羊變色，理由何在？

首先大運的寅木被本命的亥水拉走，食傷長期受合無法發揮作用，這段期間無巧不巧碰上 2013 癸巳年，天干癸水洩於丙火，地支巳火生丑土，丑土再剋亥水，加上日主癸水出干危機四伏，整個八字癸水比肩弱到不行，所以論斷憂鬱症、破財、父親欠安、心臟、眼睛、消化系統不好……她說通通皆命中，當時對人生感到十分絕望，雖有輕生的念頭，但最後仍平安活了下來。

你們一定想知道，干支同時出現日主受剋，為何能平安無事呢？不難！只要八字比劫一弱，食傷又進不來，用印星來頂八字，容易出現食傷方面的問題，不過這種憂鬱症算是比較輕微，因為癸水比劫還在，只不過弱了一點而已。

3-9 中西醫治療用神

3-9-1 正確的用神觀念

　　五行八字觀看日主的強弱，與傳統八字截然不同，同樣的「用神」也不會一樣，因應不同時間、不同情況，需要不同的用神來幫助，而日主的強弱決定日主能否主宰運勢。想知道日主此刻是強是弱，大運流年的用神是什麼？必須透過動靜命盤推敲得知，每個階段的用神皆不盡相同。

用神不固定

　　許多初學命理的朋友，大都圍繞在本命的用神打轉，總認為有固定的喜用神，但實際生活中，用神不可能固定，它會隨著你的大運流年有所起伏，正如人的運氣有好有壞，無時無刻都在變化，前一天用神為火，但也許隔了一日火就變成了忌神，那麼用神該如何界定呢？其實喜用神在實務中不一定準確，也很難去界定，許多人被用神的枷鎖限制，導致不敢實戰批八字，始終停留在學術理論上打轉，這也是我曾經走過的路。

　　人生總有潮起潮落，聰明的你也必須懂得「用神」不可能一生一世，生活要學會變通，用神亦若是，這是五行八字與傳統學最大的差異之處。八字的門派眾多，對於用神有著不同的概念跟定義，傳統八字中的用神，是批命準確結果與否的重要基石，對於用神的定義及運

用至關重要，論命最大的特點，就是先找出喜忌用神，然後才能夠論命，用神若抓不準，則會發生滿盤皆錯的危機，這是傳統命理對用神的定義。簡而言之，就是必須學會抓用神才能批命；然而五行八字恰好完全相反，用神卻不是用來批命的，這該怎麼說呢？

　　五行八字源自於文王卦，也可說是從傳統命理演化而來，但五行八字不會將用神擺在第一位，因為它是一門時間學，時間不能被任意切割，故五行八字是在**批命後才去抓用神，用神是根據當事人現階段所處的運勢選擇運用**，面對目前的問題判斷要使用何種用神，透過五行分析來降低衰運或增加好運，簡單來說就是批命為先，批命準確後再來尋求解決方法，所以稱之為治療用神。

　　我們都知道，八字除了本命之外，尚有大運、流年、流月，這些動態五行皆會讓運勢產生一定的影響，尤其是流年、流月的關係，很多人沒有從動靜態命盤深思熟慮，始終圍繞在身強身弱和固定用神上打轉，也從不考慮本命與動態的相對關係，他們所學的用神理論，對我而言完全可以理解，因為學習的途徑與思維邏輯不同。請讀者記得，人是活動的生物而非靜態物品，地球的氣流無時無刻都在轉動，生而為人怎麼可能會一成不變呢？所以說八字的用神不會固定。

用神猶如一帖處方

　　八字命理門派眾多，一般人最常接觸以傳統命理學居多，也是世面上最普遍的命理，亦稱為書院派八字，他們的論命特點就是先找喜忌用神，然後才能夠論命，取用神目的是用來批命，用神抓錯命就會

批不準了，這是傳統命理學對用神的定義。然而五行八字用神並沒有一定的標準，每當批完八字之後，當事人的問題也會一併出現，此時我們才會根據八字的問題來做判斷，該用什麼樣的五行十神，去降低或規範命主八字的運勢及行為路線。

當然了！基礎的批命必需要求準確，才能幫客戶建立一套用神的方法，類似醫生看完病後，開給病人的處方，讓病患早日康復並擺脫身體低迷的困境。治療用神的使用原則因人而異，可以採用**剋、洩、合或通關的方式**為指導原則，從五行及十神著手，找出降低或增加運勢值，讓命主不要在衰運的時間更衰，然後用適合的解決方案協助他們。

隨著批命經驗的累積，八字猶如一個自然人，健康時候的飲食，與生病時需要的飲食，兩種時期的情況完全是兩碼事。用神是降低衰運或增加好運的五行，根據動靜態的流通考慮取用，這便是治療用神的概念。但是很多學傳統八字的朋友，實際批命時觀念全變了，不論是健康或生病，皆是用相同的飲食習慣，吃相同的藥，長期下來對身體將產生不良作用，嚴重時可能危及生命，用神也是相同的道理，容易出現誤差或誤判。

用神的時間元素

如果要問傳統命學與五行八字最大的差別是什麼？我會說是時間元素。

傳統八字以身強身弱為中心，論格局論用神使用一輩子，而五行

八字卻以時間為依據，在不同的大運流年時間，判斷出當下真正能幫助我們的用神，所以用神不是一輩子，它會隨著時間有所不同。好比一個女生打從出生開始，父母親（財和印）就是她可依賴的人，長大後工作／丈夫（官）就是最影響她的伴侶，到了年老子女（食傷）就成為她的依靠。所以在生活中，我們的需求將隨著時間環境不停而變，這才是最貼近生活的科學八字，當你明白之後，原來批流年是一件很籠統的事，因為還有流月及流日、流時在影響你的運勢呢！

八字的時空始終處在一個動態的立基點，然而古書幾乎在本命靜態上著墨，造成後世對八字的混淆，令人困惑不已。很多人都希望找出對自己最有利的用神，但這種批命方式準確率不是很高，當你不知道答案的時候，基本上與瞎猜無異，一旦知道結果則會流於套命。

對一個初學者，個人並不建議透過書上的案例來學八字，因為很多都是做了人為修改（本書例外），你無法印證這些案例的真偽，只會照著書上的邏輯不加自己的判斷去走，這樣學八字等同於被洗腦，看書需要有自己的獨立思維，把書上的理論試著實踐印證，這樣才能去蕪存菁，因為理論與現實有很大的差距。不信？有機會請試著去批陌生人，即可瞭解自己的水準在那個 Level。

如果都按照書上的邏輯不加以修正，實際批命就會一直踢鐵板。看書學八字只能領悟有限知識，若能實戰批八字，則要保握機會多練習，書看得再多，最後仍會淪於兩腳書櫃。透過實際批命找到盲點，真才實學才能不被用神困惑。

當然囉！看古書學八字也會學到一些人生哲理，讓別人覺得你很有書卷學識。

用神的反噬

假設有位客戶，流年碰上財破印的問題，印星代表文書考績，深怕考核不過遇上困難，此時你會給他什麼用神呢？

答案很容易理解，用神為官，讓他一切按照規則行事，因為財生官，官生印能皆大歡喜。

也許你或說，老師！用比劫不也行得通嗎？比劫能剋財救印星。

老實說這個方法副作用很大，弄不好可能出現其他意外，這可不是我樂見的事。

五行八字從生、剋、合、洩的方式找出治療用神，再從用神的特質，讓客戶的運勢不再往下滑，說來容易但實際體驗卻很難，碰上財破印的流年，如果用比劫剋財讓印星復活好嗎？這個方法雖可行，但也可能讓事情更加複雜，因為必須犧牲財方能達到目的，這也是我擔心的部分，用比劫剋財留住印星，最大的副作用在於小人與不理性。

業績考核雖然過關了，但是副作用也隨之而來，因為用比劫其實等於在用小人，一波未平一波又起，雖能短時間快速解決難題，但事後反而讓客戶更加痛苦，說明用神的反噬作用，你我皆無法控制，也期盼閱讀本書的你能引以為戒，避免重蹈覆轍。

3-9-2 用神的取用法則

用神要訣：小病用中藥固本，急症用西醫救命。

用神的優先順序

治療用神的使用順序：當歲運出現日主受剋，印剋食傷，身弱財破印，碰到以上三種情況，人會顯得焦躁不安，情緒不穩定，容易罹患憂鬱症想不開，甚至意外或死亡，因為事態非常緊急，此時必須使用西醫的治療用神，幫助病人讓病情快速獲得控制，假使情況並不嚴重，則使用中醫來慢慢調養恢復。

西醫治療用神：代表病情嚴重且緊急，運用西醫對抗病毒的方式，利用食傷星將人救活起來為當務之急，通常在流年或流月使用，稱為第一用神。

中醫治療用神：代表病情緩慢不嚴重，運用中醫或自然醫學理論，搭配印星和比劫星調整體質讓病情好轉，通常在本命或大運使用，稱為第二用神。

靜態治療用神 （用神的取用：本命＋大運）

時	元女	月	年	大運
甲	丙	壬	庚	己
午	子	午	子	卯

解說

本命天干財官印一氣順生很不錯，但地支兩個子水剋兩火，雖然當令的午火無法被子水傷盡，但依然存在日主受剋的條件，因為是本命先天的基因，只要大運流年流月不加重受傷，平常使用第二用神調整即可，故用神為木火。

當大運一交己卯，甲木被己土合走，日主的保護神消失，干支皆呈現日主受剋，此時必須使用第一用神，優先將日主生扶起來，用神為火土。

動態治療用神 （用神的取用：本命＋大運＋流年）

時	元女	月	年	大運	流年
辛	癸	庚	辛	癸	己
酉	酉	子	未	卯	亥

解說

日主癸水的保護神為癸水、庚金、辛金，當流年己土剋大運癸水，日主並不會受傷，因時干的辛金可幫忙擋殺，故取金為第二用神。

地支本命與大運流年，基本上五行流通順暢，但亥年在**辰月、未月、戌月、丑月、亥月**，日主存在受剋的危機，此時用神可取金來扶身，若取水的話則會洩掉酉金氣。

綜觀整個八字，天干地支取金（印星）為第一用神乃為最佳選擇。

用神實例解說

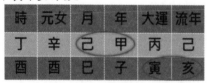

時	元女	月	年	大運	流年
丁	辛	己	甲	丙	己
酉	酉	巳	子	寅	亥

問題：請找出己亥年工作不順的原因以及日主用神？

解說：本命甲己合，丁火剋辛金，先天日主受剋沒事，但行丙大運加重受傷可就行不通，此女於戊戌年丁巳月結婚，從戊午月到癸亥

月婚姻和工作皆一帆風順，但甲子月開始感到壓力不順，動態寅亥合為食傷合財，意味流年的財運減弱。己巳月天干日主受剋（非整月），地支食傷剋官殺，代表食傷與官運都不好，此月離開工作。當辛金受傷首重救日主，用神取金（比劫）為最佳，土（印星）為次之。

己亥年為何會感到工作不順呢？若以洩的觀點來推理可得知，地支酉金洩流年亥水，巳火官星少了寅木生助，寅木財星被亥水合走，天干亦存在日主受剋危機，整個八字都弱了，此時官星就是主導神，代表婚姻或工作容易出現問題。

3-9-3 基礎用神心法

時	日	月	年
亥	申	子	午

五行流通：申金生子水，子水剋午火，午火奄奄一息。

問題：如何拯救受傷的午火？

解說：我們用數字來比喻受傷及復元的程度，記住！這些數字的增減也代表運勢的起伏好壞。

被剋 (有幫凶) = -2

被剋 (無幫凶) = -1

被合 =0

替死鬼 =+1

通關 =+2

6 種簡易用神法

(1) 通關順生（印或食傷）

(2) 殺死凶手（食傷）

(3) 拉走凶手（合）

(4) 拉走幫凶（合）

(5) 救走受害人（合）

(6) 添加替死鬼（比劫）

以下文堡老師分別說明：

(1) 通關順生（印或食傷）

通關順生的方式有兩種，都是皆大歡喜。

其一是用寅木→申金生子水，子水生寅木，寅木再生午火。

其二是用辰戌土→午火生辰戌土，辰戌土生申金，申金再生子水。

(2) 殺死凶手（食傷）

子水是滅火的凶手，用辰戌土來殺子水行不通，因為只能通關，若要殺子水只能等到子年。

(3) 拉走凶手（合）

可用丑土來拉走子水讓午火復活，但卻衍生出另一個問題，午火將反剋申金，這並非好事。

(4) 拉走幫凶（合）

申金是助拳者，巳火是最佳的人選，雖說子水仍剋著午火，但受傷的程度已減輕，從 -2 變 -1。

(5)　救走受害人（合）

　　午火受傷是整個事件的最終結果，未土是讓它脫困最好的朋友，從 -2 變 0，也不賴！

(6)　添加替死鬼（比劫）

　　動態來一個午火，可以頂剋本命午火，替死鬼的概念就是掉一百元再給你一百元，沒事！

重點整理

　　靜態 + 辰戌：午火生辰土，辰土生申金，申金再生子水，地支一氣順生，午火為龍頭正確。

　　錯誤：辰戌土生申金，申金生子水剋午火，以土為龍頭，午火就會被剋。

　　根據貪生忘剋規則，必須生到不能生才能論剋，有合先論合，陽的五行優先作用。

　　我們假設午火為命主的財星，先天本命破財。當走到以下流年，均可減輕破財。

　　用神：丑、未、辰、戌、巳、寅、午，共 7 個地支。

　　丑 → 子丑合，但午火可反剋申金，財破印。

　　未 → 午未合，合走受害者，從被剋 = -2 變被合 =0。

　　辰戌 → 地支全陽，辰戌為陽土，可通關，地支變順生，從 -2 變 +2。

　　寅 → 地支全陽，寅木為陽木，可通關，地支變順生，從 -2 變

+2。

巳 → 巳申合，剩下子剋午，合走幫凶，從 -2 變 -1。

午 → 多一個午火為替死鬼，幫忙頂剋，從 -2 變 +1。

忌神：

子水 → 不能用！會加重午火受傷。

亥水 → 陰不能剋陽，但幫了子水。

申金 → 幫助子水剋午火，不宜！

酉金 → 陰的助力不大，但也幫剋。

閒神：

卯木 → 陰很難通關，無三小路用。

子、亥、申、酉其實均為忌神，因為多少也有幫剋，唯有卯木很小作用。你會發現，即使本命破財，碰到大運流年照樣可以賺錢，用神有七年，忌神不過五年，所以千萬別再本命上打轉了。

五行八字取用神有別於傳統學

五行派：先批命再找用神

傳統學：先找用神再批命

更多關於簡易用神的取用法，請掃描右方的 QR 碼教學。

簡易用神的取用法

3-9-4 進階用神心法

人非聖人，沒有十全十美，故每個人都有不足之處，八字亦

然，用神是用來補救不足或受傷之五行。

用神的作用效力與時限

（1）用神分為保護神和治療用神，命主身強，即有保護神，命主身弱，就要尋找治療用神。

（2）本命五行或動態導致五行任一受傷，可找治療用神來救。

（3）治療用神最佳作用是將五行達到順生、平衡的狀態，簡單而言，從病痛中康復。

（4）治療用神如同現今醫學，分中醫和西醫。中醫效果慢，西醫效果快，但也容易出現副作用。

（5）五行八字是本命與動態之作用，用神會著隨時間而改變，故與傳統八字不同。

透過三大練習，進階學會找用神

問題 1

天干庚金官星進不了，地支申金可用，財生官生印。但這個大運變身弱，地支用比劫會破財，天干用官會被合走，庚金進氣比劫全合無救，該取什麼為用神呢？

時	元男	月	年	大運	流年
甲	甲	乙	丙	己	庚
子	戌	未	寅	亥	子

已知條件：

一、大運己土合走天干甲木比肩，地支亥水印星合走寅木比劫，戌土剋子水，乙木亦洩於丙火，日主呈現身弱。

二、流年庚金合乙木，官星進不來，地支子水財破印，可用官星申金來通關。

三、本命有丙火，若用壬水會形成印剋食傷，地支若用亥水會合到完，子水雖可用，但會洩土氣。

老師解說：

己亥大運合走干支比肩，戌土剋子水呈現身弱，故要因應流年再找用神。

(1) 以庚子年為例，身弱用神為比印，地支可用卯木比劫合走戌土財星救起子水。

(2) 天干不建議用壬水，因壬水剋丙火破食傷，但可用癸水印星。

(3) 地支不能用亥，因寅亥會合完，但可用子水，剛好流年走太歲子，但須留意子水受傷的月份。

綜合天干地支來看，無論是癸水或子水皆可用，故庚子年的用神為印星（水）。

學生加問 1：

辛丑流年呢？子丑合，印得救，乙木回歸，但天干丙辛合，用神為何？

時	元男	月	年	大運	流年
甲	甲	乙	丙	己	辛
子	戌	未	寅	亥	丑

已知條件：

一、天干可用印，但地支行不通；天干可用比劫，但地支用比劫會破財。

二、己亥大運主身弱，但仍有一個乙木，但辛丑年丙火食傷弱了。

老師解說1：

己亥大運，由身強變身弱，的確不易找用神，故須細看流年因應命主所求。

(1) 天干可用乙木劫財，雖然乙木力量較弱，但可保護日主。

(2) 天干用丁火食傷則會洩乙木之氣，身會變弱並不建議。

(3) 地支用午火會被未土合走，用巳火可稍助未土財星。

(4) 天干可用壬癸水印星，但地支用亥子水會全部合完。

(5) 地支若用比劫，寅木被亥水合作用不了；卯木合戌土，財星會減弱。

綜合以上分析，天干用壬癸水印星，地支用巳火食神，日主身強更能積極樂觀。

學生加問2：

(1) 身弱不能任財官，辛丑年乙木回歸，可否幫到日主？

(2) 子丑合，子水從被剋變被合，算是得救，該論命主為身強還

是身弱？

(3) 2021 辛丑年，該以流月來細看嗎？

老師解說 2：

(1) 乙木劫財可幫日主抵擋庚金官殺。

(2) 與本命比日主仍為身弱，但合總比被剋來得好，從 -1 變為 0。

(3) 流年須搭配流月，斷事能更精準，此例有難度，建議先記錄庚子年之事，以便於辛丑年印證參考。

問題 2

命主為身強，本命動態都順生，但若要發展，用神該為什麼？

時	元女	月	年	大運	流年
甲	丙	甲	丙	辛	庚
午	午	午	寅	卯	子

已知：

一、大運天干丙辛合，少了一個比肩，但地支印生劫財旺，運程不差。

二、流年因大運丙辛合，庚金進氣變成財破印，用壬水可通關，地支亦可用子水。

三、地支午火旺，且寅木有子水生助，亦可用辰土食神突破能力。

老師解說：

問題 2 相較問題 1 來得簡單，用神為官星，天干即可通關，地支

再多一官星亦可生印星。

(1) 本命地支一個印星生三個劫財為洩，大運多一個卯木印星稍強，流年來子水印則更強。

(2) 流年一官生兩印，官會洩，故用神若為官，可加旺官星。

(3) 天干用食傷會生財破印，但如果地支印比旺，則天干用食傷反而更好。

命主本命印生比，代表有福祿之相，若想發展或回饋社會，用神為印星、比劫、官星皆可行。

問題 3

流年走子水代表地支日主出干，有危機點，若要生育，用神該用印星還是食傷？

時	元女	月	年	大運	流年
辛	壬	己	癸	癸	庚
亥	戌	未	亥	亥	子

已知：

一、本命天干官生印生比，地支戌土剋亥水為官剋比，若用申金印星可通關。

二、本命官剋比，動態來比劫，官星由二打二變成二打四，故土須論洩，官弱。

老師解說：

(1) 干支可用印星，用神為印，且印可通關。

(2) 單論生育，女命須看食傷，若本命無食傷，須等待動態來食傷。

(3) 若要用食傷須有比劫，若有印生比生食傷，身強懷孕機率更高。

(4) 水可代表婦科、血液循環，若受剋代表生育力會減弱，動態來比劫可增加受孕機會。

(5) 命主可多用比劫來增強食傷，進而加強生育能力。

女命生育可用食傷和比劫，男命則看官星和財星。然而生育非一人之事，仍須結合夫妻命盤一起看。

補充：生育情況

1. 生於夏天之水日主，若水受剋，對生育力有一定影響。

2. 動靜態出現食傷剋官之人，不願意生育或者很難受孕。

3. 生於寒冬之火日主，若火很弱，沒有陽光照射，自然沒有朝氣，生育力亦弱。

對於抓用神仍意猶未盡嗎？請掃描右方的 QR 碼繼續學習哦！

活用排列組合抓用神

請讀者注意！此案例只適用在教學，因為男命在大運中不太可能碰到丙丁火，丙丁火只會從流年帶來，再配合大運或流月的庚辛金，才是正確的論斷法則。影片中用丙丁火解說大運，只是教學抓用神的方法，特此聲明，不便之處請見諒。

3-9-5 生活用神取運法

　　五行生剋學，在於提倡八字的實用性及生活化，所謂治療用神是用來規範運勢，而非以傳統喜忌用神來批命，這一點要有所區分。治療用神著重在個性行為與生活習慣取運，本節整理歸納出三大方向的取運方法，希望能幫助大家在運勢上提供一己之力。

　　許多人認為八字缺什麼就要補何種五行，其實此觀念必須做修正，因為缺不等於要，要知道治療用神變化莫測，依據動靜態的排列組合，使用上有很大的不同，以下介紹三大生活用神的取運方法。

①環境空間的取運法

　　空間取運須事先規劃室內風水，無論陰宅或陽宅，這點很重要，一般來說須結合堪輿方能進行，但一般人並不懂風水，故我用簡單的方法來做說明。

　　（1）假如你的八字在歲運需要木的五行，那麼在所處的空間多種植盆栽，也可以在客廳選擇吉位擺放綠色植物催旺，多接觸大自然的綠色植物聚養木氣。

　　（2）如果你需要火的五行，那麼你所處的空間就不能太暗，不單要明亮並採用暖色系，臥房牆壁可漆成粉色或淡紫色，睡覺的時候在床頭開著一盞暖燈。

　　（3）如果五行需要土，在你所處的空間，佩戴玉器製品，物品可以與石頭有關，客廳裝修多用大理石製品，夏天的時候在家裡地板

赤腳走路，也可以買一些奇石來收藏，黃色是幸運色系。

（4）如果你需要金的五行，平常佩戴金銀飾品之外，在客廳的吉位擺放銅製工藝品，或是家中的西方或西北方擺放最佳，白色、銀色是幸運系。

（5）如果你是喜歡水的五行，在空間上的取運方法，莫過於在客廳擺放魚缸養魚催旺，但要特別注意幾個重點。第一，魚缸不能擺放在有煞氣的方位，比如廚房，還有五虎煞，夾煞及地煞；第二，水象之物不宜擺放在睡覺的臥室。

②行為模式的取運法

（1）治療用神如果是比劫，那麼在交友人脈方面一定得多培養，並廣結善緣，讓朋友來協助你。

（2）如果用神是印星的話，行為上可學習新的知識，多接近長輩並汲取他人經驗幫助自我成長，為人處事低調有理有節，謙虛禮貌守信是不可或缺的準則。

（3）假如用神是食傷，請提高自己的技能或專業領域，實踐未來的路線，將你的才能展現出來讓大家知道，適合口才行銷或腦力創意工作。

（4）如果你要的是財，顧明思義就是請往財的方面去靠攏，處事須圓融冷靜，以經濟效益角度看待問題，多一點實際行動，勿有過多的理想主義，與父親建立良好的關係，男命請多疼惜家裡的老婆。

（5）假如你要的是官，可在事業上和職場靠攏，多學習管理方

面的知識，並且與上司建立良好的互動，男命的話培養與小孩的親子關係，女命可花點心思在自己的老公身上，服從與管理是官的基本準則。

③生活習慣的取運法

動態流年、流月若出問題，就要找治療用神，用神不一定侷限在八字中找，環境上亦可，用生活化的思維，視當下如何取用，很容易理解。

（1）學生因考試沒信心而感到壓力(印弱＋日主受剋)，我們可在環境上補印星來化解，怎麼補？當然是透過學習，收集資料，做好準備，自然不怕考試，讓自己充滿信心。

（2）生活習慣無疑就是吃、穿、喝、睡，五行在衣著方面可分類成五大色系，包括黃、紅、白、綠、藍，它們分別代表著不同的五行，雖然衣服的材料我們沒辦法選擇，然而對自己有利的顏色至少也能加點分，所以生活中的日常用品，都可以選擇對自己有利的顏色，各個五行顏色可以參閱第一部分的空間取運法，這裡就不再詳述。

（3）飲食的取運法，中醫講究五味歸經配五行，有鹹、甜、苦、酸、辛，鹹入腎，五行代表的是水，甜入脾胃五行屬土，苦入心和小腸五行屬火，酸入肝五行屬木，辛辣入肺五行屬金。我們每天都離不開吃東西，在八字上也可以根據所要的五行，適當補充對自己有利的食物，比方說你要火的五行，可多食用紅色的食物來養生，這些食物包括：紅椒、紅蘋果、紅棗、番茄，我們可以在食物上選擇補充對自己有利的五行。

結語

　　前面介紹三點治療用神的取運方法，雖然稱不上是最好，但假如能每天持續去做，基本上運勢將可維持一定的平衡。天下之事並非萬能，虎頭蛇尾必無法扭轉運勢，好運須靠長期累積努力，天下沒有免費的午餐，短時間雖然不會發酵，但隨著時間累積必能成長，最後習慣成自然。

　　無論是何種用神，仍舊回歸到願不願意改變自己，而改變最大的關鍵就在於行動力，若是抱持聽天由命，用神將對你起不了任何作用，最後只會按著先天的運勢而走。

八字充電坊 19 ：用神我實在摸不透你

　　吃餐要用餐具，下雨要用雨具，天熱要開冷氣，寒冷要開暖氣，這些用來配合我們生活的工具就是用神，日常生活中，我們不知不覺已透過本能選取了適合的用神，只是大家沒注意而已，所以同樣的用神怎麼可能一生一世呢？

　　有一天，當你心血來潮跑去算命，算命仙告訴你的八字缺火，於是，你在走火歲運的時候大量用火，結果**丙火讓你上天堂，丁火卻讓你下地獄**，怎麼會這樣？不都是火嗎？為何丙火可用，但丁火卻不能用呢？你是否也有過這樣的經驗，明明用神已在眼前，不但沒有為你帶來好運，反而陷入更大的危機，用神啊用神！我實在摸不透你！算

了這麼多次命，找過無數的老師，每個人給你的用神答案都不盡相同，你是否很有感呢？

　　人生如同一場戲，生命總會留下一絲遺憾，一陰一陽謂之道，一失一得為宇宙定律，五行八字為何能讓你嘖嘖稱奇呢？因為，它是能夠讓你看清運勢的一面鏡子，也是一本命運的哲學書。

　　許多人對八字有個誤解，總以為用神一到，開始要賺錢發達了，事實上往往大相逕庭，從生剋簡單道理可以知道，人生有得必有失，當你需要的時候得到了補充，但同時也會失去某些東西，只不過你並不會在意。

　　舉例來說，假如有一天，你因為車禍事故破財，無助的躺在醫院病床上，有一群朋友來探望關心並噓寒問暖，你認為會是好運嗎？一般人通常不會覺得那是好運，而且總是抱怨為何如此倒楣？以個人觀點來看，這是一種好運，端看你用何種角度思考，當食傷受剋時，比劫不就是你最好的朋友嗎？

　　有些人走用神運過了富足的生活，但是至親早已不在，無法跟他們一起分享成功的喜悅，只能徒留遺憾，世間萬物都有其一體兩面，走用神運並非什麼都會好。走忌神運也不會全部不好，一切取決於個人的心態，如何善用你的用神，避開危機點，才能當命運的舵手。

　　人生活在世間無非是為了財官，因為財能為我們帶來物質生活的改善，官能帶來權力與名氣，名利雙收都是人人想追求的夢想，很多客人找我批命，最重視的問題，大都離不開財官或食傷子女，很少提及比劫家人及印星健康。在此分享一個小心得，請大家務必牢記於心：**「沒有印星比劫的支持，再多的財官皆是枉然」**，傳統八字講的身弱

無法任財官，與五行八字的觀念不謀而合，**名和利固然重要，但總要有福消受。**

　　碰到人生逆境，請試著告訴自己，這也許是上天另一個安排，千萬別相信用神能夠一生一世，它總是在你感到最活力，滿懷希望的流年，帶來不可預知的結果，人生無常，用神也會隨著時間而變。

　　你相信嗎？忠臣會變奸臣，奸臣也會變忠臣。

3-10 你所不知道的主導神

　　卷三最後的章節，相信你會感到一頭霧水，不論是學何種派別，應當都沒聽過這個詞對吧？其實，這不是文堡老師的獨門心法，主導神在傳統學八字早已存在千年，只是沒有被發揚出來，現以五行八字來更新說明，引導讀者們一探究竟。

3-10-1 什麼是主導神

　　主導神是動靜態八字中，五行力量最旺稱之。

如何應用主導神

　　主導神之應用，即影響日主行為及感覺的一種力量，但前提要考慮日主的身強與身弱。俗語說，身強能任財官，主導神也是同樣的道理，身強主導神對日主影響為正面；若身弱則為負面。

　　動靜態當下最強的十神就是主導神，它將主導日主的行為，一般來說有三種情況：

　　(1) 若日主身強，則當下沒有所謂的主導神，此時日主便可好好運用財、官、食傷，提升自我的能力。

　　(2) 印星強比劫弱，人會變得很懶；比劫強印星弱，容易與朋友鬼混或不務正業。

　　(3) 日主身弱，不但用不到主導神的十神，反而會出現十神的問

題，比如財多身弱，想要得到財，卻常常感覺時間不夠用或浪費時間。

主導神的區別

(1) 印星旺：善良、感覺敏銳、熱心公益、與宗教有緣、喜愛學習、享受舒適、被保護的感覺。

(2) 比劫旺：意志力強、人生中多出現競爭，人際交友、兄弟姐妹緣份。

(3) 財星旺：慾望、金錢、利益、男命代表感情、付出、貪玩、機會。

(4) 食傷旺：有智慧、鋒芒畢露、突破難關、得罪上司、自信臭屁。

(5) 官星旺：工作運佳、工作狂、女命桃花旺、遇上桃花劫。

3-10-2 主導神的應用

(1) 比劫及印星皆強，人生就像被神親吻般，一生安逸，行運順利。

(2) 比劫弱，用印星撐八字，容易死讀書不知變通，身體懶得運動。

(5) 印星弱，用比劫撐八字，酒肉朋友多，貪玩不務正業，錢財留不住。

(3) 比印旺能任財、官、食傷，若主導神為財官食傷，三方面均可發展，如魚得水。

(4) 比劫與印星皆弱，財星為主導神，有機會也難把握，雖能賺到錢，但仍不夠開銷。

學生的問題

(1) 財官食傷我能明白，身弱可用印比，但食傷受傷時，須單用比劫，用印反而加重食傷受剋，是否正確？

(2) 印弱財旺，若用比劫，可能產生比劫剋財的問題，故可用印星降低財的行為，減少其慾望，是否正確？

(3) 身強與身弱的主導神為何？

文堡老師解說

(1) 正確！比劫弱時，用印星反而會加重食傷的問題，主導神會隨著大運流年而變。

(2) 正確！印弱時用比劫撐八字會剋財，若用印星讓命主身強，則偏向於保守花錢。

(3) 身強沒有主導神，只能用印和比劫來撐起八字強弱；身弱的主導神，影響命主的問題便會是財、官、食傷。

總結

(1) 動態當下印星弱，用比劫頂八字：結交損友破財，行事不理性，男命婚姻不佳。

(2) 動態當下比劫弱，用印星頂八字：失之交臂、學無所成、胡思亂想、多愁善感。

(3) 印比均強時，即使本命破財，那也是有錢才能破，購屋或買名牌，心甘情願破財。

(4) 印比均弱時，財旺，主導神即為財，命主會做出不理性行為、說謊、害人、奸商。

(5) 用神為比劫，財代表物質享受。若增強比劫可降低財的慾望，但相對財也會變弱。

(6) 身弱財破印，官星為最佳用神；若用比劫易有副作用問題。

得失定律：財破印，用比劫來救印，必須放棄財；若能用官星來通關最好。

3-10-3 主導神實例解說

親愛的讀者，以上的內容有看沒有懂嗎？沒關係！以下我用兩個實例來說明。

案例 1 - 甲戌月超速被開罰單

時	元男	月	年	大運	流年	流月
戊	己	乙	戊	戊	己	甲
辰	丑	丑	辰	辰	亥	戌

82	72	62	52	42	32	22	12	2	大運
甲	癸	壬	辛	庚	己	戊	丁	丙	虛
戌	酉	申	未	午	巳	辰	卯	寅	歲

生於小寒後 23 日 8 時辰

大運 1 年 11 個月又 10 日上運

每逢乙庚之年小寒後 3 日交脫

八字分析

本命：天干官剋比，官為陰，剋不動比劫反而洩了。地支四土全為比劫，代表日主身很強。

注意，財星為壬、癸、子、亥。比劫強官星弱的人，**動態若走財，則有破財的危機。**

動態：戊辰大運再多兩土，官會洩得更重，命主不喜受拘束，或者不愛生小孩。

→ 若天干走庚金，乙庚合，官強但食傷弱，走辛金，官星會重剋。

→ 若地支走申金，為比劫生傷官，食傷旺代表財運及感情皆佳。

→ 比劫強，亦可指模仿力或意志力堅定，比劫生食傷，男命面對感情比較不會亂來。

→ 己亥流年天干多己土，官星更弱不適合從事公職；地支亥水財星出來，財有危機。男命感情、財運、父親須留意。

超速被開罰單怎麼看？

天干己土流年，日主出干，但因身強還 OK。甲戌流月，甲己合，命主合官。地支流月剋流年，戌土剋亥水，陽剋陰很夠力，故斷此月破財，財為我能掌控的物品，所以因車子超速而破財。天干比肩合正官，代表與上司或政府打交道（官符）。

注意：比劫剋財也可以代表和老婆或父親關係不佳，有爭執口舌，衝動不理性之事。

主導神：命主比劫強無印，故無主導神。比劫剋財，代表日主受

比劫影響，因貪玩或與朋友聚會而超速被罰。

實證補充：庚子年己卯月心情不佳，工作運很弱怎麼看？

老師解說：流月己土出干，存在日主受剋的危機；地支子丑合，卯木洩得很夠力，意即比劫反剋官殺，假如卯木又受傷，在日主受剋的情況下，對官運無疑是一種巨大的壓力，故斷此月的工作和情緒跌入谷底。

案例 2 – 官印相生卻離婚

時	元女	月	年	大運	流年	流月
辛	庚	乙	癸	己	己	乙
巳	戌	丑	丑	巳	亥	亥

89	79	69	59	49	39	29	19	9	大運
甲戌	癸酉	壬申	辛未	庚午	己巳	戊辰	丁卯	丙寅	虛歲

生於小寒後 3 日 4 時辰

大運 8 年 8 個月又 20 日上運

每逢丁壬之年寒露前 7 日交脫

問題

（1）你覺得近年中哪一年先生可能出現桃花？

（2）一個官生三個印在實務上可能代表何事？

（3）己亥年乙亥月離婚怎麼看？

（4）己亥年乙亥月主導神為何？

文堡老師解說

本命：性格務實保守，年幼長輩貴人多助，成績優秀，目前任職於教育界。

（1） 丙申年，地支巳申合，比劫合官，代表朋友與老公私通款曲，先生因工作調往外地，認識了一名女舊識。

（2） 本命一個官生三顆印，大運再多一官，官運好了。但流年走印，尤其是陽印，官會洩得更多。

官洩印就是官弱印強，通常有兩種情況：

其一是丈夫心不在家，自認配不上家庭，感覺妻子無情趣，自我壓力過大。

其二為妻子求好心切，愛囉唆啐啐唸，老公受不了，但不代表一定會離婚。

依反向約束理論，一個官洩太多印，可論斷女命的工作或感情婚姻出狀況。

印證：戊戌年丈夫提出離婚訴求，工作沒問題。

（3） 己亥年乙亥月離婚，天干無合，流年氣等著被打。地支土旺，來水馬上會受傷。

官生印，印剋食傷，起因點為官，導致食傷不好，實務經驗上有兩種情況：

其一為老公過寵老婆而使其亂來、因疾病被困在家、因上司要求過多，感到煩躁不安。

其二代表丈夫管得太嚴，行為不檢點或外頭有欠債，令命主不

自由也不開心。

（4） 乙亥月主導神為官星，代表工作或感情出現問題，婚姻關係亦可能陷入僵局。

> 官印相生之女命，別以為婚姻一定幸福不會離婚，若官星或印星被合被洩，危機已四伏。

文堡老師補充

（1） 地支官生印，流年來水為食傷，印剋食傷有洩，故命主也知丈夫靠不住。流月再多一個亥水，實際是食傷洩印。命主有自我考慮，認為丈夫靠不住，最後才同意離婚。

（2） 留意本命，天干為比劫生食傷生財。大運多一個印星，天干順生，但流年流月為財破印，此月印弱，比劫沒有來源也弱，本命五行官星最多且無受影響，所以主導神自然就變成官了。

（3） 實際印比弱，財破印，財也弱，故命主無主見，先生想離就離吧！

（4） 印星多代表考慮事情周詳、合乎理性，然而印太多也容易想太多。

（5） 身弱用食傷當主導神，容易感情用事，脾氣衝動無厘頭。

（6） 本命日主受剋不可怕，動態比印全合由強變弱，將會更危險更可怕。

八字充電坊 20 ：案例－剪不斷理還亂

2019 年上半年批的一位客戶，老實說我有點忘了，前幾天突然用微信來敲門。

客戶：鄭老師，上次你幫我看說這個月壓力很大是嗎？

老師：沒錯！丙子月內心很焦慮，感情問題把妳壓得喘不過氣！

客戶：是的，然後什麼時候會好？

老師：妳要我幫妳再次批命嗎？

客戶：我都怕了！

老師：怕了？（意思就是花了很多錢）

客戶：老師還可以免費再給我看看嗎？只看婚姻就好！

老師：好的。（其實我是心軟，想說再幫妳一次）

時	元女	月	年	大運	流年	流月
甲	己	丙	甲	壬	己	丙
子	卯	寅	子	戌	亥	子

84	74	64	54	44	34	24	14	4	大運
丁	戊	己	庚	辛	壬	癸	甲	乙	虛
巳	午	未	申	酉	戌	亥	子	丑	歲

生於立春後 10 日 1 小時

大運 3 年 4 個月又 15 日上運

每逢丁壬之年小暑前 5 日交脫

客戶：老師，你覺得我跟男友還有機會在一起嗎？記得你說 12 月官不在。

老師：上回我有說過，妳愛上的男人是有婦之夫，要勇於慎選，下定決心離開他不是嗎？

客戶：但是他不放手也逃避，要我強行斷開，我們都做不到。

老師：這個月妳被男友搞得很煩，一心想為他付出，可是內心又感到沒有道德感，剪不斷理還亂。

客戶：對的，你說的道德感我都懂，很多事做不清楚，想不明白，所以才求助老師！什麼時候能結束呢？

老師：所以妳的問題點，在於想知道何時能結束？

客戶：我想知道結果，會回到童話世界，寫下好的結局？還是毅然分手？

老師：我可以告訴妳大約的時間點，問題是妳真的捨得分開？

客戶：分開也是兩個人的事，但我發自內心不想分開，但是沒辦法。

老師：除非他跟老婆之間有變化，否則妳也只能維持目前的狀態。我知道當妳喜歡一個男人會是全心全意，甘之如飴，不過感情這種事，除非自己想通頓悟，不然命理師也很難幫到妳。

客戶：我懂！所以我只想知道結果，說實話，我找過很多老師，他們也都說這樣是不對的，但最終都有一個結論：我和他分不開，就算我放棄了，他還是會回來找我，結婚的對象仍然是他。

老師：他需要妳，其實是妳把他寵壞了，找過這麼多的老師，妳心裡應該有底，2020 年 10 月將會有一個變化，這個變化好與壞，一

切取決於妳。

客戶：變數是好是壞由我決定，是嗎？

老師：YES！當下不同的時間和環境，想法都會改變，也許這對妳來說是一種解脫。

客戶：老師覺得十月會分開是嗎？

老師：我只能說有可能或者妳願意！

客戶：好的！非常感謝老師。

從這個八字，你能看到什麼嗎？

簡單，不就日主受剋嘛！

真的這麼簡單？

丙子月她內心真正的痛點是什麼？你找得到嗎？

我跟你說，日主受剋只是個導火線，最大的原因在於財星，它是現階段的**主導神**。丙子月八字整個弱到不行，財強增加日主受剋，財弱主破財，人會不理性，代表付出情感但想要好結果。丁丑月天干壬水龍頭被合走，官印也每況愈下，地支財也跟著弱，只有未土及辰土能幫身。

主導神 – 學生與老師的對話

學生：老師，這個八字的導火線是哪一個十神呢？

老師：身弱財是導火線，財是情感。

學生：那也得批己土氣在時，天干甲己合，地支寅亥合，本命官

從 4 個變 2 個，財從 2 個變 3 個，還是 3 個陽水呢？

老師：丙子月己氣早已不在。

學生：財是之前的付出，但丙子月子水是印星出事。己土氣不在，身弱加上天干財破印，沒安全感，做不道德事。

老師：流月丙火一定會受傷，地支子水也會傷。

學生：明知而為之！唉！

老師：這個八字只要比印不在就一定不理性。

學生：這個主導用神值得討論，我認為己土氣在時，財主導神，人不理性，己土氣消失，官就成為主導神，容易感情用事。重點在於日主受剋，沒印沒安全感，但我看漏了卯戌合。

老師：日主受剋起源是印受傷，財生官剋日主，財是龍頭，身弱時財是龍頭，己土只會合年干的甲。

學生：那麼官從四變為一，反而財有三個，丙子月算財星 +1，該月主導神的確為財，老師才是對的。

老師：是的，但要說官是主導也行，因財不理性，因情不甘心。

學生：這必須寫筆記，每月主導用神都在變，這女人好傻！

老師：主導神也是用神的一種，隨時都會改變，用神有主導神，保護神，治療用神。

學生：這個八字的主題是變幻莫測的主導神是嗎？

老師：沒錯！主導神是新的觀念，實務批命很好用。

學生：好深奧哦！

老師：再多印證就行！

學生：但我看本命，卻只看到官。

老師：丙火受傷就會出事，丙子月就是危機點。

學生：日主受剋，印受傷，不會是機會啊！沒意志力，這只是導火線，有離開之心，但實際上分不開。

老師：危機點就是出事的時間。

學生：天干甲己剋合，還未解開。

老師：流年的己土也是代表日主，己土不在，日主更慘。

學生：她發現自己笨了，動態來食傷剋官，才能真正斷絕關係，下個月己卯，她也會有問題，庚子年庚氣進來反而好，有印星，破財就會死心了。

老師：是的，所以我斷她今年10月會有變數，但每個老師都安慰她有機會。

學生：女人就是傻啊！這是她想聽到的結果。本來想到4月及5月，天干食傷出來，地支走比或印，身強，能有意志力或堅守道德。

老師：這樣批法也是正確，妳進步很多哦！

學生：謝謝老師的鼓勵，我會再加油！

感情這檔事，我不會看著命盤昧著良心說好話，只希望命主看清看透，這場無緣的結局，願命主能走出困境，迎向幸福的天涯。

卷四

八字微言任督二脈

八字微言任督二脈

4-1 命愈算愈薄？你想太多！

未踏入這行前，常聽一些朋友說，千萬不要去算命，命只會越算越薄，果真是如此嗎？

二十年的經驗告訴我，命不會越算越薄，命會越算越薄的人，其實是不願改變自己，遲遲不肯行動的人，或許你會說命理師長年洩天機，把別人的危機點都戳破了，這樣會不會出事呢？請聽我娓娓道來。

算命洩漏天機會有不好的報應嗎？首先我們來談一談什麼是天機？所謂洩漏天機指的是上天已註定好，一般人不可更改的事情，一旦被人知道說出來，就是所謂的洩漏天機。

說到洩漏天機，歷史上有位非常著名的天機大王，這人就是波蘭天文學家哥白尼，在 14 世紀他提出了日心說創造了他的不朽名著《天體運行論》，道出了地球是圍繞太陽轉，而非太陽圍繞地球轉的巨大天機，他所獲得的報應卻是萬古流芳。

我們每天關注的天氣預報，裡面的氣象工作者及預報員，他們向

世人預報天氣洩漏天機，他們獲得的報應不但受大眾愛戴，甚至一舉成名獲得氣象科學家稱號，現今生活可離不開這方面的資訊。

有些人一看到算命就會說，命會越算越薄，算命會洩漏天機，不能常算云云，其實命理算命預測運勢，跟我們日常接觸的天氣預報類似，命理師猶如氣象預報員，無論是氣象抑或個人運勢，無非就是獲得更多更好的資訊，目的都是趨吉避凶，瞭解天時的變化及運勢的應對方法，比如天氣預報說有颱風要來，這樣的自然災害，雖然我們無法去改變，但應對的方法總該有啊！所以命怎會越算越薄呢？應該只會越算越清楚才對，因為你更能瞭解自己的運勢與優缺點，有利於做出決策及選擇。

無論是命理師還是客戶，他們共同目的就是趨吉避凶，差別在於洩露天機與窺探天機，倘若彼此皆達成心願，代表前者做了一件助人又得到報酬的好事，後者則是讓運勢變得更得心應手的回饋。

所以說天機就在我們共同的天空，知命理然後使用命理，發掘更多正確的天機以助人為樂，說不定哪天你也能像哥白尼一樣，發現新天機而萬古流芳哦！

很多人愛算命，不外乎想瞭解個人的事業及財運，於是你把老師的話聽進去也做了筆記，哪一年不適合做投資，哪一個月要注意行車安全等等。如果您有小心迴避，等於做到趨吉避凶，大事化小，小事化無，那些本來要發生在自己身上的凶象，於是就會轉嫁讓老師去承擔，真的！在這行業二十年，有些事說出來你也許不相信，在補教界

帶小毛頭的那段青春歲月，我就是一個很鐵齒的人啊！從來不相信什麼算命卜卦這種事，直到繼承了父業當了職業命理師，我才終於領悟，為什麼算命要收紅包了。

　　一些高知識份子會對算命嗤之以鼻，不外乎是受傳統教育的影響，或者曾經被命理師慫恿改運，有些女生甚至被騙財又失身，遇到江湖術士說流年犯小人，要你花錢去買一些開運商品，難怪命理界會受到門外漢的撻伐，再加上命理節目及網路論壇的濫竽充數，的確是值得讓大家省思的問題。

　　在《黑心命理師》這本書曾提及：所謂外行人看熱鬧，內行人看門道，我就直說吧！平常你們在電視上看到的命理節目，其實都不是第四台自己製作的，大多數是命理師自行掏腰包跟電視台花錢買時段，每個月都得花上近百萬的成本來為大家消災解厄，前提都是以商業利益為優先，想辦法把您套住再開高價坑殺，不然沒事誰願意花高成本來濟世救人呢？當你打電話 Call-in 進去那一刻，已成為他們手中的肥羊！

　　命理師懂得利用人性心理招搖撞騙，只要你肯花錢絕對可以幫你挽回感情斬桃花，這……是什邏輯啊？我很懷疑桃花是要用什麼東西斬？當妳家的老公愛上一朵路邊野花，斬桃花會有用嗎？用剪的說不定會比較快呢！感情問題並非一廂情願即可立馬挽回，當對方劈腿或者不再愛妳的時候，妳用任何的改運方法都不會奏效，不論是談戀愛或是婚姻，靠的是彼此的信任及用心經營，方能白頭偕老地久天長，

愛情學分才夠資格談 Pass。

　　古語云：大隱於市，真正的高人幾乎都隱居於凡間，既不能隨便出手幫人，亦不會四處登台炫耀。命理老師除了為人正派，更須肩負社會責任，若有人宣稱可以為你改造命運，請一定要提高警覺並小心上當，因為這類的算命，荷包大失血是小事，命越算越薄才是大事。

　　很多人對命理師存在一定的誤解，認為所有事情都能處理，若是真的本身就應該不會有問題發生了，但這有可能嗎？如果答案是肯定的，很抱歉你可能要多繳智商稅了！

4-2 男人沒事別採野花

時間拉回到 2017 年 3 月 24 日，有一位女客戶氣急敗壞，跑到店裡來找我……

當天我一如往常坐在店裡，被突如其來的開門鈴聲嚇了一跳。

我：「怎麼了？什麼事這麼急？」

客戶：「鄭老師，可否看一下我的老公，六年前完全不相信你說的這檔事，我自認老公很優秀，不可能愛上路邊野花，直到前幾天找到了這張八字，看到命盤裡寫的注意事項，我真的嚇了一跳！這……簡直太神奇！我快要崩潰了！老師，請你告訴我，這個不要臉小三，何時才能放過我先生呢？」

我接過八字命盤仔細推敲，哇塞！這張八字有六年歷史了，距離她上次來找我是在 2011 年，時間過得如此快，這麼久的事我早已忘得一乾二淨，依稀記得曾在她老公的八字命單，特別註記未來須防範的注意事項，其中有一段非常重要的提醒：

2016 下半年到 2017 年上半年，留意爛桃花，小心因女人惹禍破財。

我們來看一下這個男命：

時	元男	月	年	大運	流年
戊	甲	庚	乙	乙	丙
辰	寅	辰	巳	亥	申

79	69	59	49	39	29	19	9	大運
壬	癸	甲	乙	丙	丁	戊	己	虛
申	酉	戌	亥	子	丑	寅	卯	歲

生於清明後 25 日

大運 8 年 4 個月上運

每逢戊癸之年白露前 5 日交脫

八字分析

　　首先看財運，根據我多年的經驗，十天干中最會賺錢就是甲木，此命事業心重，非常享受賺錢，將賺錢視為第一生命，我知道你會說，這不是破財的八字嗎？寅木剋辰土？還好啦！別忘了還有兩顆財，而且這不過是本命的基因，只要不加重受傷就好，不用想太多。

　　大運一交丁丑，財運十分亨通，此命平常因工作需要常應酬，雖有異性緣但不受影響，這裡強調一個觀念，本命乙庚合可不能當作消失不見，它們只是互相吸引拉扯，旁邊有戊土幫忙，可以強化庚金，但相對會削弱乙木，乙庚有如一對戀人，即使戊土進來也無法被拆解。

　　學過傳統八字，書上都會這樣教你：乙庚合而不化，戊土生庚金，將乙庚合還原，乙木反而受傷。說句實話，我早已不用這些理論了，

我只知道，當乙木受傷時，日主就會倒大楣，而且是因財惹禍。

　　大運交 49 歲乙亥，剛好碰上 2015 乙未年，此年婚姻出現了極大的變化，乙木出干就是一個危機點，財生官剋日主，此年開始種下爛桃花之緣；丙申年丙火出干生戊土財星，地支官合食傷，此時比劫＋印＋食傷都弱了，即使財星再多，只會帶來麻煩的桃花，容易被小三迷惑，受騙破財。

　　2017 壬寅癸卯月，沉浸在酒色的世界，生活思緒幾乎被小三控制，當時我告訴她，時間只要交到甲辰月，老公即可清醒回家，天干甲木剋掉戊土，地支的財也變弱，代表想和小三分手，果不其然，先生在此月與小三分手，回到老婆身邊。

　　這件事過了不久，2017 年 4 月某一天，這位客戶突然來到我的店，並隨手帶來一個拌手禮，她說：「鄭老師！今天特地來謝謝你，因為我的阿那答，如同你說的，心真的回歸家庭了。」

　　大運流年帶來的桃花，一旦運程走完，感情也會隨之結束，完全符合時間的運勢，透過這個案例，跟全天下的男人分享 — 沒事別去亂採路邊野花，免費的永遠是最貴！

4-3 誰說正官是好人

　　八字中有七殺星一定不好嗎？討論這個命例之前，讓我問大家一個問題：這個八字戊癸會合嗎？許多人認為日主相合一定以吉來論之，俗話說魔鬼藏在細節裡，事實上暗藏很大的危機呢！

　　學習八字都有一個根深蒂固的觀念，很多命書都會這樣告訴你，正官是一顆溫文儒雅，象徵正統官貴權力的吉祥星，七殺偏官普遍認為是一顆殘暴恐懼的殺星，所以很多人對於七殺非常恐懼，一見七殺恨不得立馬將它去除為快，不分青紅皂白把罪過全都算到七殺頭上，這樣的論命方式令人覺得莞爾又無奈，假如七殺對日主沒有產生任何威脅的情況下，你還要幹掉它嗎？運勢不好時和七殺一點關係都沒有，問題反而出現在吉神星的正官身上。

　　怎麼說呢？我們以下面這個女命為例，從兩個角度來先睹為快：

　　（一）與日主的五行相合只有月干和時干，年支因為中間隔了一個月支，故不能論斷為合。任何與日主合化的五行只有在日主受剋時才會使用，其他的情況基本上無作用，關於這一點請讀者要非常留意，否則一個危險的八字會被誤認成一個極佳的八字。

　　（二）日主無法改變現狀，即使下面坐生助之神，它依然是癸水，請記得日主無化之理，不能忘記自己是誰。

341

時	元女	月	年	大運	流年
辛	癸	辛	戊	己	丙
酉	巳	酉	辰	未	申

80	70	60	50	40	30	20	10	大運
癸丑	甲寅	乙卯	丙辰	丁巳	戊午	己未	庚申	虛歲

生於白露後 28 日

大運 9 年 4 個月上運

每逢戊癸之年立春前 2 日交脫

八字分析

　　這個八字只會出現一種情況，就是戊土剋癸水，日主受剋危機四伏，此時你一定會有疑惑，日主怎麼會受剋呢？八字裡不是還有辛金嗎？而且金看起來還挺旺的，這個問題要回到八字的基礎上，我們都知道干支有陰陽之分，若不將陰陽分類，即有可能出現亂生亂剋，因為辛金屬性為陰，若用來當戊土剋癸水的和事佬，其實通關的力量非常小，正官戊土仍然可以 KO 日主癸水。

　　別以為正官是好人，七殺是壞人，當戊土發凶的時候癸水只有挨打的份，日主一樣會承受極大的壓力。我們知道合並非代表合好之意，但這個排列組合非但沒有合，還被戊土剋得奄奄一息 (並非剋合)。如果兩旁的辛金保鏢受傷，大運流年亦沒有用神來幫忙，則日主受剋的

情況將會加重，這也是為何命主有悶悶不樂及憂鬱性格的主因。

　　反過來說，天干若出現己土(七殺)反而會是好事呢！為什麼呢？因為癸水有兩個辛金保護，除非辛金被丙火賄賂收買，不然己土可讓日主有貴人相助，更有利感情及官運的發展。戊癸合只是曇花一現，代表虛情假意之合，感情婚姻不穩定，容易承受男友或老公的壓力。

　　瞭解道理之後，我們來看一下這個女命，19歲己未大運期間，正巧碰上2016丙申年，親愛的讀者，你覺得此年可否談戀愛或結婚呢？是我的話絕不建議，前面說過一旦辛金被收買，當辛金(印星)不在的時候，日主的傷害則會加重，因為流年的丙火合住命局辛金，保鑣被收買是潛伏的危機，一旦進入流年流月辛金全部被合走時，本命戊土與大運己土齊剋癸水，日主將會受到更大的傷害，故丙申年出現對象的時機點並不OK。

　　由以上的推理得知，當辛金沒有受傷，若碰上己土的大運或流年，即形成殺印相生，己土生辛金再轉生癸水，對日主而言這可是好事一樁啊！感情及事業運皆會大放異彩，誰說七殺星一定不好？

　　也許你會問我，既然戊土是癸水的忌神，辛金是日主的用神，除了己土之外，天干還有保護日主的用神嗎？答案是肯定的，以下提供三個用神讓讀者參考：

（1）壬水 — 比劫具有分享的功能，能夠分擔日主的好與惡，當壬水出現的時候，戊土就會跑去剋壬水而忽略癸水，此時的日主能夠得以喘息。

（2）庚金 ─ 這個很好理解，庚金會化戊土救癸水，形成土生金再生水，日主獲得貴人的幫助出現生機。

（3）甲木 ─ 辛金打不倒甲木，甲木會直接剋戊土，甲木是傷官，戊土是正官，有句話說傷官見官為禍百端。雖然日主癸水得以存活，但在現實生活中容易出現以暴制暴，形成兩敗俱傷，畢竟是藉由外力來打倒戊土，情勢不得已才取甲木為用，若以此方式解救日主是下下策之選。

另外補充一點，在 19 歲己大運的期間若出現甲流年，此時的甲木是完全沒作用的，因為甲己一合，甲木傷不了戊土，所以此年日主仍然是呈現受傷的情況。

至於其他的天干呢？當然不會是日主的用神，有些反而是忌神，以下分別說明：

（1）乙木 ─ 乙木壓不住戊土，況且辛金也會剋乙木，乙木自身難保，容易出現吃虧判斷錯誤。

（2）丙火 ─ 前面提到，丙火出來只會合住辛金，日主癸水立馬失去了保護，丙火可是忌神啊！

（3）丁火 ─ 丁火會剋辛金，同時也會增強戊土的力量，對日主非但沒有好處還會助紂為虐。

（4）戊土 ─ 出現時會和年干的戊土一起剋合癸水，使日主的壓力增加，所以戊土不能取用。

（5）辛金 ─ 雖然對癸水有一點小作用，但無法像庚金直接化戊土為

用，對日主的幫助微乎其微。

（6）癸水 — 同樣具有分擔日主的功能，但在使用上有吉凶之分。好的部分是指戊土優先跑去合大運流年的癸水，此時的日主會得到解脫；但壞的部分則是官星被好朋友搶走，反而不利日主的事業發展；另一方面亦指流年的日主出干面臨日主受剋的問題，所以取癸水為用並不是很理想，容易出現另外的危機。

文堡老師的叮嚀

寫到這裡，你們可能還有疑問，為什麼我一直強調日主，而不談地支的部分呢？這個問題很好，首先大家要有一個觀念：日主一旦受傷，其他再好也無用！所以看到一個八字日主受剋，一定要優先救日主，能將日主生扶起來，未來的人生才有機會，不是嗎？我們觀察此命的地支，也不是很OK，年支及月支辰酉合，日支巳火剋掉時支酉金，地支的兩個印星皆受傷……。

看到這裡可以直接無視了，先將日主的危機解決吧！然而日主受剋時，該用什麼方法來化解呢？

一般而言，我會建議命主讓體重稍微增胖，然而胖瘦須以日主所需要的用神力量來決定，這是什麼意思呢？請聽我以下的解說：

庚金 — 日主的印星，為生助之神，假如太瘦可以吃胖一點（但不能太胖）增加氣色，並透過閱讀學習和睡個好覺。

壬水 — 日主的比劫，和庚金一樣為生助之神，故要增胖，亦可廣結善緣結交正向能量的人，幫助自己度過難關。

甲木 — 日主的食神，為剋洩之神，體重若過重則要減肥瘦身，培養運動的習慣多流汗，可化解憂慮煩躁的情緒。

最後請記得，日主受剋之人需要比印來生扶，此時就必需要吃胖一點，過瘦並不會帶來好運氣哦！

誰說正官是好人，誰說七殺是壞人，兩者指的是同一件事，這也是個人自媒體觀看率最多的影片，歡迎讀者掃描 QR 碼。

誰說七殺是壞人

Tips：八字是老祖宗留傳的智慧錦囊，身為一個專業的命理師，為客人分析解惑，需要有非常好的狀況和判斷力，因為命盤的排列組合是活的，五行會隨著時間不斷變化，假如一直圍繞在身強身弱及喜用神的胡同，可能會抓不到論命的準確度，如同這個八字，正常情況下己土為命主的用神，但是當流年出現丙火的時候，己土卻成為了忌神，所以用神不會一成不變！這一點請讀者務必留意。

4-4 小孩也能批流年

　　原本對先天本命的認知，小孩只能用來論斷性格，其實不然，一般來說，雖然沒上大運，但還是可以批流年，以及成長階段必須留意的事。

　　命主的爸爸，2019 年盛夏經由我的 Blog 慕名而來，我們來分析一下這個小男生。

時	元男	月	年	大運	流年
乙	丁	辛	丁	X	己
巳	卯	亥	酉	X	亥

80	70	60	50	40	30	20	10	大運
癸	甲	乙	丙	丁	戊	己	庚	實
卯	辰	巳	午	未	申	酉	戌	歲

生於立冬後 28 日 10 時辰
大運 9 年 7 個月又 10 日上運
每逢丁壬之年小暑後 8 日交脫

八字分析

　　首先，四柱八個字全陰，我曾經說過陰陽得失位的問題，男命假如全陰，個性上會比較細膩，外貌斯文秀氣，要說像女生一點也不為過，爸爸說得完全正確。

接著看地支的排列組合也相當不錯，酉金生亥水，亥水生卯木，卯木生巳火，一氣順生，即使天干辛金受傷，仍舊影響不大，因為冬季的火欲燃燒金並不容易，故健康上呼吸道及皮膚易出現過敏的現象。

　　我們來看地支的保護神，巳火等同於天干日主丁火，一旦卯木印星被收買，事情可就大條，我們可以從 2018 戊戌年找到保護神消失的時間，除了甲寅月，其他的月份，卯木幾乎是消失不見，此時我們就可以論斷，狗年地支日主受剋，容易出現卡陰或生病感冒，也許你會問我，為何沒有出大事呢？很簡單，**因為天干的比印還在，身強的情況下，日主即使受傷也能相安無事。**

　　至於己亥年要注意何事呢？我們可以看到己巳月，地支日主又再次受剋，爸爸說此月帶小朋友外出遊玩，回來之後半夜受到到驚嚇哭鬧，庚午月及辛未月比劫剋財，亥水受傷酉金也會跟著遭殃，故斷不理性，脾氣暴躁坐立不安，欺負弱小，這時候干支建議的用神為陰土（食傷），或者陰水（官殺）。

　　十二歲交庚戌大運，八字的印星全部受合，此階段地支日主受傷，只留下天干丁火比劫，整個八字呈現身弱之象，印星消失，我們可以論斷幾件事（只會應驗其中幾種，很少會全部發生）：

　　（1）戌土食傷進不來本命，不利於學習或者智慧開竅慢。

　　（2）人際關係不佳，受到同學或老師的排擠，甚至霸凌事件。

　　（3）自信不足，沒有安全感，在家待不住。

　　（4）火受傷，代表心臟，小腸，視力較不好。

知道了問題點，那麼用神為何呢？我們可以用土（食傷）及火（比劫）來生扶日主，培養運動、人際關係，建立自信，可以改善不順遂的大運。二十一歲交己酉大運，干支的五行順暢流通，對於讀書、考試、工作、技能，皆可一展長才，可以善加把握。

然而，一個人的整體運勢，亦須配合時間、空間、習慣才能更精準更客觀，也就是我們常說的天、地、人。

客戶的疑問

（1）老師請教一下，一般小孩未上大運前的大運位置是用空氣去看嗎？

（2）小孩未上運前的大運是否等於流年，所以相當於用兩個流年來看？

文堡老師答覆

（1）大運未上運，只須看流年即可。

（2）只有一個流年，而非兩個流年。

客戶的回饋

鄭老師跟您回饋一下，剛剛您講的都有命中，小兒八字全陰，長相確實秀氣，皮膚白，常常被人誤認是女生，個性固執、謹慎、敏感，且我們開車經過路邊有法事，他回家就開始夜驚了。

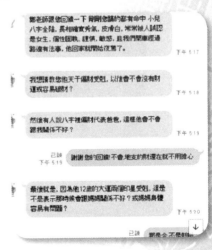

4-5 財破印的人生類象

　　什麼叫做財破印？你身邊有這樣的朋友嗎？有一天會不會被他們出賣呢？還是說這些人心存不軌，必須學會敬而遠之？

　　關於這個問題，得依八字的排列組合與最終強弱的結果而定，身強財破印容易出孝子，或者有意外的收穫；身弱財破印可就不同了，身懷圓謊的功力，走衰運的時候易吃虧上當，甚至想不開鬧自殺。

　　我們來探討身弱財破印的人格特質吧！邂逅時總能感受到親切熱誠，但是交往一段時間之後，你會發現他們為了自身利益，什麼事都可以做得出來，今天不論在哪裡就職工作，身邊一定少不了這類型的人，行事表裡不一，交談時眼神飄浮不定，你們可能會問我，從八字可以看得到這些性格嗎？當然可以！

時	元男	月	年	大運	流年
戊	甲	戊	甲	壬	己
辰	午	辰	子	申	亥

72	62	52	42	32	22	12	2	大運
丙	乙	甲	癸	壬	辛	庚	己	虛
子	亥	戌	酉	申	未	午	巳	歲

生於清明後 25 日 5 時辰

大運 1 年 9 個月又 10 日上運

每逢丙辛之年立春後 5 日交脫

八字分析

　　說謊的命格有很多種，食傷過旺是其中一種，另一種就是身弱財破印，我們來觀察這個八字，日主甲木生於辰月，干支的土很旺，甲木的生助扶神只有甲木及子水，地支辰土剋子水可說是財多身弱，加上天干甲木剋掉戊土 (比肩奪財)，先天已存在為人掏心掏肺之性格。

　　大運交 12 歲的庚午大運期間，天干庚金剋甲木，戊土財星復活，地支裡只有三個五行在互動，午火生辰土直接沖剋掉印星子水。12 歲上小六之後，變得貪玩不愛念書，一天到晚都和狐朋狗黨結伴玩耍。

　　己卯年己土合掉年干甲木，財合比劫造成日主受剋，當天干的日主受傷，地支再出現財破印，等於沒有貴人來幫身化解，甲戌月騎機車無照駕駛，與朋友出遊發生嚴重車禍，身受重傷被送到加護病房，好在乙亥月比劫出現，日主脫困撿回了一命，差點一命嗚呼，善哉！

　　財破印的進階版叫做貪財破印，印星代表母親、學習、責任感、睡覺，當印星受傷時，讀書將出現臨時抱佛腳，學非所用，做人不實在，說謊逃避現實，做生意的人遊走法律邊緣，商人只顧賺黑心錢不理會大眾的死活，下海援交的女生大都要錢不要面子，為了高薪跳槽最後得不到上司提拔等等，以上這些皆是屬於貪財破印的類型，看到

這裡，你有什麼感想呢？

踏入這行二十年，看過無數被朋友陷害，最後身陷囹圄的案例。所謂世風日下，人心不古，害人之心不可有，防人之心不可無，平常多學一點面相及防人之術，保護自己吧！當你的人生閱歷越多，除了體會人性的真實本質，亦可降低吃虧受騙的機率。

解說完之後，現在文堡老師要出題考考你們囉！請接招！

問題

（1）戊戌年罹患了口腔癌怎麼看？

（2）己亥與戊戌哪一年感情較好？

（3）此命的性格及年幼成績如何？

學生批法

（1）戊戌年，天干甲木剋兩個戊土為洩，命主身弱，財強也出干。地支財生官生印，但流月子水出來被戊土剋，本命的印全受傷，印星代表健康或看醫生。

（2）己亥和戊戌的感情運，戊戌較好，因為甲己合，命主剋合財，比劫被合，八字身弱，流年亥水出干，有破印之象。

（3）成績不佳，年少時期是個問題學生。

老師解說

（1）正確！戊戌年為土旺，本命子水已弱，土再旺，水就會加重受傷。水代表早洩、耳鳴、血癌，為何水受傷也能指口腔癌呢？因為有口水分泌之故。

（2）此題有誤！戊戌年認識的女孩，酒家女，不太好，天干比肩洩，地支加重財破印，與媽媽的關係不和；己亥年，甲己合，本命的財好很多，故此年認識的女孩較溫和乖巧。甲己合，比劫雖弱，但天干財星得救，故有感情運，地支多一印，故斷身強。

（3）答對！本命地支子水受剋，食傷生財破印，所以先天貪玩不愛念書。

健康問題比較難批得準，必須多涉獵中醫理論，並透過更多實例來印證。

財破印另外一個類象，就是婆媳問題，我們接著往下看。

婆媳沒問題，老公態度是關鍵！

許多優秀的女性，婚後都會抱怨與婆家的關係，當她們找我諮詢如何化解，我通常只會告訴她們，長輩依然是長輩，很多根深蒂固的個性想法，就算妳花上一輩子，可能都無法改變婆婆的腦袋，當形勢比人強時，請試著順應婆婆吧！別再讓妳的老公當夾心餅干。一般我都會建議，假如有能力購屋搬家，也能減少衝突的機會。另外，平常與阿娜答建立良好的溝通，這一點也很重要喔！因為我見過很多老婆想搬家，老公卻想留在家的情況，家家有本難唸的經啊！

我們從八字角度來看婆媳關係，兩者之間其實是相互矛盾的，對男人而言是財破印，對女人來說就是比劫剋財了，照字面上來說，男命的財破印，代表妻子比較強悍，永遠強壓著婆婆，是這樣嗎？

我與大家分享一個男命實例

時 日 月 年
戊 丙 甲 庚
戌 寅 申 戌

丙火代表日主，庚金就是偏財老婆，甲木則是偏印媽媽，從大自然的角度來看，秋天的金可輕易地將樹木連根拔起，無論天干地支，甲木被傷得奄奄一息，意味著老婆較強勢，吃虧永遠是婆婆，這種現象在八字就是所謂的財破印，然而這只是本命的現象，別忘了！大運流年總有一天會來搭救。

財破印呈現的生活類象，得根據批命的結果來斷身強抑或身弱，偷偷告訴你，兩者之間的差異很大！

(1) 批命的結果為身強

這種現象代表要老婆不要自己的媽媽，也可以解釋要錢不要媽媽；另外一種情況就是妻子比較強勢，把金錢財產控管得很嚴格；最後一種則是住的地方離父母較遠，無法接濟自己的長輩。很多媽媽會抱怨自己的兒子，娶了老婆之後眼裡就沒有媽媽，因為無法接受，於是就跑去對付媳婦，搞得自己神經兮兮甚至出現憂鬱症。

(2) 批命的結果為身弱

這種情況代表妻子不要丈夫，嚴重時會將財富全部佔為己有，拿到財產之後再拍拍屁股走人，說難聽一點就是不管老公的死活，男人千萬別將這種女人娶進門，否則下場多半悽慘落魄；另一種解釋為錢

賺越多，媽媽的健康就越不好。

你們也許會問我，婆媳衝突一輩子都會如此嗎？當然不會！以女命來說，比劫剋財會出現婆媳衝突，此時我們可以用食傷（小孩）來通關，或者用官殺來剋比劫，讓財復活，官殺是什麼？當然是老公囉！小孩或丈夫才是婆媳關係最佳的和事佬，但假設沒有小孩呢？婆媳關係要維持和諧，關鍵就在男人身上了，妳說對吧？

看完以上的財破印，可能大家感覺都不會太好，心裡多少有些排斥。的確！它可以代表為求目的不擇手段，或者為了賺錢不顧別人死活。

但從另一角度看，它也有優點啊！例如財破印的人比較實際，可放下身段去爭取自己想要的生活，為人做事積極進取。農夫正是財破印的例子之一，雖然書讀得不多，但他們腳踏實地，賺的就是辛苦錢，努力的精神值得我們敬佩，日後若聽到財破印請別太負面，它也有好的一面哦！

任何一個十神的組合，不能只看缺點而忽略優點，這是一個陰陽共存的世代，好與壞皆是一體兩面。

比如房地產代理（容易賣房成交）、臥底警察（善於隱瞞），也可以發揮財破印的特質。

因為「印」的另一個意思就是房屋，財破印自然很容易將房子賣掉，但假如不幸遭到法拍，賣掉的可能是自己的窩，最後變成無家可

歸。但如果換成是印破財呢？可能就是花錢買下自己的窩哦！

我們從幾個不同觀點來看，其一，財破印的人，代表他的八字中有印星，然而這個印不會長期處於被破的狀態，而印亦代表學識，在不破印的時間，不也代表日主有不錯的學識涵養嗎？其二，可能為了一份好工作，實現了離家到外地奮鬥的目標。

現今社會，因為經濟不景氣，怕無力組織家庭，而不敢去追求幸福的人，也是財破印的一種。

另外財也代表目標，印是學識與蔭助，身強財破印，也能代表立定目標後，獨立自主將所學發揮出來。

不知道大家有沒有遇過，不論上班或放假、白天或黑夜，只要一想到問題，便會要求你赴湯蹈火的老闆呢？

「破印」的可怕老闆

的確很令人頭痛的問題，因為破印，一般也得不到上司的支持與信任，自己也會感到沒安全感，尤其面對不熟悉的事更為明顯，除了焦慮不安之外，也不懂如何做決定，於是不分日夜的追問下屬。

唯有讓老闆安心的不二法門就是幫他「補印」，但印要如何補呢？

我們知道，印星本身就是資訊，所以要治本，你便要幫他做出分析，透過有用的資訊，協助他做出決定，這樣的方法其實就是幫他補

印。印得以補回，破印的焦躁不安感便得以改善了，身為員工的你才有好日子過哦！

財破印常見的職業

　　— 詐騙集團首腦

　　— 自由職業者或創新行業

　　— 臥底警察

　　— 離鄉背景的工作

　　— 酒店上班的小姐

　　— 感覺只要有錢賺，沒什麼不可以 (不是壞事就好)

　　— 為求目的不惜放下尊嚴

　　— 房仲

整理出財破財的類象，提供給讀者參考。

（1） 父母感情不佳或離異，家庭不和諧。

（2） 自私自利，敗壞自己的名節及信譽。

（3） 商人為了自身利益違背良心賣假貨。

（4） 婆媳之間出現爭執不和，關係緊張。

（5） 家中的風水神明擺設出現了大問題。

（6） 重物慾臨時抱佛腳，貪玩排斥學習。

（7） 命格身強時，可能以財心力助長輩。

（8） 選讀的科系，出社會容易學非所用。

（9）身弱為人虛浮了無實學，體弱多病。

（10）打破舊有制度思維，建立新系統。

印星代表母親，讀書求知，責任感，休息睡覺，當印星受傷時學習容易臨時抱佛腳，為人不實在圓謊，逃避現實生活。

做生意的人會遊走法律邊緣，只顧賺黑心錢不理會百姓的死活，下海援交的女生是屬於貪財破印的類型。

所謂世風日下，人心不古，害人之心不可有，但防人之心不可無，學會如何自保可防吃虧上當受騙。

文堡老師為你開放了這部教學影片，請掃描以下的 QR 碼學習。

不要臉的貪財破印

4-6 相同八字不同命

　　有很多讀者問我，同一個時辰出生的八字，命運是否一樣？能夠靠後天的努力改變嗎？

　　這個問題非常棒，很少有命理師能夠鉅細靡遺的回答，你可以在地球這塊土地，尋找到與你同年同月同日同時出生的人，但奇怪的是，你們的命運卻是截然不同，沒錯！雙胞胎運途就差很多了，更何況是出生在不同空間的相同八字。

　　八字是由四個天干及四個地支組成，因子平八字只把人的命格劃分到時而不是到分，我們都知道一個時辰有兩個小時，在這兩個小時中，全世界出生的人可謂不計其數，雖然命運的結果不同，但運勢的軌跡卻是一樣。說到這裡，可能你們會一臉茫然，運勢的軌跡相同，但命運卻不同，這是怎麼回事？不懂？請聽我娓娓道來。

　　我的客戶實例：

時	元女	月	年	大運	流年
丁	丁	壬	戊	戊	己
未	未	戌	午	午	亥

72	62	52	42	32	22	12	2	大運
甲	乙	丙	丁	戊	己	庚	辛	虛
寅	卯	辰	巳	午	未	申	酉	歲

生於寒露後 3 日 7 時辰

大運 1 年 2 個月又 10 日上運

每逢甲己之年大雪後 13 日交脫

八字分析

有命理基礎的朋友，相信你們看到這個八字，心中已有譜。此命干支土旺，食傷旺盛，天干戊土拆不了壬水，丁壬合的作用仍然存在。你們也會直斷性格不服輸，好勝心強，有話藏不住，是的！若以先天命格來說，這些論斷全部正確，但我們回過頭來看一下，她年幼時期的大運，可就不是這麼回事了！

首先看 12 歲到 21 歲庚申大運期間，天干戊土生庚金，地支午火生戌土，戌土生申金，干支的食傷皆洩於財，食神的力量減弱，表示暫時失去好強及火爆的性格，但財的力量卻增強了。所以在求學的階段中，可能出現以下幾種的類象：

其一為理性守法

其二為家境小康

其三為物質享受

其四為父親疼愛

其五為活潑貪玩

看到這裡，相信大家應可認同，同一個時辰出生的八字，年幼階段是否存在好幾種不同的現象呢？

再請問你們一個問題，此命的感情婚姻運如何？請先思考一分鐘後再往下看喔！

一般人看到食傷剋官，都會直接斷離婚，正常情況下是這樣沒錯，但實際批命過程中卻不是如此，因為當事人告訴我，因為害怕婚姻所以沒有結婚，既然沒結婚哪來的離婚呢？我們發現32歲戊午大運期間，天干地支的官星完全進不來，不是被合走不然就是受傷，己亥及庚子年，亥子水官星皆是危機四伏。批命時，必須考慮以下幾種情況：

（一）若已結婚則離婚的機率很高。

（二）不想要男人也無結婚的念頭。

（三）和上司理念不合想自行創業。

（四）不容易懷孕或者不想生小孩。

（五）身體易出現水腫或身材發福。

透過以上五種的類推，你們似乎會眼花撩亂，同一個時間怎麼會出現如此多的類象呢？沒錯！這就是八字的時間推理，實際幫人批命也是如此，要知道同一個八字，相同時間所應驗的事，存在不同的類象解釋，還記得嗎？YouTube自媒體的第二堂課：八字是推理而非神通，裡面有提及此觀念，請讀者掃描右方的QR碼觀看。

八字是推理而非神通

你們可能還會問我，上述這些生活的類象，全部皆會應驗嗎？當然不會！以女命的感情婚姻來說，假設一個是生在日本，另一個是生

在台灣，一樣是走戊午大運，日本的女生可能出現離婚或離職，台灣的女生可能應驗在不婚或者不孕。

行筆至此，相信大家能清楚明白，文堡老師的重點了！應驗在相同八字但出生地不同的人，只會出現一種到兩種的命理類象，若要全部皆發生，機率可是很低很低。雙胞胎即是一個很好的題材，年幼階段也許有著相同的思想行為，但隨著時間、環境、空間、教育以及所接觸的人、事、物，長大之後，可能呈現不同的命運結果，台灣的演藝圈中，小松和小柏即是一個最好的實例。

結語

論斷八字如同中醫的望、聞、問、切，從命盤中瞭解當事人的過去及性格，再來做出推斷才是正確的批命方法。否則一個八字都只是一個推敲，嚴格來說也只是紙上談兵，只能當作參考。假如剛好說中了當事人的疑難雜症，或者內心的痛點，那只是老師累積多年的實務經驗，實際上並不足為奇。

老實說，我不喜歡有些老師一開盤便鐵口直斷－「你未來是總統命」、「人生無望窮一世」等等的宿命論，這種批命對我來說，除了是恐嚇，其他什麼都不是！只會抹煞一個人的能力與機會，走好運因太過自滿而疏於努力，可以絕處逢生時卻放棄了希望。

最明顯的例子就是雙胞胎，為什麼各自不相識，完全獨立的兩個人，容許用同一八字去批，同一個屋簷下硬要給予分歧呢？道理很簡單，雙胞胎人生的不同際遇，完全取決於當下每一個決定，所選擇的

朋友、學識、興趣、工作，伴侶，已將他們帶入不同的空間甚至不同的路，即使是相同的運勢，所形成的影響力差別可是很大。

自己發掘的路，仍存著很多變數，比如印太強，對財來說無疑是一種傷害，有些人可能為生活花費太多，為家庭付出了時間和金錢，或者母親對妻子不滿的負面情緒，但其實我們可以選擇正向面對，例如你可選擇努力用功以致廢寢忘餐，把表面上不好的際遇變得更有價值，這樣才能真正的善用八字，改變自己的行為習慣，而非等待好壞運的到來。

我們不是用八字去窺看我們的結局，而是用八字去預測運勢，從而改變我們的結局。

人生如同一場鐵人賽，未達終點的成績始終都是未知數，我們只需要適時的休息、有力氣時努力衝刺，但絕不能輕言放棄退出比賽。

重點整理

（1）即使運勢相同，但最後命運卻截然不同。

（2）千萬別再相信，相同八字會有相同的命。

（3）培養好習慣，試著努力超越自己的命運。

4-7 改運能翻身？沒跌入深坑算你走運！

　　很多人總是以名人的案例跟自己的八字做比較，觀察是否能跟名人一樣飛黃騰達，能不能成為有錢人？能否成就非凡？人因夢想而偉大，總是等待機會與時運的到來！

　　這種思維無非是一種迷思與誤解，因為八字裡看不出這些東西，要是能看得出來，命理論壇的批論就不會出現似是而非的情況，因為相同八字成就可大可小，甚至可說完全相反。

　　我曾經說過八字是一門時間學，時間有著不可切割及重疊性，同個時辰出生相同八字的人很多，但相同八字的人，為什麼找不出一模一樣的命運呢？假設八字真有那麼神奇的力量，照理說應該有相同的命運，然而事實上並非如此。

　　此時就要認真思考了，除了時間左右命運，尚有空間風水對人的影響，時間可以重疊，但唯獨空間無法重疊，生活在地球中，每個人看世界的角度不可能一樣，因為你現在站的位置，我無法與你重疊在一起，即便是相同的出生時間，但未必有相同的出生地點。

　　八字是運勢的起序點，它不會決定你的命運與位階，成就取決於性格和能力，並非一個八字即能決定一生的富貴貧賤，命理師說你天生是什麼樣的命，老實說聽聽就好。我們從易經的天、人、地，三才的思維即可看到，中國人講的天、人、地，也就是天時、地利、人和

這三個條件，八字說明的就是天時，但除了天時之外，其他兩個部分可透過後天努力去經營，想要成大功，立大業，這三個條件缺一不可，絕對不可能單獨從一個八字就能決定你的未來，也不可能單憑一個風水寶地就能大富大貴，單靠努力與能力也不一定能夠成功，此生若要有一番的成就，天、地、人三個條件都必須具備。

八字學講的是天時，透過天時發揮你的專長並培養能力，這就是屬於天與人的部分，無論天生是好命、爛命，後天還是需要努力，除非有好的家世背景或皇親國戚，實際上我們都是平凡人而已，還是老老實實的一步一腳印吧！既然是少數人的例子，就代表更多數的人不具備天才的條件，既然不是天才，請做好平凡人該做的事，別想著要一步登天，那可是異想天開！

職業生涯常發現一個有趣的現象，很多人總想要一次變身為好野人，因此讓很多神棍有機可乘，利用人性的貪婪大行詐騙。因此我常提醒他們，不要輕易相信那些騙子所謂的改運，因為人處於低潮時，容易做出錯誤的判斷，被牽著鼻子走仍不自知，進而加重損失，雪上加霜！

要知道，人類都順應著大自然法則，假如改運可以變好，神棍騙子自己改就好了，想要多好就有多好，何必還出來混呢？抱歉有點離題，現在都講求環境保護，你認為環境被破壞是一下子變壞的嗎？那可未必！我們知道環境要被破壞，必須經過一段時間的摧殘，想要將環境回歸到理想的狀態，可能立竿見影嗎？這個問題，相信你我心中

已有譜。

　　同樣的道理，人之所以會出現衰運，**可能處於好運時，種下了很多對自己不利的因，才會導致衰運的果**，佛家常講的因果關係，絕對不可能透過命理師的法器加持，幫助你改變命運，一切還是回歸人的本質—改變缺點，發揮優點，命運皆是掌握在自己的手裡。

　　八字的理論源自於陰陽五行，想要讓命運扭轉乾坤，必須對不利於自己的磁場做出改變，這些東西必須透過生活體驗及行動力，一步一腳印去實踐，嚴格來說是一個非常緩慢的過程。學習八字在於告誡我們，**當你一直做對的事情並心存善念，命運自然會慢慢好轉**，一旦心存僥倖做出錯誤的判斷，即會用盡福報走下坡。

　　很多人在工作、感情婚姻遇到挫折，總會歸究是別人的錯，從來不曾檢討自己，這樣其實很不好！因為八字的運勢上很明白的告訴你，風水輪流轉，本來就會發生的好運、壞運，恰好是本身個性的問題，命理師是人不是神，我也無法解決不幫自己處理問題的人，成天就想著那是別人的錯，從來不想改變自己，碰到如此的奧客，我也只能說聲抱歉！

　　生活中的食、衣、住、行，樣樣皆是五行，只要多觀察留意，人的運勢便能逐漸改善，世間的一切事物，人在做天在看，怨不了別人的，端看自己是否行得正，然而什麼叫做對，什麼叫做錯，即是五行裡的木火土金水，你種了哪些因，自然就會得到哪些果。

　　想靠改運翻身？我只能搖搖頭：沒掉入深坑算你走運！

別做白日夢

命理界有個不成文的規則－不要給求測者太過天方夜譚的夢想，一旦給了過多白日夢，反而害人害己。

分享我一個朋友的實例，他曾找過其他命理老師算過命，這位命理師跟他說，今年會賺到人生最大的一筆財富，而且這幾年會相當有成就，身價會高達上億，但是在十年後會出事甚至發生意外。他說這兩年確實有點小確幸，但還沒有達到預期的目標，總感覺到無時無刻有人在覬覦他，想到十年後會被人綁票殺害，一直活在恐懼中。

聽到這樣的描述實在哭笑不得，於是將他的八字拿起來分析，我跟他說你想太多了，不要老想著發達，一不小心可能會導致破產，至於十年後會不會被人綁票任誰都無法證實，現在講這些未免太不切實際！先過好今年再說。他頓時傻眼，怎麼跟之前老師批的完全相反？道理很簡單，算命不是夢想也不是恐嚇，更不代表未來十年後一定會如何，因為十年後誰都沒辦法驗證，批命最大目的是希望大家從此刻開始改變自己，而不是等待何時出現好運。

許多人的一生就這樣被害慘了，命理師說他八字是身價上億，請問該如何上億？出生在富二代還是靠中樂透發大財呢？事實上身價上億的成功人士都有非常強的能力，假如來了一個超過自己能力的意外之財，也很快就會敗光，從社會新聞我們經常可以看到，中彩券的人大多數會被打回原形，為什麼？因為他無法駕馭超過能力之外的財富，來得容易但去得也快，有如南柯一夢，來去一場空。

我們回到主題，你的行動力在哪裡？有沒有試著去改變自己？基本上我幫人批命不會給予夢想，因為我不是大家心靈的導師，我只是一個平凡的命理師，根據八字流年分析客人的運勢如此而已，如果有成就那是個人的努力，跟我這個命理師一點都沒有關係，就算我給你的方向正確，不去努力實踐也是枉然，成功是透過自己付出的結果，和命理老師扯不上邊。

事實上，八字是建立在你的能力之後，當你的能力越強，好運的成果就會越大，當你的能力不足，走好運也只是不出問題而已，切勿心存僥倖，別以為有個好八字就能做白日夢，最後請大家提升自己的能力，再來實現人生的夢想。

宿命不會有好運

你是否認為相同八字會有同樣的人生？

人一生的命運，會隨著時間、空間、性格而變，即使同個時間出生，因為環境背景與起跑線不同，造就了截然不同的命，別以為不佳的八字，一輩子便無法翻身了。

如果有兩個相同八字的人，一個是富二代，另一個是庶民百姓，他們會有同樣的命運嗎？假如不可能，為什麼你還不願意努力給自己機會？卻總是放棄自己？

有一天你找了大師算命，他告訴你這一生何其不幸，然後一聽是差命就垂頭喪志。說句難聽話，如果連自己都放棄，上帝也不願意幫

你。選擇放棄或改變命運，一切端看個人的意願，因為八字並不宿命，如何發揮優點改變缺點，有朝一日必能時來運轉。

八字沒有好壞之分，要知道相同八字的人很多，千萬勿認為自己八字很差，與你同八字的人也一樣糟糕，八字沒有那麼神通廣大，假如這樣的話，應該都要發生相同的命運不是嗎？

事實上你找不到兩個一模一樣的人、事、物。

為何可以透過身處環境改變命運呢？同樣的八字組合有非常多的解釋，我們要瞭解八字的優勢跟劣勢，然後往優勢去發揮發展，讓自己有出頭之日，再從五行去取用神，配合十神規範自己的行為，同樣的八字組合就會出現不同的發展。

比如食傷是你的優勢，但卻跑去從官，那麼一碰到官的時刻，官運事業工作就會不好。但與你相同八字的人，剛好順應八字的優勢，不但不會帶來工作煩惱，賺錢可能還比你輕鬆，同樣的八字也會有不一樣的結局。

八字並沒有好壞區分，只有怎麼選擇去做？怎麼去應對？**總是怨天尤人，當心摧殘你的好運。**

重點整理

（1）總想著一次翻身的客人，只能說聲 Sorry！我無法幫你。

（2）身體破壞必須經過一段時間摧殘，想要回復到健康狀態，絕不可能立竿見影。

（3）八字不是神通，唯有改變自己才可能改變命運。

4-8 剖腹擇日是正信？

　　二十年的實務經驗告訴我，有超過百分之五十的小朋友，不會在剖腹的吉日如期出生，要準時生產可不是一件容易的事！你知道為什麼嗎？

　　說個小故事給你們聽。

　　記得好幾年前，有一對老客戶夫妻，年過四十好不容易有了小孩，在打烊前找我算剖腹擇日。

　　客戶：「老師，可否幫我看 3 日之內有否適合小朋友的好日子？」

　　我：「3 日後並無吉日良辰，只有明天的申時最好。」

　　客戶：「明天的日子太趕了啦！而且沒有事先預約醫生不可能同意動刀。」

　　我：「這樣就沒辦法了！3 日之內並無其他吉日，我也不想辜負小孩的前途，請另請高人吧！」

　　說完之後他們就離開了，當然我也沒跟他們收費，隔天的下午先生突然打電話來說，太太早上臨時羊水破須緊急動刀，而出生的時間正好是我說的申時！

　　喔！My God！

　　這……實在太驚奇了！腹中的小孩居然聽到我們昨晚的對話，自己選擇了時辰，這是天意還是巧合呢？

　　很多人質疑剖腹擇日的真實性，認為那是人造八字不足以採信，

假如選擇吉日良辰剖腹，豈不是每個小孩從此大富大貴？關於這個問題，在開業的前幾年，我也深表認同，但隨著經驗的累積，我慢慢悟出箇中的道理：

出生時間決定權在小孩手上，既不是父母也不是命理師。

What？老師你到底在說什麼？

這麼說吧！有一次碰到一個媽媽，拿著兒子的八字找我批命，當時的我將他的性格講得非常準，後來從媽媽口中得知小孩是剖腹產，打從那時候開始，才完全相信剖腹擇日是正信。

很多人總是認為，只要擇個好時辰出生，這一生便無憂無慮了，真的是如此嗎？假如你瞭解命理，便會知道這是一個很天真的想法。

首先要明白，相同八字有著截然不同的人生，出生在不同背景的家庭，起跑點其實已有差別了，即使在同一家庭出生的雙胞胎，也會有不一樣的生涯成就。相同八字差別在於運勢軌跡，假如沒有把握好的運勢，亦會造成日後命運的分歧。如同老師已提示考試的範圍，但學生偏偏不認真複習，即使 Pass 過關沒問題，但高分便沒有你的份。

所謂的挑選「好時辰」，到底怎樣才算是好八字呢？你想要官？要財？要印？要比劫？要食傷？還是要十神調合？一個再完美的八字，運勢總是有起有落、會有不順。印強又怕懶，官強又怕壓力大，食傷強又怕影響婚姻，這……真的很難滿足每個人的需要。

重要的是，好不容易精挑萬選一個吉日良辰，結果嬰兒卻迫不急待蹦出來，你也沒得選擇啊！未必人人擇日出生，但九成的人會擇日結婚，結果呢？離離合合的怨偶也是一堆，所以問題不在於吉日，而

是面對每一個難關，怎麼去跨過。

依我看來，剖腹擇日最大的功用，**莫過於確保母子在生產過程中安然無恙**，因為剖腹生產仍舊存在一定的風險。身為一個愛惜子女的父母，與其把子女的一生託付給一個外人，倒不如順其自然將寶寶生下來，多花心思在日常的身教，將擇日的錢改為幫子女批命，好好規劃他未來的人生，才是真正精明的父母。

為何無法如期生產？

(1) 胎兒體重不足，醫生說得延後 (事實上醫生不敢冒險)。

(2) 羊水提前破了，得緊急開刀。

(3) 小孩自己選擇吉日，別懷疑！

文堡老師 Tips：花錢請老師看好日子就會如期出生嗎？NO！還要看肚子裡的小寶寶同不同意呢！如果順利將小孩生下來，恭喜你了！代表他有這個福祿，當妳獲得一個吉日良辰的好八字，接下來就得靠後天的環境及教育，培養小孩未來的人生。

八字充電坊 21：案例－沒避孕為何不受孕？

現代人生活壓力大，很多的年輕媽媽身體健康但無法懷孕，到醫院檢查又查不出原因，不論用什麼方法就是很難有小孩，這個問題可以透過八字和風水來尋找答案。

我們從不同的角度來分析男女的情況，對女方而言，須留意兩個

重點，其一為八字裡的食傷星，其二為水的五行，食傷星代表小孩，水的五行代表腎泌尿和子宮。這兩方面一定要同時考慮進去，有的女生八字的食傷星健全，但是偏偏五行缺水，或者水受到大運流年合或剋，通常婦科方面較弱；另外一種情況就是食傷星受傷，被本命或大運流年所剋，也不容易懷孕。

對男生來說，我們要看的是官殺星和水的五行，在八字學上官殺代表男命的子女星，水同樣是指腎泌尿系統或生殖功能，能不能受孕需要男女雙方的命盤一起參考，單看某一方的八字很難判斷其結果，必須同時批算兩個人的八字，才能找到不易受孕的主因。

假設男女的八字沒有上述的情形，也沒有出現孩子的喜訊，那麼此時須考慮雙方居住的環境，是否存在不利的條件因素，在風水上是否有不利生育的空間。請記得八字只是時間的引動，空間風水也很重要哦！兩者之間必須配合才會產生影響，千萬別存有八字能決定一切的宿命觀念。單純論斷風水，假如這間房子對居住的人產生了影響，這個時候不需要批算八字，實際生活中並沒有八字影響大或者空間影響小的定律，更何況相同八字不同命比比皆是，八字只是命運的一部分，不能代表整個人生。

如何用八字並配合空間取運，這是一大學問，要知道八字與風水的關係相互牽引，八字重在時間的運勢，陽宅風水著重空間的解讀，兩者密不可分，時間是一分一秒的過，我們的身體其實就是一個活空間，空間與時間必須互相結合，然後將八字生活化，空間具體化，才

能孕育出更健康的下一代。

以下是一對夫妻客戶的實例：

時	元男	月	年	大運
壬	乙	丁	甲	壬
午	丑	卯	寅	申

時	元女	月	年	大運
戊	庚	戊	辛	辛
子	申	戌	酉	丑

問題：結婚多年沒避孕，但始終沒有小孩，該怎麼看？

解說：相信大家都明白，男命小孩看官，女命小孩看食傷，但會按照此邏輯而走嗎？那可不一定！要知道這只是看生育的大數法則，本命沒官沒食傷，有小孩的照樣一堆，問題不在於有否官或食傷，而在於動靜態五行的變化流通。

先看男命，本命無官除了指平穩，有時也代表小孩可有可無，大運交壬申可就不同，申金進來立馬被本命午火剋，食傷剋官，實務上常見兩種情況，其一為不想要小孩，其二為想要小孩但生不出來。

再來看女命，本命戊土生申金生子水，天性喜愛小孩，但無奈大運走丑土，合住本命子水，傷官被合可不是好事，因為與本命做比對，原本存在的十神現在突然變弱，水被合代表婦科較差，也很難懷孕。

最後，文堡老師特別收錄兩個客戶的實例，提供讀者觀看學習，請掃描以下的 QR 碼。

（一）不易懷孕的八字

（二）食傷受合仍可懷孕

4-9 我很笨！何時才能開竅？

談這個主題之前，我們先回顧一下，八字中食神及傷官的特性，這兩顆星可謂姐妹一家親，以面相學來說，命帶食神的人，通常比傷官的人來得斯文，傷官為何比食神來得更強勢兇悍呢？這個道理很簡單，因為相由心生嘛！食神在思想上，沒有傷官那麼激烈，所以呈現截然不同的面相。另一方面，假如命盤中出現食傷星剋官星，不論男女性格上會比較不服管教，因為不服輸在家裡與父母起爭執，在學校和老師發生口舌衝突，在公司理念不合反抗上司離職，假如是傷官的人情況會比較嚴重，傷官顧明思義就是傷害了官星，官星代表行為規範與管束，在家中是父母，在學校是老師，在公司是上司。

回到主題：我很笨！何時才能開竅？剛才說命帶食傷的人比較聰明且有創造力，但如果命中沒有出現食傷星呢？或者說食傷星受到印星的傷害又會如何？這也是這篇文章所要探討的重點，相信也是很多人感興趣的話題。

一般來說，八字裡假如沒有食傷星，個性比較乖巧聽話，主觀意識薄弱，文科優於理科，不善於表達內心言語，總讓人感覺沉默寡言，也缺乏靈感創造力，但若是食傷受剋呢？這種情況就比較麻煩了。

我舉一個天干例子：

時　日　月　年

庚　壬　庚　甲

日主為壬水，甲木為食神星，庚金代表偏印星，我們知道庚金會剋甲木（請想像斧頭砍樹木），陽剋陽會很無情（請想像男人之間的衝突），這就是印剋食傷，印星在年幼時期代表父母和長輩，食神星代表我的智慧、表達、思想、創造力，求學時期大運流年假如出現印剋食神，有很大的機會出現長輩約束言行，父母管教特別嚴厲，不但沒有自己的主見，而且自由遭受限制，智慧蒙蔽不開竅，成績自然一落千丈。小孩的自信容易 DOWN 到谷底。如果換成是成年人，工作表現出現有志難伸，吃虧上當受騙，行事判斷錯誤，嚴重罹患憂鬱症，甚至想不開，只是，印剋食傷一生命運都會如此的坎坷嗎？

我的客戶實例：

時	元女	月	年	大運	流年
丁	庚	癸	戊	庚	庚
丑	辰	亥	辰	申	子

76	66	56	46	36	26	16	6	大運
乙	丙	丁	戊	己	庚	辛	壬	虛
卯	辰	巳	午	未	申	酉	戌	歲

生於立冬後 13 日 7 時辰

大運 4 年 6 個月又 10 日上運

每逢戊癸之年芒種前 7 日交脫

本命看似印剋食傷，你豈能鐵口直斷一生的命運坎坷？

No！實際情況與你們書上所認知的觀念恰恰相反，你會如此反駁是對的，但我還要認真告訴你，不要在時間靜止的本命上打轉，此命12歲（庚辰年）即離家到外地求學，出社會工作獨立自主，反而與家人鮮少互動，怎麼看？

本命三個印打一個食傷，對於年幼壬戌大運的事完全沒印象，要知道印剋食傷的類象有很多種，長輩管教森嚴或者溺愛成性，水受傷通常聽力也不好，容易影響學習智慧，但一輩子皆是如此嗎？如果你的答案是Yes，小心陷入宿命論的陷阱！

你也許會這樣批：老師！此人辛酉及庚申大運，智慧大開且廣結人脈，喜愛享受旅行遊山玩水。

沒錯！但她的印星也減弱了，怎麼看？

本命戊癸雖合，但戊土仍洩於庚金，但須留意庚金不會加旺，同時丁火也洩得夠力；再看地支，本命兩個陽土剋兩個陰水，現在大運來申金，土生金，陽辰土會洩一些氣，流年子水合時支丑土，配上日主出干，須留意庚辰月及丙戌月，食傷和官都很弱的情況下，避免工作的異動或做決策，行事宜低調保守。

五行八字談的是時間運勢，印剋食傷不會是一成不變，它會隨著大運流年產生變化，行為及運勢也會跟著改變，以上述的命例來說，當大運流年走到壬水，會出現庚金生壬水，壬水再生甲木通關，或者走丙火剋掉庚金也行，甲木一樣可以獲得解脫，原本受傷的食神不就

復活了嗎？成績與智慧頓時開竅，走路有風，自信滿滿！

給為人父母一點小的建議，其實無須擔心小孩在學的學業成績，與其處處限制不如給予自由發揮，因為每個孩子開竅的時間不同，有些人開竅早，有些人開竅晚，重點在於如何提升孩子的自信，培養處世能力及品德教育，有的時候我覺得，學會待人處事比分數來得重要多了！

當印不再剋合食傷，即是發揮實力最佳的一刻，請多給自己一點正向的能量，與大眾廣結善緣！

趣談食傷

食傷是可以鍛鍊的十神，食傷多的人，重視親身經驗多於死板的規條。食傷好的時候，人會勇於嘗試和創新，能夠磨練技能，進一步提升能力。食傷不在八字裡，並不代表沒有食傷，而是食傷的級數雖未能繼續提升，但日主仍然擁有當下的能力。

當食傷弱或受傷的時候，雖然已有的能力不會消失，但容易陷入胡思亂想或者判斷錯誤，常為做錯事感到後悔。處事也流於表面不夠深入，感覺自己做事有心無力，只會停留在舊時的經驗，不敢貿然向前，容易迷失自我。

假如是弱的食傷生財就更辛苦了，人會因為太過活躍，注意力不集中而犯錯。食傷不好的人，不喜歡聽取他人意見，也容易得罪別人。食傷不好配上身弱的八字，當下若以財星當主導神，不良的行為將會

被放大。

　　話說幾個月前，曾為一位女客戶批算八字，看到流月走到印剋食傷，我告訴她說，此月小心食傷的問題，生活中可能出現判斷錯誤、注意力不集中、財運不佳、心生退志、有口難言、為子女煩心、排便不順等等的問題，你看，一個印剋食傷可以衍生出這麼多的類象，八字是不是很有趣呢？

　　幾個月後，有一天她跑回來我的店，以為是來踢館，結果她卻告訴我：「老師！你果然是神準，那天你要我注意食傷的問題，真的沒錯，前幾天吃飯不小心誤吞了魚刺，造成輕微的食道受傷，好在問題不嚴重，看了醫生現在好多了！」

　　其實我的客戶並不懂八字，我所說的注意事項，當下她只是聽聽並沒有記錄，印象中只記得食傷這兩個字，於是把食傷想像成食道受傷，然後跟我說好準，這未免也太神奇了！

　　事後想了想，誤吞魚刺造成食道受傷，也是食傷的問題啊！可能當下吃太快或是注意力不集中，從這個案例中，讓我又學到一件事：啃魚時請記得細嚼慢嚥，切勿囫圇吞棗，避免誤吞魚刺造成食道受傷。

　　若沒有實務批命，很多的十神類象，無法透過生活體悟得知，所以，建議大家要多去練習哦！從客戶身上體會八字，才能真正學會八字。

八字充電坊 22 ：案例－人生跌到谷底了嗎？

　　本命是我的一個客戶，這個八字最大關鍵，在於大運流年排列組合出現了變化，我們來看一下原命地支的五行看似氣勢流通，午火生丑土再生酉金，酉金為財星，丑土為食神星，午火為劫財星，其實不然，因為五行流通法則並不正確，本命的午火先天已剋傷了一個酉金，若要論斷財運的好壞，丑土食神扮演了十分重要的角色，原本好端端的兩個財頓時失去了一個，好比原本身上帶著 2000 元花到只剩下 1000 元。在戊子大運中，子水合掉丑土，食傷及官星皆弱了，另一顆酉金頓時又失去了保護，丁酉年日主受剋兼破財，戊戌年財官運亦弱，這兩年真的跌到人生谷底了嗎？

時	元男	月	年	大運	流年
辛	丁	乙	庚	戊	庚
丑	酉	酉	午	子	子

74	64	54	44	34	24	14	4	大運
癸巳	壬辰	辛卯	庚寅	己丑	戊子	丁亥	丙戌	虛歲

生於白露後 20 日 10 時辰

大運 3 年 3 個月又 10 日上運

每逢戊癸之年小寒後交脫

老實說戊子大運財官都不是很順，庚子年比起前兩年稍好一點，天干戊土能庚金，地支子丑合到完，財星一樣很弱，也代表妻子的幫助力很小，但我覺得重點不在於八字所呈現的結果，而是個性及思維，如果不努力提升自己，找了命理師問命又如何？

缺乏自信亦不想改變，即使出現好運，也很難找出對自己有利的方向。命理師無法代求測者做出選擇和決定任何事，明知道這樣做行不通，也會因當事人在低潮的狀態下聽不進勸告，最後仍是原地踏步。雖然下個己丑大運會變好，但如果不相信自己，總是用負面的情緒思考面對問題，即使走到好運仍是無濟無事。

因此，我不在乎當神算，但在乎如何去幫助陷入低潮的人，我很樂意提供求測者一些建議，瞭解你的八字需要什麼五行，再利用生活空間去取運。所以，請每天一定對著自己大聲說Ｎ次：我很棒！我真的很不錯！

天無絕人之路，人生莫輕言放棄。

八字僅提供人生方向的參考，個性行動力才是決定命運的最大關鍵。

4-10 喜愛推理，沒理由不愛上五行八字

　　我常跟自己的學生說，五行八字有別於傳統命理學，沒有高深莫測以及艱澀難懂的理論，它是一門活用的時間推理學，只要你懂得邏輯思考，多練習並實證，時間一久即可駕輕就熟，體會這套學術的奧妙，假如你喜歡數學，我相信你一定會愛上它，來吧！讓我們繼續往下看！

　　以下是一個客戶實例，準備好了嗎？上課囉！

時	元男	月	年	大運	流年
庚	乙	甲	丁	辛	庚
辰	酉	辰	丑	丑	子

73	63	53	43	33	23	13	3	大運
丙	丁	戊	己	庚	辛	壬	癸	虛
申	酉	戌	亥	子	丑	寅	卯	歲

生於清明後 8 日 3 時辰

大運 2 年 9 個月上運

每逢甲己之年小寒後 8 日交脫

八字分析

　　首先，這個八字若以傳統命學來看，會出現眾說紛紜的理論，這

裡我們不討論本命的強弱與喜忌用神，因為五行八字的強弱與喜忌用神，必須在批完命後才會知道，而且每一年都不一樣，這樣的說法非常科學，你的流年運勢不可能一成不變，今年賺錢不代表明年也能發財。瞭解這個概念之後，現在換你來思考，此命的財官運，你覺得如何呢？請動動腦再往下看哦！

論官運首重在庚金及酉金，然而地支辰酉合，代表合掉了一個財星及一個官星，你們或許會問：「辰酉不是會合金嗎？」不會！一個辰土只能合走一個酉金，這代表什麼呢？酉金三心兩意嘛！學過傳統學的你一定知道，不論月支或是時支的辰土，酉金皆是合而不化，所以只要將酉金當成暫時被綁架即可。

接下來看天干，乙庚會合嗎？乙木是日主無化之理，庚金無論是否合化，乙木都會被庚金拖著打，換句話說就是日主受剋。且慢！請各位看倌看清楚，這個八字天干有護衛啊！甲木是乙木的比劫保鑣，我曾說過，比劫具有分享的功能，有難同當，有福共享，乙木在的時候，庚金會跑去攻打甲木，日主乙木可暫時逃過一劫，也可以說甲木是乙木的替死鬼。甲木受傷，此男命的性格較為內向保守，交友封閉，人際關係不好，然而，當地支的酉金不在時，庚金就是官運事業的核心。

一言以蔽之：若要以官為貴，須用劫財任身。至於丁火呢？既打不倒庚金亦無法幫助日主，這個八字有沒有你都無所謂，所以無須理會。也許還有人會說：庚金劈甲木不是可以引丁火嗎？這樣的論點也

不能說有錯，因為將大樹劈成一小塊木頭，以自然的道理來說，丁火確實可以點燃小木，對官運或財運皆有利。甲木是否為舉足輕重呢？對日主而言，請記得當甲木不在的時候，乙木就會有危機。

從大運流年分析可能出現四種情形

1. 當大運流年出現己土，甲己合，甲木被綁架，庚金就會攻打乙木，日主受剋，官運和財運不好。
2. 當大運流年出現乙木，乙庚一合，庚金一弱官運變差，若流年、流月出現戊己土，財運也會不佳。
3. 當大運或流年出現戊土，形成戊土生庚金剋甲木，甲木受傷人緣雖差，但有利事業及財運發展。
4. 當大運或流年出現丙火，甲木生丙火剋庚金，日主雖然沒事，但庚金受傷，並不利於事業發展。

   最後，我們把上面四種情況做個總結：

   論財運：天干走戊土會得財，但走己土和乙木財運會不佳。

   論官運：天干走戊土有利工作，但走丙火和乙木官運不好。

   行筆至此，是不是感覺這套八字很有趣呢？聰明的你，應該看得出來，己亥年的危機點在何時了！

4-11 我只在乎你的危機點

很多人衝刺事業努力賺錢，只注重機會點卻忽略危機點，然而危機點是人生低潮的開端，只單純看結果，不去思考危機點，這樣其實很危險。身為一個命理師在為人解惑，要先思考危機點，也就是說批算八字，首要目標就是找出危機點，我們注重的是何時發生問題而非好運的時間，所以我要跟大家說，當你處在好運的時候更要想到危機點。

一般來說，批命都會先找出危機點的時間，因為我覺得人要活下去才會有所謂的好運，危機可大可小，大的危機甚至會發生死亡，即使後面有再好的運勢也是枉然！

很多人處在低潮時期會有的錯覺，認為以前這樣做能成功，現在做同樣的事情也一定能有所成就，殊不知隨著大運流年的改變，誤將危機點看作是機會點，於是投下所有精力和財力，導致損失慘重甚至血本無歸，這種情況經常出現在高位階的企業家，相較於一般人，低潮期也會面臨諸多不順，處於衰運的時間及環境，無論做什麼事都會感到力不從心，事與願違不容易成功，這個時候反而要慢下來。

易經裡講的潛龍勿用在告訴我們，人在低潮時期會有足夠的時間，讓你學習並培養自我的能力，也許你會問我說，這些能力能用來做什麼呢？其實能力是一種蟄伏，人生本來就是起起伏伏，一旦機會來了，運勢也會跟著改變，這時候即可真正發揮實力邁向成功，一旦

身處好運時期，也沒有那麼多的時間可以自我充實了。

從生活體驗命運的奧妙，所謂的好運，就是上天給了你機會，能否抓住這個機會，關鍵在於能力與行動力，看到名人光鮮亮麗的一面，可曾想過他們背後努力付出的過程呢？所謂台上三分鐘，台下十年功，很多人流於八字的字面解釋，沒有體會八字真正的內涵，拿名人與自己做比較，其實沒有多大的意義。

八字的立基不在於機會點，而是在低潮中如何停損不讓運勢跌至谷底，透過不斷的努力，培養自己的能力，一旦機會來了才能迎接好運。在運勢跌入低谷的時間，什麼都不做只一味的埋怨，任其讓自己跌入谷坑中，但是當好運來臨時，只能從低谷慢慢的往外爬，有些人在危機點破了大財，即使走好運不過是在還債罷了！這會是好運嗎？這也是為什麼很多人走好運沒感覺，走壞運卻是衰事連連！

八字不在乎你的好運，在意的是危機點，因為在好的時間，做什麼事都會很順，也不會感受到挫折。然而在衰運時期卻是人命關天，所以批命注重的是危機點，而不是機會點，假如能夠避開危機點，好運自然會出現。

八字充電坊 23 ：案例－人無千日好，花無百日紅

本命是一位房仲店長兼投資客，2018 年透過朋友介紹來店，因為要從八字裡推出流年發生何事，所以我請他先不出聲，當命盤排好一

望即知：2016 和 2017 破大財。他說此生從未碰到這樣的情況，以前投資房地產非常順利，最近幾年財運為何走下坡？賺的錢在這一兩年幾乎賠到脫褲。他問我命運為何如此捉弄人？落差太大未免也太牽強，不到半年體重暴瘦了十幾公斤，是風水抑或運勢的問題？

時	元男	月	年	大運	流年
丙	丁	壬	辛	丁	丙
午	卯	辰	亥	亥	申

73	63	53	43	33	23	13	3	大運
甲申	乙酉	丙戌	丁亥	戊子	己丑	庚寅	辛卯	虛歲

生於清明後 6 日 9 時辰

大運 2 年 3 個月上運

每逢戊癸之年小暑後 6 日交脫

八字分析

首先我們來看天干，原本壬水欲剋丁火日主，但因為有丙火在，壬水會跑去剋丙火，使得丁火得以喘息，所以說丙火是日主的保鑣，但是保鑣總有被收買或生病的一天，當丙火自身難保，或者說跟辛金私奔，壬水就會伺機滅丁火，日主受傷不用說一定危機四伏！我們再來看 33 歲走戊子大運，會出現什麼現象？天干丙火生戊土剋壬水為傷官剋官，此階段財運非常順，隨便做隨便賺。

然而，「人無千日好，花無百日紅」，一交丁亥大運就非常糟糕了！為什麼呢？因為大運的丁火合掉本命的壬水，但壬水被合反而形成了丙火合辛金（從原本不合轉為合），辛金為財星，別忘了壬水是辛金的保鑣，當壬水被收買，丙火就可以輕易的剋合辛金。不幸的是，在這個十年大運中，無巧不巧又碰上丙申年及丁酉年，以下我們將天干地支拆開來分別說明：

天干部分

　　2016 年：丙火合辛金，辛金被合財運變弱，人際關係也不佳。

　　2017 年：丁火出干，日主受剋不用想一定很難過！我曾說過日主受剋的人，生活壓力大，情緒會變得鬱鬱寡歡，做什麼事都提不起勁，身體自然呈現消瘦，他說不到半年瘦了十幾公斤。

地支部分

　　2016 年：申金跑出來就是一個危機點，即使本命有辰土亦無濟於事。

　　2017 年：辰土合酉金，傷官被財合走，看得到吃不到，何財運之有？

　　我們可以發現，這兩年天干地支的金，不是被合走就是受傷，配上 2017 年日主出干，所以斷破財！

　　至於 2018 年呢？是否和前面兩年的運勢一樣？當然不會！因為戊戌年天干的戊土決定當和事佬，夏季的時候，干支的傷官全都回來了，所以可以輕易推斷，2018 年的財運鐵定比前兩年來得好，如果要跟戊

子大運做比較，當然還有一大段差距，但起碼不好的運勢會慢慢解除。

當你走好運，最怕掉進一個深坑，這個坑就是一個危機點，假如不小心掉入陷阱，可能賠上一生所有的積蓄，即使後面的財運不錯，當事者也不會認為是好運，因為等於用未來的好運，來填補以前播種的壞運，人在身處好運的時候要想到壞運，切勿得意忘形。

最後祝福這位朋友，在未來能順利脫離財務危機。

4-12 你聽過財剋比劫嗎？

　　一聽到比劫破財，多數人多少感到不開心，心想可能被人騙錢了！購買本書開始，我們要學會正面思維，不要隨便抱著烏雲自己嚇自己，文堡老師在此推開烏雲，為你帶來好的運勢曙光。

　　假如你八字有陽財和陽食傷，當大運流年遇見陽或陰的比劫，也會有很好的助力。但若你八字內的是陽財和陰食傷，又會如何呢？例如我的辛金日主，本命有癸水和甲木，當流年遇上陽金庚金，你一定會想庚金會來破你的甲木、讓你破大財，然後開始感到不安，真的是這樣嗎？

　　事實上並非一面倒，沒錯！陽金要破陽木，陰水是救不了，甲木不能全身而退，財總是要被破。但是別忘了庚金也能生癸水，且癸水正是甲木的來源、能生甲木的。雖然在庚→癸→甲，關係上甲有受損，但是同個時間庚金也讓整體提升了。

　　甲木雖然受傷，但整體來說尚有癸水來救，假如癸水被收買，才是真正的破財！這種情況就如同你買賣股票，每次交易也要付手續費，財是必定破的，但小財不出，大財則不入，**因為有交易付出才會有收穫回報**，你說對吧！

　　偷偷跟你說，有比劫破財而又有食傷的朋友，通常是可以跟朋友合作的，當然你是要分一些好處給對方，但是對方也能給你很多的意見與助力，讓目標能力得以達陣，這正是互助互利的成效。我們要把

目光放遠，不要只為小事而卻步，放棄有利的合作關係，適當運用比劫的力量，運勢更能大大提升呢！

比劫剋財，一般人認知就是破財，比如男命會打老婆、賭博、不愛家、重朋友。然而這只是本命的先天基因，也是過往的統計數據，不適合套用在每個人身上。如果我告訴你財也能剋比劫，你會相信嗎？你一定會說，老師你又再唬爛！學了那麼多年的八字，哪來的財剋比劫？又再次自創獨門心法？

首先，我問你們一個問題，到底財是錢還是錢是財呢？你會說這兩者不都相同嗎？ＮＯ！假如你懂總體經濟學，我可以斬釘截鐵的告訴你，這完全是兩碼事，貨幣或鈔票這東西不過是個魔術道具，要知道錢在古代的價值，功能就是交換物品的一種媒介，曾有人說鈔票和業障沒有什麼兩樣，這樣的說法一點也不為過。

錢不過是一個貨幣，它只是財其中之一的解釋，真正的財指的是資產，代表我能駕馭掌控的物品，比方說車子，它算不算資產呢？讀過《富爸爸窮爸爸》這本暢銷書，相信你一定知道，買車自用其實是一種負債，若是將車用來當生財工具(如 UBER 司機)，那麼它便是資產。

以開車這件事來比喻，一般人正常情況下，發生車禍的機率並不高，然而有些人為何會出車禍呢？究其原因，不外乎邊開車邊玩手機、精神不濟、車速過快、酒駕被警察攔下開罰單等。無論是哪一種情況，最後的結果都是賠錢，為什麼會破財呢？最大的原因在於你**無法掌控**

這台車，剛才說過，財是我們可以掌控的東西，一旦失去控制或者無法駕馭，車禍就會應事發生了。這也是為什麼，有些人突然失去理智隨機砍人，自識高看上不看下，商品被下架退貨。因為當下的比劫強過於財，最後一定會破財。

將錢當成財是正解無誤，但如果將財當成錢，只能對一半，因為財不一定代表錢！

今天我將一件商品做好，上架等著客戶來買，如果商品貨真價實，加上售後服務好，財先天已佔了優勢，客戶想要買下你的商品，這種情況就不是比劫剋財，反而是財剋比劫了！因為東西好價值連城，此時的財已強過了比劫，客戶不但破不了你的財，還得自掏腰包乖乖消費，不就等於賺到錢了嗎？

反觀，商品若偷工減料，或者出現瑕疵，不但失去了信譽，也可能產生後續賠償的問題，因為無法掌控，導致一票客戶要求退貨，此時的比劫壓過了財，可想而知最後的結果了。

比劫剋財在十神論的呈現方式，以下幾點提供讀者參考：

1. 省自己，因財等於物質慾望，若破財則對買名牌、吃好料較為無感。

2. 重情惜義，破財主要因朋友和家人引起，身邊的人想將他的財拿走。

3. 男命對女人性趣缺缺。

4. 男命會打老婆，老婆代表財，故打老婆的男人不會發達。

5. 與父親無緣，因為財等於父親，故與父親關係淡薄。

6. 不理性，破財之人有獨特見解，不易接受他人意見。

7. 欺負弱小，以大欺小，以下犯上，有暴力傾向。

8. 附屬品出現問題，包括：車子、寵物、粉絲。

9. 與家人緣份淡薄，可能與兄弟姐妹相處不睦。

10. 浪費時間做無意義的事，時間比金錢更難能可貴。

比劫剋財也能看出一個人先天的性格，請掃描右方的 QR 碼。

比劫剋財的性格特質

八字充電坊 24 ：案例－窮非命定，而是後天習慣使然。

很多人批自己的八字，總認為有比劫剋財，代表一生不會富有，其實這是不正確的觀念，要知道人的命運無時無刻都在變化，所謂十年河東，十年河西，風水輪流轉，這些本來存在八字中的剋，反而更容易獲得財運，哦？你們一定會一頭霧水，老師到底在講啥？

請聽我說，八字的破財只是一個先天訊號，命盤告訴你有這樣的基因，不表示你會破一輩子財，這跟八字無財是一樣的道理，我非常認同這段話：**窮非命定，而是後天習慣使然。**

下面這個女命，以傳統學來說，甲木生於初春，木旺土弱是自然的道理，八字只存在兩顆簡單的木土五行，地支寅木剋辰土，破財對

吧？嗯！這一點我認同，但本命可有兩顆辰土呢！人既使神通廣大，一次欲擊倒兩人可謂強人所難，再說木剋土，土是受傷了沒錯，但木也會消耗能量，不是嗎？

時	元女	月	年	大運	流年
戊	甲	戊	乙	癸	己
辰	辰	寅	卯	未	亥

73	63	53	43	33	23	13	3	大運
丙	乙	甲	癸	壬	辛	庚	己	虛
戌	酉	申	未	午	巳	辰	卯	歲

生於立春後 22 日 7 時辰

大運 2 年 5 個月上運

每逢丁壬之年立秋前 8 日交脫

回過來看天干，我知道你們一定會批：乙木絕對剋不動戊土！陰如何剋陽？女人怎可能打倒男人？（女士們別 K 我，文堡老師沒有鄙視之意，我指的是正常的衝突），戊土只會感覺乙木在自己身上抓癢，自暴其短！本命兩顆結實的戊土非但無傷，反而讓乙木洩得更厲害。現在我告訴你，大運流年再來一個己土，乙木會更加脆弱，你是否信以為真？

你一定會說老師在打嘴砲！乙木不是直接攻打己土嗎？嘿嘿！這就是五行八字的眉角，假如能將自然的道理加入八字攪拌一下，有天

必能打通任督二脈。

再來談壬午大運，不用說你們一定比我強，壬水受傷只是配角，地支的財星才是真正的主角，它可是通到底了，這是賺錢的大運啊！怎可讓機會悄悄溜走？不行！換作我鐵定加以把握。

實證：壬午大運協助先生開了公司，賺了很多錢。

另外，己亥年本命寅木被亥水拉走，這可是令人擔憂的印合比劫，當寅木不在時，卯木更是耗盡體力。天干癸水印星不得其門而入，乙木只會洩得更夠力，假如你認為將財放出來能發大財，可就大錯特錯！此年整個八字弱到不行，財抑制了比劫，財聚人散會是好事嗎？I don't think so！

本命破財不足為奇，最怕先入為主，不去行動，不想改變，才是真正墮入窮困的主因。

實證：己亥年頂替先生的事業，生意門可羅雀。

4-13 我的男人總是劈腿

曾聽人家說，付錢沒陪你是詐騙，付錢有陪你是做生意，沒錢還願意陪你是真愛！天底下沒有白吃的午餐，偷吃……多少得付出代價，免費永遠會是最貴！

說個小故事……

記得大約十年前，有個剛出社會的女生，來店找我批算感情，她說男友對她百依百順，凡事都會讓她，很開心遇上了一生的白馬王子，但是，當我仔細看了男友的八字，然後跟她說，這個男人很花心，未來可能會劈腿不忠，妳還是趁早死心吧！她聽了當然不以為然，這麼難得的緣份，怎麼能說切就斷？於是，她選擇繼續交往，甚至同居在一個屋簷。

時	元女	月	年	大運	流年
丁	庚	甲	辛	丙	辛
亥	戌	午	未	申	卯

80	70	60	50	40	30	20	10	大運
壬	辛	庚	己	戊	丁	丙	乙	虛
寅	丑	子	亥	戌	酉	申	未	歲

生於芒種後 3 日 5 時辰

大運 9 年 4 個月上運
每逢乙庚之年寒露後 3 日交脫

幾年前她再次回來找我，哭訴了這段不堪回首的感情：「老師，假如當初有把你的話聽進去選擇離開，現在就不會這麼痛苦！」

原來這個男生，早在跟她交往前，已經與另外一位女生認識，這段時間，男友時常跟她借錢投資，但背地裡卻是腳踏兩條船，最後還發現跟別人有了小孩，簡直是人財兩失，吃裡扒外，情何以堪？痛心疾首的她，花了好長的時間療癒，才慢慢走出情關。

此例的男人劈腿怎麼看？不難，丙申大運，丙火合本命辛金，流年辛金出來，丙火被合了兩次，名副其實的官合比劫，男友就是花心大少爺。甲木生丁火，心甘情願將賺來的錢支助對方，地支卯木合戌土，印被財合，八字已弱不禁風，吃虧上當乃必然之事。

人在什麼時候最糊塗？迷戀情愛時！
人在什麼時候最清醒？遭受重挫後！

身為女性，妳是否有過這樣的經驗呢？根據我多年觀察，女人是微妙的動物，壞壞的男人優先上車，老實的男人謝謝再聯絡。以心理學來說，女生多半喜愛比自己能力強的男人，同時也享受被呵護的FU，不知道你有否發現，通常在結束一段感情後，仍然會繼續選擇壞壞的男人，履試不爽，甘之如飴！

妳一定想問我：「老師，這些性格能否從八字看出來呢？」

讓我來告訴妳吧！通常會愛上壞男人的女人，日主幾乎都是陰陽失位居多，什麼是日主陰陽失位？我又沒有學過八字？老師你講這些有看沒有懂啦！

　　很簡單！首先，請打開妳的手機，將出生時間輸入八字排盤的APP，即可得知日主的陰陽屬性了。通常日主為甲、丙、戊、庚、壬的女生，性格上多半比較陽春，哦！ＮＯ，是陽剛！此時，妳一定又會問我，這是怎麼回事？我們知道，男人為陽，女人為陰，本來應該為陰的女生，最後卻變成陽，不就是本末倒置了嗎？女生若過於陽剛，即使外貌美如天仙，十之八九仍然缺少了一個重要元素－女人味。

　　不知道你有否發現，經常在網路媒體上，看到男模劈腿的誹聞事件，怪哉？明明老婆美如天仙，身材穠纖合度，為何老公還跑去偷吃搞外遇？看到這裡，聰明的你應該已明白，問題出在什麼地方了。

　　俗話說男人不壞，女人不愛，會愛上壞男人的女人，是否都是屬於陽性日主呢？根據我多年的觀察，比例其實很高，不過也不全然是百分之百，關於這點，未來若有更多的實務心得，再與大家分享吧！

　　回歸正題，我引用馬汗辰《正信的八字》一個實例來解說劈腿，請讀者繼續往下看。

時	元女	月	年	大運	流年
己	丙	己	戊	丁	壬
亥	午	未	申	巳	申

80	70	60	50	40	30	20	10	大運
辛	壬	癸	甲	乙	丙	丁	戊	虛
亥	子	丑	寅	卯	辰	巳	午	歲

生於小暑後 28 日 6 時辰

大運 9 年 6 個月上運

每逢戊癸之年立春前 1 日交脫

　　此女命日主為丙火，丙火主陽，代表陰陽失位，加上生於夏生，八字旺土乾燥，個性奔放無收，對男人的控制慾強烈，五行八字雖不看暗合，但地支的亥午暗合，似乎隱藏男友劈腿的危機。

　　丙火的正官為癸水，丙火在自然界比喻為太陽火，癸水為甘露之水，我們知道雨水會被太陽蒸發掉，所以癸水剋不了丙火，然而能夠管得住丙火的是偏官壬水，但是偏官壬水喜歡的是丁火而非丙火，在壬水流年及丁火大運相繼出現的時間，丁壬一合即出現男友劈腿偷吃了，請注意丁火與壬水皆是動態的不認識之人。

　　我截取一段書的內容，供大家參考。

　　老實的丈夫管不住強悍的妻子，壞壞的男人卻能管得住陽剛

的女人，意思就是在一段不被看好的感情世界，這個女人才能順從小鳥依人，但男人對感情不見得會是認真，21歲行丁火大運期間，無巧不巧碰到1992的壬申年丁未月，這個月男友選擇劈腿離開她，這也是典型被小三搶走男友的案例。

不過話說回來，陽剛的妻子若能配上陰柔的先生，這樣的婚姻組合，其實也很不錯！

利用自然界的五行，來細說十天干男女生對審美的觀感，以個人長年的實務經驗，準確度其實蠻高的，請聽我視頻中的詳細解說，對十天干自然的意象應有更深一層的體悟，請掃描右方的 QR 碼觀看。

天生愛美的陰性日主

4-14 享受戀愛的已婚女子

　　沒有實務的經驗，你絕對無法理解，社會地位越崇高的富人，他們的行為思想，與一般人有著極大的差異，你一定很好奇對吧？請聽我說個小故事。

　　N年以前(不記得哪一年了)，一位媽媽拿著女兒的八字找我算命，這個女生從小到大衣食豐足，茶拿伸手，飯來張口，可以想像有錢人的位階崇高且經濟相當富裕，媽媽只希望女兒把書念好，其他的事不必太在乎。你們也許很難想像，為何有些人天生會如此好命？很正常啊！這世界本來就存在許多不公平，否則陰陽要如何平衡呢？

　　在長輩長年呵護期許下，她並沒有讓家人失望，以極優異的成績考上第一志願。等等！忘了說一件事，此女在年幼的階段，有一個青梅竹馬，陪伴她學習成長的哥哥，感情如膠似漆，家世背景門當戶對，在雙方父母的同意下，18歲即公證結婚，哇塞！18歲耶！小女生仍在求學階段不是嗎？嗯！沒問題的！我剛剛不是說了，沒有實務批命的經驗，你無法體會上流世家的思維。

　　婚後，兩人因工作及學業暫時分隔兩地，這段時間老公十分爭氣，在業界闖出名號，可謂名利雙收，想必老公會將最好的東西留給老婆，不論車子還是房子，你所能想像的物質生活，皆是應有盡有。

　　但是好景不常，2013一交癸巳大運，流年正好也是癸巳年，女方

因工作的環境，認識了一位小王，或許是年紀輕輕，社會歷練不足，從此陷入愛的漩渦，然而，這個男人的家世背景，與自己的老公簡直無法匹配，家境非但不富裕，也沒什麼社會地位。面對這段婚外情，她毅然決然且敢愛敢恨，搞到最後六親不認，做出傷害老公，斷絕與家人關係的不理智行為。

台語有句話說得妙：愛釣卡慘死！（註6）

故事說完了！你有什麼感想呢？多數人一定傻眼，好男人不要，偏偏去選擇爛桃花？

我們來看一下這個女命：

時	元女	月	年	大運	流年
甲	丁	庚	辛	癸	己
辰	卯	寅	未	巳	亥

73	63	53	43	33	23	13	3	大運
戊	丁	丙	乙	甲	癸	壬	辛	虛
戌	酉	申	未	午	巳	辰	卯	歲

生於立春後 21 日 8 時辰

大運 2 年 8 個月又 10 日上運

每逢戊癸之年立冬後 1 日交脫

春木當令得旺，天干財破印不是重點，問題是出在地支的印剋食傷，你也許會問我，食傷受剋的人怎可能會有高學歷呢？這也是很多人的盲點，印剋食傷在生活中有很多的類象，雖然出生在富二代，但從小受到母親的制約，長期累積的情緒，時間一到即會宣洩而出。

13 歲走壬辰大運，天干庚辛金生壬水，壬水再生甲木，財官印一氣順生，地支多了一顆食傷星，有利智慧開竅，成績突飛猛進，同時也認識了現在的老公，這是相當被看好的姻緣啊！但一交 23 歲癸巳大運，卻是豬羊變色，天干恢復財破印，地支食傷受剋，因為偏官癸水，導致婚姻出現了巨大變化，此階段所作所為，完全不合乎邏輯理性，不但影響原本的婚姻，同時也惹上了官司。

本命八字無官，在兩柱大運出現了壬癸水，不都是水嗎？怎麼命運卻是南轅北轍？看到這裡，你我應該都心照不宣了。

進一步推敲，你覺得己亥年會不會離婚呢？流年己土出干合走本命甲木，癸水剋日主丁火；地支寅亥合，印星被官星合走，此年的印星變得極弱，如果官星受傷，食傷一樣不好，加上日主受剋，先生若提告，勝訴的機率很高，這場官司最終必定吃虧收場。

另外，這個八字並不容易懷孕，你們知道什麼原因？食傷星在女命代表是兒女，一旦受傷不是很難受孕就是不愛小孩，但她說不生小孩的理由卻是怕痛。33 歲交甲午大運呢？午未一合，食傷依然被剋著，想要小孩的意願仍然不高，但亥年也許有一點機會。

後語

　　從小到大沒有為錢煩惱過，也沒有吃過任何苦，這樣的八字挫折忍受力很低，印剋食傷除了有歇斯底里的性格，也容易受到外來的誘惑，影響本身的判斷能力，因為桃花而劈腿，其實跟對象是否有錢，已經沒有任何關係了，以心理學來說，她在乎的並不是財富，而是享受戀愛的 FU，如此而已。

4-15 寧可財散人聚，也不要財聚人散

踏入這行二十年，看過無數財運大起大落的芸芸眾生，我總覺得，一個人的財富與人品必定是成正比，怎麼說呢？有幸讀過一本威廉老師寫的行銷書，裡面有句話令我感同身受：假如你想賺100萬，就必需要有100萬的品德，然而有些人的品德只有10萬，為了跟上社會的潮流趨勢，僥倖賺了100萬，也只能維持短暫的時間……

相信大家應該可以認同，對吧！

聚財除了累積財富，也可以解釋為聚人財，人財就是比劫星，它也是一種無形的財富，假如做人很成功，得到很多人的支持與信任，即可比劫生食傷再生財，除了得到眾人擁戴，也能風生水起，人財永遠比錢財來得更寶貴，但要能夠做到財聚人聚，可不是一件容易的事。

首先來說一個重要觀念，比劫生食傷，對大多數的八字來說，命主都有一種獨特的魅力，即是樂知天命，廣結交友，忠於享受人生。但假如一個比劫生出太多的食傷，就不是值得慶幸的事了。為什麼呢？

我們知道比劫代表朋友或人際關係，食傷若太多的話，則會洩掉更多比劫的氣，代表此人為了力求表現，而忽視周遭人的感受，鋒芒畢露加上急功好利，搞到最後人緣變差，朋友皆遠走高飛，這正是食傷的行為影響人際關係的結果。下回看到自己的八字，出現比劫生太

多食傷，就要有所警惕並自我約束，千萬別太臭屁！

另外，很多人問我比劫合財，算不算是財散人散呢？其實，以合的意義來說，代表親朋好友容易與你共享財富，人與財彼此吸引，從另一個角度來看兩者的氣皆弱了，但不代表永遠消失，你會發現合有如一座寶山，當比劫不在，意即財被放了出來，賺的錢可是平常的好幾倍呢！然而，雖然得到了財，但朋友卻不在了，很顯然這就是財聚人散。

也許你還會問，什麼情況下會出現財散人聚呢？很簡單，當財星不在，比劫被放出來的時候，就是財散人聚了，表面上看似破財，但實際上卻獲得許多人的支持，保護神很重要，不是嗎？

當今社會以利益為優先，說句實話，能夠做到財聚人聚，代表非常有福報，一般人不太容易做到，但寧可財散人聚，也不要財聚人散，因為只要人一散，日主的保護神也會跟著消失，一旦出現財狹官殺剋日主，或是身弱財破印，財富必定無法維持長久！

散財童子的三大特點

市面上很多理財的書籍，都會教人如何投資賺大錢，小弟這裡就不再班門弄斧。如果以八字來觀看，一個人是否存得住錢，其實可以看得很清楚，這也是本文所要探討的部分，在解析這個主題之前，請檢視自己的先天基因，存不了錢的絕大因素，幾乎都和個性密不可分，性格會因年幼的環境教育，對金錢的思維存在不同觀念。

一般散財童子的人，八字中通常有以下三種特質：

（一）本命無財無庫且比劫旺：這種人比較沒有數字概念，身上有多少
　　　就花多少，不在乎東西的價格，也不會貨比三家殺價，重視親情
　　　且慷慨大方，開心消費是這類型的最大特質，走財必破財。

丙 辛 丙 丙
申 酉 申 申

　　上面這個命例，八字的比劫旺，為人重情惜義，配上日主受剋，
本質上不容易存到錢。

（二）八字的財星被比劫剋合：與第一個最大差別，在於錢財容易被親
　　　友借走，或者投資住進套房。

丁 辛 丁 丁
酉 卯 未 酉

　　上面這個命例，地支比劫奪財，三個丁火欺負一個辛金，日主受
重剋，地支印生比劫剋財，這類型的八字，個性內向保守，耳根軟容
易受人左右，吃虧受騙是家常便飯，一生盡可能勿與親友投資合作。

（三）八字的財星被印星剋合：這是特殊的破財類象，因為印星代表學
　　　習、房子、長輩、生病吃藥，財星受到印星剋合，通常會出現幾
　　　種情況，第一種是將賺到的錢，以財心力幫助長輩；第二種是將
　　　錢花在個人興趣學習，最後一種是花錢買房或者生病看醫生，每

當客戶走到財合印的流年，我通常都會建議他們去買房子、買土地，與其將錢破在其他地方，不如花在房地產會更好。

成為有錢人的條件，除了積極開源外，亦須學會如何守成，努力賺錢卻不懂得理財，仍是落得前手交錢後手空。修正性格，積極學習，然後付出行動，八字是活的，有朝一日必可過上富有的人生。

4-16 離婚是快樂的解脫

　　為人解惑經常會碰到夫妻感情的問題，站在命理師的立場，多半是勸合不勸離，但有一種情況比較特殊，就是當事者對你說：「老師，我的心已死，長年受到夫家的家暴及精神折磨，這個婚姻我已經不要了，請告訴我何時可以離婚，不要跟我說勸合不勸離！」

　　肩負社會責任及道德的命理師，此時該如何面對客戶的問題呢？我用一個實例來解說。

時	元女	月	年	大運	流年	流月
丁	癸	戊	乙	壬	戊	甲
巳	巳	寅	丑	午	戌	子

84	74	64	54	44	34	24	14	4	大運
丁	丙	乙	甲	癸	壬	辛	庚	己	虛
亥	戌	酉	申	未	午	巳	辰	卯	歲

生於立春後 19 日 2 時辰

大運 3 年 6 個月又 10 日上運

每逢戊癸之年白露前 1 日交脫

　　此命透過朋友的介紹慕名而來，命盤一排好，立刻知道這是一個日主剋合的八字，戊土剋癸水，容易承受男友或先生壓力，我們運用

邏輯推理，可以推得庚辰大運可能發生何事。

　　大運庚金合掉年干的乙木，即所謂的印合食傷，印星被合表象不利於學習，智慧稍受蒙蔽，成績考運不理想。時干丁火生月干戊土剋合癸水，日主受剋代表憂慮不順，容易做出錯誤的決定，不論交往的對象條件如何，基本上來說並不 OK，因為這個老公不會體貼，只會帶給命主更大的壓力，假如早婚有很高的機率出現離婚。

　　接著來看地支，這裡分成兩種說法，其一是傳統的寅丑暗合，代表思想早熟內心渴望結交男友；其二是寅木剋大運辰土，當流年走到 2007 的丁亥年，寅木被流年亥水合走，辰土剋亥水，但流年畢竟是太歲，地支日主也會跟著受剋，故此年的婚姻關係非常不穩定。

　　但是一交 34 歲壬午大運出現變化，本命丁火合走大運壬水，壬水沒有作用，日主受剋仍然保持原貌，但地支寅木生午火生丑土，官星復活有利感情事業發展，2018 戊戌年甲子月，癸水脫困，此月離婚，因長期受到夫家的不平等待遇，離婚對命主而言，其實是重獲自由。

結語

　　由以上的實例得知，在錯誤的時間點選擇了婚姻，最後以離婚收場。請大家務必留意，當日主在大運或流年時間受傷，盡可能不要做出任何決策，避免因錯誤的起心動念而產生不好的結局。尤其女命若欲結婚擇日，逢流年流月走官殺，或者日主受剋的歲運，基本上不會是最佳的結婚時機，如果走到日主脫困，婚姻雖然沒了，但對命主來說，有時反而是快樂的解脫。

八字充電坊 25 ：案例－你以為瘦能增加桃花？

　　愛美是女人的天性，身材發福除了影響體態，亦有健康上的疑慮。其實多數人最關心的，莫過於太肥沒人要，真的是這樣嗎？錯！有些男人卻偏愛豐滿的女人，過瘦反而招不到桃花。

　　每個人先天體質不同，有些人吃得少就胖，有些人卻怎麼吃都不會胖，後天環境及習慣亦是影響身材的條件，比如不愛運動，愛吃高熱量食物、身體代謝失衡、水腫等等，先天及後天因子皆是促使體重變化的關鍵。

　　你們一定很好奇，八字怎麼連胖瘦都能看得出來呢？老師你是不是在唬爛？哦！ＮＯ！我的答案絕對是肯定的，不要懷疑！讓我來告訴你，發胖在八字中可能有哪些的類象。

　　(1) 食傷生財：愛好美食不忌口，一生口福佳，發胖機會高。

　　(2) 命格五行土旺，土為肌肉，八字土旺先天肌肉較為結實。

　　(3) 命格的水被大運流年的土剋，容易形成水腫，這類型的發胖是一種病症。

　　以下舉兩個發胖的客戶實例：

男命

時	元男	月	年	大運	流年
壬	戊	戊	丙	壬	戊
戌	申	戌	辰	寅	戌

76	66	56	46	36	26	16	6	大運
丙午	乙巳	甲辰	癸卯	壬寅	辛丑	庚子	己亥	虛歲

生於寒露後 15 日 4 時辰

大運 4 年 11 個月上運

每逢丙辛之年白露後 15 日交脫

解說

　　此命為職業軍人，標準土旺水弱的八字，出生時即白白胖胖，16
歲行庚子大運與本命形成：戊土生庚金再生壬水，此階段熱愛運動且
食量大，故身體強壯肌肉結實，因為脂肪多，天生不怕冷，寒流來襲
時仍穿短袖上衣到處趴趴走。2018 戊戌年，戊土出干剋去大運壬水，
水受傷除了可能發胖外，亦須留意婚姻經營，投資理財或是父親的健
康。

　　實證：戊戌年底從軍中退伍，找工作始終沒有著落，收入停滯。

女命

時	元女	月	年	大運	流年
丁	甲	己	壬	丙	戊
卯	辰	酉	申	午	戌

77	67	57	47	37	27	17	7	大運
辛丑	壬寅	癸卯	甲辰	乙巳	丙午	丁未	戊申	虛歲

生於白露後 17 日 6 時辰

大運 5 年 10 個月上運

每逢戊癸之年立秋前 13 日交脫

解說

這個八字衣食豐足，天生能得父親疼愛，17 歲行丁未大運，大運的丁火合掉年干的壬水，此階段口福佳美食當道，物質生活享受多。我提醒她 2018 戊戌年要留意身材比現在更胖，相信你們可以推得出來，因為戊戌年立秋前 13 日正好交丙午大運，丙火生戊土剋掉年干壬水，壬水受傷，婦科及血液循環比較不好，若出現發胖容易是水腫的現象，尤其在陰曆 5 月至 11 月間，飲食宜節制並配合運動，可降低發福的機會。

實證：戊戌年底婦科代謝不佳，出現水腫足足胖了近 8 公斤。

文堡老師的叮嚀

「穠纖合度的身材，最令人羨慕。」

過胖或太瘦都不是好事，知道流年可能變胖，則要身體力行改變飲食習慣，若無法減少食量，就必須從運動減重。

另外，提醒女性的朋友，若妳剛好處在流年日主受剋的壓力之下，假如身體一直消瘦絕對不健康也不會有好運氣，這時就要多補充營養，因為印星及比劫可生扶日主，所以讓自己變胖一點會是好事呢！一來可增加好的桃花運，二來也可以提升工作運，最後請大家去實證，我只講真話！

4-17 妳的堅持正在拖垮妳的幸福

二十年的職業生涯，一個罕見的實例，原本好事一樁的婚緣，因為準新娘的堅持，最後以退婚分手收場，令人不勝唏噓！此女命的八字，實在令人摸不著頭緒，經過絞盡腦汁的思考，推理出整個結果。

早年幫人批八字時，總會結合傳統命理的合化與生剋來論斷，然而發現有時準有時不準，這幾年已完全使用五行八字批命，發現準確度提高很多，以下用兩種不同的學派來分析推理。

2016 年 12 月辛丑月，此月宣布退婚，你能找得出來嗎？怎麼看？

時	元女	月	年	大運	流年
癸	甲	丁	甲	癸	丙
酉	辰	卯	子	亥	申

73	63	53	43	33	23	13	3	大運
己	庚	辛	壬	癸	甲	乙	丙	虛
未	申	酉	戌	亥	子	丑	寅	歲

生於驚蟄後 6 日

大運 2 年上運

每逢丙辛之年驚蟄後 6 日交脫

（一）傳統命理學

　　此命若要從命盤找出退婚是找不到的，關鍵在於流年流月，2016下半年走食神運，已存在個性強勢及感情的危機了，我們來看一下彼此的關係。

　　首先合與化是不同的觀念，天干五合為陰陽有情之合，通常在有合無化的情況下，丙辛合事實上是辛金吃虧，丙火為食神（代表我的思想），辛金為正官（代表男友丈夫），意思是我跟你結婚，但是男友必須遵照我的想法，這種情況下兩人不會有衝突，只是男生被女生牽制住，如同哈巴狗一樣，無法表現自己的意見。

　　但是在合化的情況下，就完全不是這回事了。此命丙辛合化水，丙火因坐申金上，故能化為壬水，但壬水剋丙火，丙火受傷亦拆散了丙辛合，壬水剋丙火可謂非常無情，此衝突最後吃虧的是誰？不用想當然一定是丙火了，那辛金正官呢？當然也會受傷，只是應事發生！

　　綜合以上我們可以發現：壬水代表未來婆家的長輩，丙火代表自己的思想，婆家希望訂婚和結婚不要同一天，但女方堅持訂婚和結婚同一天，彼此的認知出現了衝突，因為太過於強勢，加上性格上的堅持，最後鬧得不歡而散，造成一發不可收拾，婚不但沒有結成還導致兩人分手，這一切的原因，全因為丙火的合化作用，演變成截然不同的結局！

（二）五行生剋學

本命地支辰酉一合，八字中唯一的官星弱了，談戀愛交男友沒問題，但實際上婚姻不一定出現。原因在於 2016 丙申年，地支申金生子水，申金的力量減弱了，12 月辛丑月，流年丙火合掉流月辛金，辛金官星減弱。答案已經很清楚，不論本命的酉金，流年的申金，流月的辛金，官星不是減弱就是消失殆盡，流年走到此月，可能出現姻緣嗎？

　　透過兩種不同的方式解說，你能否體會這兩派不同的論命觀點？八字是不是很微妙呢？

　　話說回來，因為女孩個性及堅持，造成感情和婚姻的破滅，然而，事物總有一體兩面，以正常的觀點來看待女命的姻緣，或許跟這家人無緣，但是從另一個角度來說，也許下一段的感情會更好！

　　有的時候，太過於的堅持，的確會拖垮自己未來的幸福，放寬心，隨緣之！

尋找你的好姻緣

　　大家一定很好奇，自己所擁有的是否為好姻緣，這裡教大家小技巧，讓你們選擇參考。

　　首先，有一個很重要的觀念，命運操之在手，八字支配的只是運勢，真正的決策是自己，感情仍舊要努力經營，你若不好好爭取維繫，又怎能開花結果？

　　我們常說「八字」不只是八個字這麼簡單，還須配上大運流年和

動態環境才有生命力，才能真正活絡起來，簡單來說就是在不同的時間，我們所需要的也不盡相同。身邊的人也一樣，熱戀當然是最開心的時刻，但運勢總會伴隨流年潮起潮落，如漆似膠的戀人也會有爭吵的一天，此時就要看雙方能否共度難關，跟對方一直走下去了。

說來簡單，但要做到可不容易，想要在愛情路上走得平坦、有好的結果，其實也有小撇步，當你遇上芸芸眾生，很難得知那一個才是你的真命天子（女），但可透過八字動靜態的互動，來判斷哪些時間，比較容易找到合適的對象。

重點來了！要如何挑選一個適合的人呢？除了親自嘗試之外，八字其實也會有提示。當你準備開始新戀情，請切忌在**八字身弱、日主受尅、印剋食傷的時間**，以下我分別做說明：

（1）　八字身弱：你會想去爭取財和官，然而這些都不是你所能控制的，無論你再怎麼去維繫，最終也難得到好結果。

（2）　日主受尅：這不必多做解釋了！日主受尅請低調行事。

（3）　印剋食傷：切勿在食傷弱時談感情，易出現錯誤的判斷。當日主脫困或是食傷好轉，往往後悔甚至嫌棄對方。所以避免害己害人和浪費時間，挑選好的時機開始一段感情，才能鋪出順遂的婚姻大道。

二十年的批命經驗，總會碰到詢問姻緣的女生，很多時候總覺得自己的條件不錯，但為何就是找不到對象呢？其實不是因為自己不好，而是緣份尚未到，**侷限在自我意識，感情容易擦身而過**。此時我

會建議她們，先將自己準備好，努力學習並改變心性脾氣，當機會來臨必能找到好姻緣。

　　一味聽老師說哪一年會有好姻緣，以賭運等待真命天子的出現，相信命運而選擇被動，即使找到適合的對象，仍舊不會開花結果。八字在於提供一個方向及運勢的參考，但無法改變命運，**人生有很多事取決於努力和行動力**。透過不間斷的自我充實，培養賺錢處世能力，相信姻緣必能順水推舟。

　　適不適合並非用時間長短來衡量，相處久的人不代表一定恩愛、相處時間短也不代表不真心。

4-18 財生官的女人，男人最佳的選擇

你見過成功男人背後的偉大女人嗎？幫夫命與勞力助夫是截然不同的概念，八字中若有財生官，這樣的女生通常都會蔭夫；但如果財生官剋到日主，可就不好玩了，除了勞力助夫外，亦可能因夫而得禍。

學過八字的人都知道，官星有分正官及七殺，雖然兩者存在不同的解釋與類象，但總合來說，它們皆代表**社會地位、官位、老闆、管束、壓力、法律、官符、意外、癌症**等等，對身強的人，官殺是很好的助力，但相對於身弱的人，官殺卻是非常可怕，官殺的作用如同現實生活中的法律，告訴我們要奉公守法，不可作姦犯科，這種無形的約束與保護力，讓一個地位崇高的官員越不敢犯法。另一方面它亦可代表官非訴訟，意外之災，所以當歲運走到身弱官殺，會讓人感到壓力破表、事業不順、受小人陷害、破財連連、發生意外等等。

此女命是我的老客戶，很多事物皆經過了實證，請跟我一起來看這個八字。

時	元女	月	年	大運	流年
壬	癸	己	乙	甲	戊
戌	未	丑	巳	午	戌

74	64	54	44	34	24	14	4	大運
丁酉	丙申	乙未	甲午	癸巳	壬辰	辛卯	庚寅	虛歲

生於小寒後 18 日 9 時辰

大運 3 年 7 個月上運

每逢甲己之年立秋後 18 日交脫

雖說現在已不用傳統學論命，但一開始還是先說明一下。

命局生於寒冬八字土旺代表官殺重，干支印星很弱且只有一顆壬水幫身，論格局應該要歸屬於正格而非變格，所以此命在正常情況下會論為身弱，然而真如傳統古書上說的身弱命格？假如是身弱喜用神不就要喜金水嗎？但如果我告訴你，天干走金水運會很糟糕，你相信嗎？然而，地支走酉金對運勢很不錯，但不能碰到申金及亥水。

許多人喜愛談論本命的身強身弱，以個人的經驗不一定正確，因為喜用神並非會一成不變，這是一個極重要的觀念，本命的干支五行，隨著大運流年的互動，將會產生不同的變化，原本的喜神（忠臣）可能變成忌神（小人），同樣的忌神（小人）可能變為喜神（忠臣）。

我們回到正題，年幼4歲到34歲走金水運，家庭經濟與學習環境，可說是非常的辛苦。年幼14歲以前，求學之路並不順遂，庚金合掉乙木，食傷受合，智慧受到蒙蔽。大運交到24歲壬辰，此階段出社會並結了婚，因壬水讓命局更為增寒，工作只是一個平凡的護理師。

39歲交癸巳大運，命運可是南轅北轍，若要說大富大貴也不為過。巳火比喻冬天和煦的陽光，當命局裡有火來照暖除溼，代表大地回春，萬物充滿生機，巳火財星生丑未官星。你或許會問，甲午大運不就更好嗎？沒錯！地支午火生戌土，財生官為名利雙收，同時也幫助老公的事業鴻圖大展。

戊戌年財洩比劫受傷，用印星撐起八字，事業運雖不錯，但財運與人際關係並不佳。

不知你是否記得，2018年台灣曾發生肉圓加辣的家暴事件，重點不在肉圓加不加辣，而在於打老婆的男人不會發達，在八字中男人的財除了代表金錢，也代表妻子，打了老婆，等同財散人散，身為一個真男人，要懂得保護家人才是王道。

成功的男人，背後都有一個偉大的女人，千古流傳盡人皆知，在八字中亦如是，資本主義社會一般皆以金錢來判斷成就，大部分男人的成功，皆離不開背後能幹又賢淑，且默默無聞的女人。若妳懂得理財能幫助讓男人在財運上加分，而財星又可以生官星，所以一個女人不僅在財運上幫了男人，在事業上也能拉他一把，俗話說女人是男人的靠山，這句話可是十分貼切。

身為女人千萬別小看自己，我們看到世界一些成功的企業家，身旁總有一個能幹的妻子，無論秀外慧中抑或其貌不揚，都能將家庭關係打理得很好。

家和萬事興，身為男人的財，請盡力去穩定家庭的秩序，家和必能萬事興，即使妳的男人賺錢能力普通，也能過得愜意的平穩生活。

曾聽人家說，婚姻是愛情的墳墓，但假如**沒有這個墳墓，也可能死無葬身之地了！**男女最合都是一開始的交往時間，假如兩個人在婚後，多欣賞另一半的優點，將其缺點包容，甚至視而不見，婚姻關係將能更美滿更和諧。

想學習更多財生官男女不同的類象嗎？請掃描右方的 QR 碼觀看影片。

財生官的男女類象

大家也許會羨慕財生官的八字，有事業運之餘，女生更是有感情運。但是當你瞭解別人成功背後的真相，你應該由羨慕改為佩服。一般來說財生官的人格特質，都是肯努力付出之人，比如錢財、時間、感情等等。因為他們積極、主動、努力，才能爭取到想要的成就和愛情。現在你應該相信，討個能幹的老婆有多麼重要了，想讓事業蒸蒸日上嗎？財生官的女人，將是你最佳的選擇。

4-19 你和低潮的距離，差的不只是錢

踏入命理界第二十年，對於來找我批命的客戶，一直有著很深的感觸，一般會尋求算命管道解決問題，不外乎都是最近很衰，碰到瓶頸無法突破。身為一個職業命理師，給予當事人鼓勵並指引正向，大事化小趨吉避凶，平穩度過人生的低潮期，一直都是我堅持的信念，在他們感到人生絕望，能再次滿懷信心改變自己，能讓我問心無愧地收下紅包。

2019 年盛夏，有幸在高雄誠品大遠百買了一本理財書《阿斯匹靈的理財航路》，其中有段文令我感同身受。

我們都想過著富有的人生，卻往往是過著羨慕別人經常出國、吃高級餐廳、開超跑、住豪宅等的人生。事實上，很少人能真正地想要富有的人生。此時此刻，你心裡會納悶，我怎麼可能不想呢？誰都想要這樣的人生啊！但事實上，我們卻沒有認真去想，或者說我們還不夠想，因此才沒有辦法過這樣的人生。

看完以上內容，你有什麼感覺呢？關於想要這個「想」字，說到底即是一個人的起心動念，它也是八字財星的源頭－食傷星。

談到錢，人人都會關心自己一生能有多少財富，生活在資本主義的國家，不愛錢的人應該是少數，八字裡的財星，真的只有代表金錢嗎？對男人來說，財星是被我所剋，也就是附屬品，代表我所能掌控

的人、事、物－妻子、女友、父親、粉絲、學生、寵物、車子、理性、現實。

我們先來探討食傷與財星的生活類象吧！

以下分成三個主題跟大家說明：

1. 八字有財但無食傷
2. 八字有食傷但無財

我們將這兩種現象一起討論，首先讓我問大家一個問題，假設有兩個業務員，單論賺錢能力，哪一個人的財運會比較好呢？答案是八字有財但無食傷的人，也許你們會覺得奇怪，同樣都是指生財的工具，為何有財但無食傷的人財運會比較好？因為本身命局帶財星的人，代表此人一生已有財庫，若逢食傷歲運時就會賺到更多錢，意即不用付出太多心力照樣賺大錢，屬於輕鬆型的進財。

反之，命中有食傷星但無財的人，食傷代表行事積極，名氣成就，創造力佳但在財力上受限，一旦走到財大運時則會將知識變現，所以這一類型的人多半都是講師、學者，賺錢需要透過思考及勞力來換取，屬於勞碌型的進財。

簡單來說：財星透過食傷生財是天性本能；食傷透過財星生財要靠努力技術。

3. 食傷生財

八字中同時存在食傷及財星，表示有源源不斷的財源。除非大運流年不佳，否則擁有此條件的人一生不易缺錢。另外男命會比較疼老婆，但桃花色慾及需求也會比較強；女命的話通常會受到父親的疼愛。感情上著重浪漫，為美食主義者，品味高尚，喜好出國旅遊，物質慾望多，享受快樂的人生，但不要忘了，食傷生財的人，除了喜歡賺錢的快感，也會三不五時地犒賞自我。

文堡老師的正能量

　　這麼多年下來，每當我批算到衰運的客戶，他們與低潮的距離，差的其實不只是錢，大多數人因為**行為、習慣、思想，造就現在的我**，經濟壓力不過是一個源頭，人脈與能力，你有試著努力去播種培養嗎？很多時候，低潮最大的敵人卻是自己！

　　八字都是獨立的個體，有著不同的先天格局及後天運勢，我們不需要跟別人比成就比財富，因為這根本無從比起，有些人無財無庫但卻是富二代，因為出生就有一個富爸爸來撐腰；有一些人的財星很旺，但仍然存不了錢，甚至一個錯誤決策，導致一夕間破產殆盡。

　　我曾說過陰陽共存的觀念，運勢出現潮起潮落，這是自然的宇宙定律，人生不可能一直處於擁有而無失去，真的這樣的話陰陽就不平衡了。相信你應該看過在事業巔峰失去了婚姻，在賺了大錢失去了健康的實例，老天爺很公平，人生在世不可能萬事盡美，只要盡好自己的本分，努力充實自我，未來必能扭轉乾坤否極泰來。**在好運的當下，更要保持謙遜、知足、感恩，這才是真正的富足！**

我們都曾遭遇日主受剋的低潮（我也會），差別在於輕重緩急，如果碰上低潮，該如何幫助自己度過難關呢？以下提供幾點建議讓大家參考：

一：**睡眠** — 別懷疑！這個方法對日主受剋的人是帖良藥，理由在於用印來轉化官殺，讓日主有貴人相助並由衰轉旺。別忘了印星代表休息，睡個好覺讓精神充足，可以減少意外發生及降低生活壓力。

二：**閱讀** — 適合流年走日主受剋的人，因為印星代表學習，讀書充實自己是最好的投資，獲得了知識後，一定要馬上去實踐，多半可以走出低谷。

三：**運動** — 醫學證實多運動流汗，可以促進身體代謝，增加多巴胺提升正能量，減輕工作壓力及生活煩憂，對食傷受剋的人非常有效！

四：**旅遊** — 適合食傷受剋之人，如果經濟許可，偶爾讓自己放個假，接觸不同的國家人文，打開寬廣的視野，增強正向的能量，推薦！

五：**信仰** — 宗教可以淨化心靈，假若你沒有任何信仰，找一下住家附近是否有廟宇或教堂，抽個時間進去走走，然後至少停留兩個小時以上，據說可減輕不順的穢氣。

六：**人脈** — 三人行必有我師，人脈是你低潮期最大的資產，心情不佳時，去找朋友吧！他們會給你很多方向及建議，這不就是比劫生旺日主的力量嗎？

處於人生低潮期，切勿做出任何決策及投資，一切以保守平安為重，減少破財與吃虧的機會。

好手好腳的流浪漢不夠「想」要溫飽的人生，只想著過一天算一天，等到哪天他的心念改變，開始「想」要溫飽的人生，願意去找一份工作，一段時間後就能自給自足。現在，我們想想自己，你是不是還不夠「想」要富有的人生呢？趕快批一下自己的命盤吧！說不定能發掘到人生的更多驚喜。

八字充電坊 26 ：案例－當心因財惹禍

命主是我一位客戶的朋友，2018 年來店諮詢流年的運程，他問說戊戌年的運勢如何？是否可以投資？命盤排好之後，我直接告訴他：今年應避免投資，小心因財惹禍！嗯！怎麼看出來是因財惹禍呢？

很簡單！首先看天干，日主乙木旁邊有庚金，很多人會說乙庚不是合化為金嗎？我們知道庚金的下面坐辰土，後座力很強，只會增強庚金的力量，庚金仍然是金不會改變．乙木為日主，別忘了日主無化之理，所以我們可以得知庚金在乙木的側邊有如芒刺在背，乙木早已危機四伏，加上天干甲己合而不化，甲木受到己土的牽制，使得乙木原本欲呼救甲木來幫忙，但最後依然是自身難保。綜合以上的推理，我們可以發現，這是先天日主受剋的八字。接下來看大運流年，天干走到戊己土，年干己土合住月干的甲木，戊午月戊土出干，生庚金剋

日主乙木，戊戌年日主受傷加重，這裡就是重點了，因財惹禍啊！

時	元男	月	年	大運	流年	流月
庚	乙	甲	己	己	戊	戊
辰	丑	戌	酉	巳	戌	午

84	74	64	54	44	34	24	14	4	大運
乙丑	丙寅	丁卯	戊辰	己巳	庚午	辛未	壬申	癸酉	虛歲

生於寒露後 8 日 6 時辰

大運 2 年 10 個月上運

每逢丁壬之年立秋後 8 日交脫

也許你們會問，地支的財運和官運不是很旺嗎？這裡與大家分享一個觀念，干支皆無比劫與印星，日主一旦受剋，即使地支出現財運也是枉然，日主受傷首要任務就是生扶日主，如同我們一旦生病要先養生治病，萬一不敵病魔，有再多的名譽和金錢仍舊是無福消受。

ＯＫ！現在來談因財惹禍，在八字中會出現什麼樣的生活類象呢？我曾經說過，相同八字的人不會有相同的命，其實這也是八字學的盲點，因為在同個時辰出生的人可謂不計其數，你能說他們的命運都會一樣嗎？當然不會！雙胞胎都不可能相同了，更何況是出生環境不同的相同八字，它是時間學，也是推理學，這樣的說法非常合乎科

學邏輯，古代稱之為四柱推命術也是其來有自。

回歸正題！因財惹禍大致上會有以下情況：

（1）投資吃虧上當損財
（2）吃官司的機率大增
（3）行車旅遊發生意外
（4）因桃色而身敗名裂
（5）有了小孩壓力變大
（6）工作受到上司責備
（7）到陌生地方易卡陰
（8）運氣太差重則身亡

以上八種是日主受剋較為常見的現象，同時間出生的人會出現不同的運勢，有些人因桃花而身敗名裂，有一些人因官非訴訟出現牢獄之災，雖然最後的結果不同，但所運行的軌跡卻是不變，所以說八字是推理而非神通。

最後我告訴他，今年己亥年五月到十月，日主受剋的現象依然存在，天干比劫很弱，地支印星亦不穩定，假如受傷的話，整個八字將呈現身弱的現象，這是一個危機點，該怎麼解呢？老生常談，第一交友須小心謹慎，第二沒事不要趴趴走，第三睡眠要充足，第四接近良師益友，第五閱讀充實自我，第六路邊的野花不要採。低調行事才是日主受剋的不二法門。

4-20 活用類推八字更簡單

八字是否可以類推六親，以及周遭的人、事、物呢？答案是肯定的，只要富有一點想像力，學八字就像吃披薩一樣輕鬆，來吧！以下我出六道佳餚，讓大家細嚼品味，記得先思考再看解說哦！

（菜餚一）

對男性來說官殺代表小孩，如果女兒要出嫁，則女婿在十神中代表什麼？結婚的類象為何？

（菜餚二）

對女性來說食傷代表兒女，若兒子欲娶媳婦，則媳婦在十神中代表什麼？結婚的類象為何？

（菜餚三）

對女性來說食傷代表兒女，若女兒要出嫁，則女婿在十神中代表什麼？結婚的類象為何？

（菜餚四）

對小孩來說，外公及外婆在十神中分別代表什麼？

（菜餚五）

丈夫跟自己的母親關係良好，合的類象代表什麼？

（菜餚六）

弟弟與自己的老婆發生不倫之戀，合的類象代表什麼？

準備好對答案了嗎？這些題目只要仔細思考，非常容易解出來，八字沒有想像中那麼難哦！

（解答一）

男命的官代表小孩，女兒嫁的老公就是食傷，因為食傷會剋官，結婚的類象就是食傷合官。

（解答二）

女命的食傷代表小孩，兒子娶的老婆就是官，因為食傷會剋官，結婚的類象就是食傷合官。

（解答三）

女命的食傷代表小孩，女兒嫁的老公就是印，因為印會剋食傷，結婚的類象就是印合食傷。

（解答四）

媽媽是印，媽媽的父親就是食傷，小孩的外公為食傷；媽媽的母親就是官，小孩的外婆為官。

（解答五）

對妻子而言，丈夫為官，媽媽就是印，丈夫與丈母娘的關係良好，就是官合印。

（解答六）

弟弟是比劫，自己的老婆是財，小叔與大嫂的不倫之戀，即是比劫合財。

你全都答對了嗎？這些類象是不是很簡單呢？透過邏輯推埋，即可融會貫通！

另外，除了大家常關心的工作和財運外，家人的互動氣息也能反映在八字內哦！首先我們要知道十神代表的人物，其實很簡單，只要運用古時候的觀念便可容易理解。

在用五行生剋論命時已處理好陰陽，所以看家人的運勢直接看相關的五行便可。

比如生我們的是印（母），由母親生是比劫（兄弟姐妹），控制著印則是財（父），再向上推，生財（父）的是食傷（祖母），控制食傷的是印（祖父），生印（母）的是官（外婆），控制官的是食傷（外公），人物關係至關重要，撒嬌也要找對人。

由自己向外推，男命妻子是財（我所擁有的），女命丈夫是官（控制我的），女命的子女是食傷（我所生），男命的子女是官（控制我的），女命的奶奶是財（生丈夫的），女命的公公是比劫（控制奶奶的），男命的外母是食傷（生妻子的），男命的外父是印（控制外母的）。

由自己向下推，男命的兒媳是比劫（被兒子控制），男命的女婿是食傷（控制女兒），女命的兒媳是官（被兒子控制），女命的女婿是

印 (控制女兒)，由此可見隱藏了婆媳的關係。

　　如下表所示：

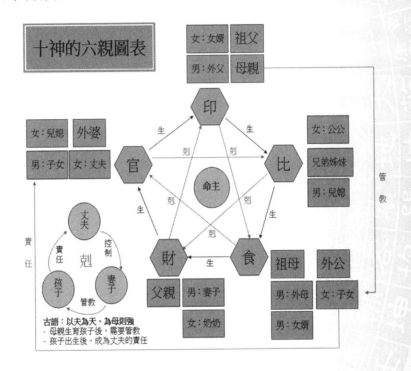

　　批命時務必小心謹慎，假若本命沒有也不能亂配，人物關係跟財運官運不一樣，不可用生他的十神來取代，沒有該十神只代表互動少，當大運流年到來，互動便多，影響力也會非常明顯，反而更要留意此十神的危機點。

卷五

科學八字自我挑戰

科學八字自我挑戰

5-1 基礎挑戰練習

　　看完本書，相信你對五行八字應有更深一層的瞭解，最後的章節，文堡老師想要測驗讀者的學習成效，總共有四十道練習題，內容由淺入深，請大家摩拳擦掌，準備迎接挑戰吧！

題組一：基礎陰陽生剋

問題：A 與 B 哪一個卯木會受傷？（請填 A 或 B）

選項	時	日	月	年
A	子	卯	酉	酉
B	亥	卯	酉	酉

題組二：大運合本命

問題：本命日主丙火有否受傷？

時	日主	月	年	大運	流年
庚	丙	壬	乙	庚	X

題組三：有合先論合

問題：日主甲木有否受傷？

時	日主	月	年	大運	流年
乙	甲	辛	甲	己	庚

題組四：隔柱不能合

問題：丁火會合時干及日主壬水嗎？

時	日主	月	年	大運	流年
壬	壬	甲	丁	X	X

題組五：貪生忘剋

問題：丁火日主會受傷嗎？

時	日主	月	年	大運	流年
乙	丁	辛	癸	X	X

題組六：大運合走本命

問題：地支哪一個五行會受傷？

時	日	月	年	大運	流年
午	子	卯	申	丑	X

題組七：動態合的變化

問題①：不看大運流年，哪個五行會受傷？

問題②：流年走卯木，哪一個五行會倒楣？

時	日	月	年	大運	流年
巳	子	戌	未	卯	卯

題組八：動態合解本命沖

問題：哪個五行會受傷？

時	日	月	年	大運	流年
午	子	申	巳	丑	未

題組九：地支日主脫困

問題：日主為己土，當大運走戌土，流年走卯木，此時地支有否出現日主受剋？

時	日	月	年	大運	流年
丑	卯	未	卯	戌	卯

題組十：流年拆本命合

問題：寅年哪一個五行會受傷？

時	日	月	年	大運	流年
寅	巳	亥	寅	子	寅

題組十一：動靜態拆合的判斷

問題：流年乙木受傷可能發生何事？

時	日	月	年	大運	流年
庚	乙	甲	丁	壬	乙

題組十二：動靜態用神的取用

問題：

(1) 己亥年戊辰月哪個五行會受傷？

(2) 己亥年戊辰月最佳的用神為何？

時	元女	月	年	大運	流年	流月
乙	甲	己	丙	甲	己	戊
亥	子	亥	辰	午	亥	辰

題組十三：日主受剋的剋斷

問題：

(1) 日主辛金有否日主受剋？

(2) 如何運用日主的起序點？

時柱	元男	月柱	年柱
丙	辛	壬	甲

題組十四：動靜態洩的判斷

問題：進入戊土大運，請問有哪些五行變弱了？

時柱	元女	月柱	年柱	大運
乙	戊	甲	丁	戊

題組十五：日主出干的活用

問題：

(1) 大運丁火是否有受傷？（是／否）

(2) 癸年日主是否會受剋？（是／否）

時	日主	月	年	大運	流年
乙	癸	己	乙	丁	癸

題組十六：基礎用神練習

問題：

(1) 觀察以下兩柱大運，你覺得哪一個運勢較佳？

(2) 庚子大運日主受剋的用神為何？

時	元女	月	年	大運
辛	甲	丁	辛	己
未	子	酉	丑	亥

時	元女	月	年	大運
辛	甲	丁	辛	庚
未	子	酉	丑	子

題組十七：基礎合的觀念

問題：

(1) 大運走壬水，日主能否脫困？

(2) 戊土流年，最後是壬水受傷還是丙火受傷？

時	日主	月	年	大運	流年
乙	辛	丙	癸	壬	戊

題組十八：合的應用練習

問題：

(1) 流年走癸水（不看流月），哪一個五行會受傷？

(2) 流月走庚金（八字全看），哪一個五行會受傷？

時	日主	月	年	大運	流年	流月
戊	辛	丙	壬	戊	癸	庚

題組十九：流年流月基本功

問題：大運丁火合月干壬水，流月庚金剋流年甲木，流年和本命甲木同時受傷，請問是否正確？

時	日主	月	年	大運	流年	流月
甲	辛	壬	癸	丁	甲	庚

題組二十：地支日主受剋

問題：日主為癸水

(1) 流月未土可否拆開寅亥合？

(2) 地支是否有出現日主受剋？

時	日	月	年	大運	流年	流月
子	亥	寅	未	午	亥	未

5-2 進階挑戰練習

　　基礎練習相信以各位的實力，應該可以拿到滿分，對吧！接下來文堡老師要給大家更難的挑戰囉！一定要先思考再看解說，批命功力才能更進步，Let's go！

題組二十一：動靜態日主受剋

問題：日主丁火有否受傷？

時	日主	月	年	大運	流年
庚	丁	壬	庚	乙	戊

題組二十二：不穩定的流年氣

問題：不考慮地支的話，請問丙年的財運如何？

時	日主	月	年	大運	流年
甲	壬	辛	丙	癸	丙

題組二十三：流年日主受剋

問題：哪一個流年會出現日主受剋？（請選擇①或②）

選項	時	日主	月	年	大運	流年
①	甲	己	壬	癸	己	庚
②	甲	己	壬	癸	己	乙

題組二十四：流年日主剋合

問題：流年最後結果哪一項正確？

①庚金不會剋合乙木

②兩個丁火不會受傷

③大運丁火可合壬水

④乙木不會完全脫困

時	日主	月	年	大運	流年
庚	乙	壬	丁	丁	癸

題組二十五：流月日主受剋

問題：流年最後結果哪一項正確？

①壬水不會剋傷丙火

②時干戊土不會消失

③戊土可以剋掉壬水

④辛金日主不會受傷

時	日主	月	年	大運	流年
戊	辛	丙	壬	癸	戊

題組二十六：貪生忘剋

問題：下列哪一個選項不正確？

①卯木會受傷

②辰和酉會合

③卯木不會受傷

④子水不會受傷

時	日	月	年	大運	流年
戊	子	卯	辰	申	酉

題組二十七：流年拆大運合

問題：下列哪一個選項正確？

①子水可以合丑土

②兩個寅木會受傷

③申金可以剋寅木

④子水可以生寅木

時	日	月	年	大運	流年
子	申	寅	寅	丑	卯

題組二十八:流年被本命合

問題:下列哪一個選項正確?

①子水被辰土剋傷無解

②卯木和戌土一定會合

③年支卯木一定會受傷

④辰土一次合兩個酉金

時	日	月	年	大運	流年
酉	戌	酉	卯	子	辰

題組二十九:因合出現受傷

問題:下列哪一個選項正確?

①丑土合日支子水

②寅木與亥水會合

③子水被戌土剋傷

④流年戌土會受傷

時	日	月	年	大運	流年
亥	子	寅	子	丑	戌

題組三十：流年拆本命合

問題：日主為丙火，請問最後結果哪個選項正確？

①本命戌土不會合掉卯木

②寅木被亥水合戌土無傷

③巳火受傷等於丙火受傷

④亥水仍然可以澆滅巳火

時	日	月	年	大運	流年
卯	戌	亥	巳	戌	寅

題組三十一：流年受傷的用神

問題：

(1) 流年亥水受傷，可用哪些五行來救？

(2) 流年己土出干，能否傷害日主癸水？

時	元女	月	年	大運	流年
辛	癸	庚	辛	癸	己
酉	酉	子	未	卯	亥

題組三十二：合的進階應用

問題：數字代表一柱的天干地支，注意辛亥大運比癸未流年先到，且不會在癸未流年換大運。

(1) 天干部分：癸未年甲寅月，哪一個五行會受傷？（請用1～7數字回答，答案只有一個）

(2) 地支部分：癸未年甲寅月，最後剩下哪些五行？（請用1～7數字回答，答案不只一個）

(3) 流月寅木可否剋流年未土，然後拆開午未之合呢？

時	元女	月	年	大運	流年	流月
辛	丁	甲	戊	辛	癸	甲
丑	未	寅	午	亥	未	寅

❶ ❷ ❸ ❹ ❺ ❻ ❼

題組三十三：合的進階應用

問題：

(1) 天干部分：流年庚金能否剋到日主乙木？（是／否）

(2) 地支部分：戌土是否能合走所有的卯木？（是／否）

時	元女	月	年	大運	流年	流月
己	乙	戊	辛	癸	庚	己
卯	亥	戌	亥	卯	子	卯

題組三十四：五行四時的應用

問題：

(1) 己亥辛未月可能發生何事？

(2) 辛未月最佳五行用神為何？

時	元男	月	年	大運	流年	流月
庚	甲	丙	甲	庚	己	辛
午	辰	子	子	辰	亥	未

題組三十五：合的進階應用

問題：以下四個選項何者正確？

(1) 流年丙火可以合走本命所有的辛金

(2) 動靜態辰土酉金，可以全部合到完

(3) 動靜態相互作用後，巳火能剋酉金

(4) 本命酉金合到完，動態多兩個酉金

	時	日	月	年	大運	流年
❶	辛	癸	辛	戊	己	丙
❷	酉	巳	酉	辰	辰	辰
❸	巳	酉	酉	辰	辰	酉
❹	亥	酉	酉	辰	酉	酉

題組三十六：拆合進階應用

問題：以下四個選項中，哪些正確？哪些有誤？

(1) 最終結果為辰土生申金生子水生寅木

(2) 流月辰土可以拆開大運流年的子丑合

(3) 最終結果動靜態的所有子水皆會受傷

(4) 流月辰土可拆開寅亥合放出本命寅木

	時	日	月	年	大運	流年	流月
❶	子	寅	申	辰	丑	子	寅
❷	子	寅	申	辰	丑	子	辰
❸	子	寅	申	辰	寅	子	辰
❹	子	寅	申	辰	寅	亥	辰

題組三十七：流年流月出干應用

問題：對於出干的看法以下何者正確？

(1) 大運出干，出干的五行不等同本命，可以看成多一個五行出來嗎？

(2) 流年出干的五行等同本命大運，當流年受剋本命和大運也會受剋？

(3) 流月出干的干支等同本命大運。當流月受剋本命和大運也會受剋？

題組三十八：洩的進階概念

問題：假設日主為戊土，則子水為財，戊土為比肩，天干無比劫印星，以下兩組地支哪個財運較好？

	時	日	月	年	大運	流年	流月
❶	戌	戌	戌	子	子	子	子
❷	戌	戌	戌	戌	子	子	子

題組三十九：批命實戰練習

問題：己亥年乙亥月可能發生何事？

時	元女	月	年	大運	流年	流月
己	己	丁	己	辛	己	乙
巳	卯	丑	未	巳	亥	亥

題組四十：批命實戰練習

問題：己亥年丙子月報考公職，丁丑月金榜題名。以下
哪一種情況較為合理？

A. 天干的己土受傷　B. 丁丑月日主出干

C. 官殺能剋去比劫　D. 地支食傷剋官殺

時	元女	月	年	大運	流年	流月
丙	丁	庚	壬	丙	己	丁
午	丑	戌	戌	午	亥	丑

5-3 基礎挑戰解答

題組一：基礎陰陽生剋

問題：A 與 B 哪一個卯木會受傷？（請填 A 或 B）

選項	時	日	月	年
A	子	卯	酉	酉
B	亥	卯	酉	酉

解答：A 與 B 的卯木皆不會受傷，A 的部分子水為陽，可直接救卯木；B 的部分依貪生忘剋觀念，兩個酉金會先生亥水，亥水再生卯木通關，卯木沒事。A 一旦來了巳午火，陽子水即可先作用剋火。若 B 改為申金，陽先作用，陰亥水很難通關，卯木必然受傷。有一派認為，一酉生一亥，另一酉會剋一卯，但以五行流通來說，會帶來一點壓力沒錯，但最後仍能相安無事。

題組二：大運合本命

問題：本命日主丙火有否受傷？

時	日主	月	年	大運	流年
庚	丙	壬	乙	庚	X

解答：陽的五行會先作用，庚金生壬水，然而壬水會生乙木再生

日主丙火嗎？可以生但力量不夠，因為乙木為陰，陰無法完全打通陽與陽的衝突，丙火日主只有挨打的份，故斷先天日主受剋；當大運走庚金，乙庚一合，本命的庚金等同於出干，此時丙火受傷將會減輕，運勢可好可壞。

題組三：有合先論合

問題：日主甲木有否受傷？

時	日主	月	年	大運	流年
乙	甲	辛	甲	己	庚

解答：大運己合年干甲，流年庚合時干乙，本命只留下一個辛金，但辛金無法剋盡日主甲木，陰無法剋陽，日主沒有受傷。

題組四：隔柱不能合

問題：丁火會合時干及日主壬水嗎？

時	日主	月	年	大運	流年
壬	壬	甲	丁	X	X

解答：以五行流通來看，陽的五行會先作用，壬水生甲木再生丁火，然而丁與壬中間隔了一個甲木，合的條件不能成立；假設動態的大運或流年，來了己土合走甲木，甲木被收買時，此時丁壬即可一拍即合。

題組五：貪生忘剋

問題：丁火日主會受傷嗎？

時	日主	月	年	大運	流年
乙	丁	辛	癸	X	X

解答：不會！五行的流通規則為先生後剋

鄭老師的解說：

乙木為起點 → 木生火，但丁火日主只能當起點或終點。

丁火為起點 → 日主可當起點，但無土可生，所以行不通。

辛金為起點 → 金生水，水生木，木生火，很好！

癸水為起點 → 水生木，木生火，但丁火日主只能當起點或終點。

答案很明顯了 → 以辛金為起點才是正解，天干五行流通順暢。

題組六：大運合走本命

問題：地支哪一個五行會受傷？

時	日	月	年	大運	流年
午	子	卯	申	丑	X

解答：申金受傷。本命申金生子水剋午火，卯木欲救午火但不夠力；大運丑土合走子水，當子水被收買，午火即可剋申金。

題組七：動態合的變化

問題①：不看大運流年，哪個五行會受傷？

問題②：流年走卯木，哪一個五行會倒楣？

時	日	月	年	大運	流年
巳	子	戌	未	卯	卯

解答①：本命巳火生未土戌土剋子水，子水受傷。

解答②：靜態戌土會合走動態的卯木，當卯戌合到完時，放出子水剋殺巳火，未土解救的力道不夠，故巳火倒楣。

題組八：動態合解本命沖

問題：哪個五行會受傷？

時	日	月	年	大運	流年
午	子	申	巳	丑	未

解答：本命巳申合，因為子水剋午火，午火受傷的結果，讓巳火變弱。當大運丑土合走日支子水，此時午火從受傷 (-1) 轉為脫困 (+1)，要論斷為好事，但流年走未土，午未一合，午火在此年又減弱了 (+1 變回 0)，但與本命的 DNA 比較仍然是好事，因為巳火變強，申金卻轉弱了。

題組九：地支日主脫困

問題：日主為己土，當大運走戌土，流年走卯木，此時地支有否出現日主受剋？

時	日	月	年	大運	流年
丑	卯	未	卯	戌	卯

解答：沒有日主受剋！本命未土與丑土受到兩個卯木夾殺，地支日主受剋，當流年卯木出干合掉大運戌土時，本命的兩個卯木也會被收買，此時未土和丑土皆脫困，還記得嗎？地支的未土及丑土，等於天干的日主己土。

題組十：流年拆本命合

問題：寅年哪一個五行會受傷？

時	日	月	年	大運	流年
寅	巳	亥	寅	子	寅

解答：巳火受傷！本命寅亥合，大運子水生寅木，寅木生巳火。當流年的寅木出現受傷，此時即可拆開寅亥合，本命兩個寅木不在，加上亥水復活，與大運子水齊剋巳火，傷得夠力無法招架。

題組十一：動靜態拆合的判斷

問題：流年乙木受傷可能發生何事？

時	日	月	年	大運	流年
庚	乙	甲	丁	壬	乙

解答：本命庚金剋甲木，丁火無法完全救甲木，大運壬水合掉年干丁火，此時甲木受傷加重。流年乙木出干合走時干庚金，甲木復活了，並增強日主乙木的力量。請注意流年乙木受傷的時間，流月辛金剋掉流年乙木，除了日主受剋外，庚金因拆合被放出來剋甲木，此時甲乙木皆傷，因流年乙木等於日主出干。

題組十二：動靜態用神的取用

問題：

(1) 己亥年戊辰月哪個五行會全傷？ (2) 戊辰月最佳用神？

時	元女	月	年	大運	流年	流月
乙	甲	己	丙	甲	己	戊
亥	子	亥	辰	午	亥	辰

解答 1：流月辰土剋流年亥水，所有亥水會全部受傷。

解答 2：本命辰土剋子水，流年亥水亦受到影響，印星很弱，該給什麼用神來幫助她呢？建議用木，因為地支印剋食傷，代表對感情缺乏安全感，很容易放棄。在大運流年流月的時間點，若用比劫星能

全通。另外，土剋水容易出現胡思亂想，印弱時官也跟著弱，這時候如果用木，水生木，木生火，火生土，能使地支的五行一氣順生，木為比劫。建議命主多交朋友廣結善緣，建立良好的人際關係，同時讓自己的桃花加分，有機會找到適合的伴侶。

題組十三：日主受剋的剋斷

問題：

(1) 日主辛金有否日主受剋？

(2) 如何運用日主的起序點？

時柱	元男	月柱	年柱
丙	辛	壬	甲

解答 1：沒有！依據五行生剋法則，只要有壬水在，日主辛金不會被丙火剋合，若動態來一個丁火，辛金就完蛋了。

我是不怕丙火的
因為我有丙火的剋星
壬水
當我的保護神

解答 2：為何日主沒有受傷呢？除了有壬水保護神外，我們也可以運用日主的起訖點來探討，若當起點，五行的流通為辛金生壬水，壬水生甲木，甲木生丙火，天干氣勢流通。也許你會問我，丙火可再攻打辛金嗎？不行！一個五行只能作用一次，辛金當起點已使用過，故丙火不能再反剋辛金。另外請讀者留意，日主只能當起點或終點，其他一律跳過不看，當起點時無法生助其他五行，以此例來說辛金不會增加壬水的力量；若是當終點，只有兩種結果，其一是被印星所生，其二是日主受剋。

題組十四：動靜態洩的判斷

問題：進入戊土大運，請問有那些五行變弱了？

時柱	元女	月柱	年柱	大運
乙	戊	甲	丁	戊

解答：根據五行八字的法則，本命是甲木剋戊土，天干日主受剋，乙木生丁火，大運一交戊土，陰丁火生了陽戊土而洩，但大運戊土也受到甲木剋傷，此時日主脫困。然而對甲木而言並沒有影響，因為甲木在本命就是剋著日主，到了戊土大運，只是由剋日主轉為剋大運戊土，對甲木而言洩的力量是均等的。故此題答案為丁火和戊土弱，但甲木仍不變，請參閱下圖。

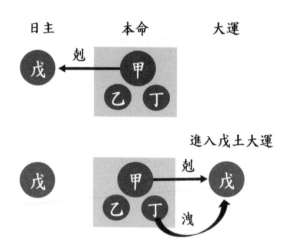

補充：假設本命沒有日主受剋，此時甲木剋大運戊土，甲木是否會變弱？

解說：日主若不是戊土，大運一交戊土，本命亦無丙火通關，甲木會因為剋戊土而變弱。

題組十五：日主出干的活用

問題：

(1) 大運丁火是否有受傷？（是／否）

(2) 癸年日主是否會受剋？（是／否）

時	日主	月	年	大運	流年
乙	癸	己	乙	丁	癸

解答1：否！動態之事會先作用，但本命有丁火的保護神乙木和

己土，只是虛驚一場，五行仍然流通順暢。

解答 2：是！流年癸水出干，代表日主存在危機點，留意 7 月到 10 月，乙木若被收買，日主的壓力會更大。

題組十六：基礎用神練習

問題：

(1) 觀察以下兩柱大運，你覺得哪一柱運勢較佳？

(2) 庚子大運日主受剋的用神？

時	元女	月	年	大運
辛	甲	丁	辛	己
未	子	酉	丑	亥

時	元女	月	年	大運
辛	甲	丁	辛	庚
未	子	酉	丑	子

解答 1：大運在己亥，己土解開了丁火與辛金衝突，形成丁火生己土再生辛金，對學業或感情有加分作用，故己亥的運勢不錯；但一交庚子大運可就不太妙，因為庚金會剋甲木，丁火洩得更夠力無法幫助日主，加上地支子水被合，容易出現感情、工作或精神方面問題。

解答 2：庚子大運日主受剋，建議以比劫和印星化解官殺，但壬癸水無用，故取甲乙木為用神，但甲木不宜出現在流年，因日主出干危機四伏。

題組十七：合的基礎觀念

問題：

(1) 大運走壬水，日主能否脫困？

(2) 戊土流年，最後是壬水受傷還是丙火受傷？

時	日主	月	年	大運	流年
乙	辛	丙	癸	壬	戊

解答 1：本命辛金受丙火剋合，大運壬水剋月干丙火，丙火受傷日主即脫困。

解答 2：流年戊土打不到大運壬水，有合要先論合，年干癸水拉走流年戊土，丙火仍然受傷。

題組十八：合的應用練習

問題：

(1) 流年走癸水 (不看流月)，哪一個五行會受傷？

(2) 流月走庚金 (八字全看)，哪一個五行會受傷？

時	日主	月	年	大運	流年	流月
戊	辛	丙	壬	戊	癸	庚

解答 1：大運流年戊癸合，時干的戊土不會被合，丙火生戊土剋壬水，壬水受傷。

解答 2：大運流年戊癸合，庚金進位與本命互動，火生土，土生

金，金生水，沒有任何五行受傷。

題組十九：流年流月基本功

問題：大運丁火合月干壬水，流月庚金剋流年甲木，流年和本命
甲木同時受傷，請問是否正確？

時	日主	月	年	大運	流年	流月
甲	辛	壬	癸	丁	甲	庚

解答：正確！丁壬一合，流年流月一同進位，流月庚金一定剋得
到流年甲木，所有甲木都會受傷。

題組二十：地支日主受剋

問題：

日主為癸水

(1) 流月未土可否拆開寅亥合？

(2) 地支是否有出現日主受剋？

時	日	月	年	大運	流年	流月
子	亥	寅	未	午	亥	未

解答1：本命寅亥合，大運與本命午未合，流月未土進位，午未
合到完，無法拆開寅亥合。

解答2：地支亥水被寅木合住無傷，未土傷不了亥水，地支沒有
日主受剋。

5-4 進階挑戰解答

題組二十一：動靜態日主受剋

問題：日主丁火有否受傷？

時	日主	月	年	大運	流年
庚	丁	壬	庚	乙	戊

解答：大運乙木合年干庚金，留下時干庚金，日主丁火生流年戊土，戊土生庚金再生壬水，丁火並不會受傷。請讀者注意本命的丁壬剋合很難拆解，想要拆開它們有兩種方法：其一從大運和流年拆，如果大運壬水，流年戊土，戊土剋壬水，時間通常較長；其二從流年和流月拆，假如流年為壬水，流月丁火，丁壬一合，流月戊土剋壬水，此時壬水的氣不在，時間通常只有短短幾個月。

題組二十二：不穩定的流年氣

問題：不考慮地支的話，請問丙年的財運如何？

時	日主	月	年	大運	流年
甲	壬	辛	丙	癸	丙

解說：首先丙辛合不代表消失，身旁多了一個甲木，甲木依然可以幫助丙火，意即丙火強辛金弱。丙年多了一顆財星，甲木生丙火為食神生財，財運不錯。但也必須留意流年丙火受傷的月份，當丙火不

在或受傷，辛金就會被放出來。請讀者留意，合與剋是不同的觀念，合為因剋為果，也就是發生的時間為因，出事的時間才是果，一旦丙火受傷則會應驗破財，必須考慮流月氣才會更精確。

題組二十三：流年日主受剋

問題：哪一個流年會出現日主受剋？（請選擇①或②）

選項	時	日主	月	年	大運	流年
①	甲	己	壬	癸	己	庚
②	甲	己	壬	癸	己	乙

解答：本命甲己剋合，加上壬水助拳，日主傷得很夠力，第一個大運己土可以合掉甲木官殺，流年庚金可以生本命壬水，日主沒事。第二個流年乙木會剋掉大運己土，拆開了甲己之合，此時本命的甲木又回復剋己土，呈現日主受傷。注意大運的己土不等於日主己土，日主受剋是因為甲木被放出來，故此題選②。

題組二十四：流年日主剋合

問題：流年最後結果哪一項正確？
①庚金不會剋合乙木
②兩個丁火不會受傷
③大運丁火可合壬水
④乙木不會完全脫困

時	日主	月	年	大運	流年
庚	乙	壬	丁	丁	癸

解答：④乙木不會完全脫困。

解說：本命丁火拉走壬水，庚金剋合乙木，日主受到剋合，流年癸水剋掉大運丁火，等同年干的丁火受傷，此時丁壬被拆合，壬水雖然跑出來救乙木，表面看似日主脫困，實際上只能通關百分之五十，剋合若用印星來通關，效果只能打折扣，日主受剋的現象依然存在，只能說此年的運勢好一點罷了。

題組二十五：流月日主受剋

問題：流年最後結果哪一項正確？

①壬水不會剋傷丙火

②時干戊土不會消失

③戊土可以剋掉壬水

④辛金日主不會受傷

時	日主	月	年	大運	流年
戊	辛	丙	壬	癸	戊

解答：④辛金日主不會受傷。

解說：本命丙火生戊土剋壬水，壬水受傷，流年戊土合走大運癸水，等同於時干戊土暫時消失，當戊土保鑣不在家時，壬水即可消滅丙火，日主依然平安無事，假如流月來了一個丁火，辛金就完蛋了。

題組二十六：貪生忘剋

問題：下列哪一個選項不正確？

①卯木會受傷

②辰和酉會合

③卯木不會受傷

④子水不會受傷

時	日	月	年	大運	流年
戌	子	卯	辰	申	酉

解答：①卯木會受傷。

解說：流年酉金合年支辰土，辰土的力量減弱，卯戌因中間隔了子水不合，時支戌土生大運申金，申金生日支子水，子水再生月支卯木，卯木並無受傷，故此題選①。假如流月走子月或丑月，卯木則會被戌土拉走。

題組二十七：流年拆大運合

問題：下列哪一個選項正確？

①子水可以合丑土

②兩個寅木會受傷

③申金可以剋寅木

④子水可以生寅木

時	日	月	年	大運	流年
子	申	寅	寅	丑	卯

解答：④子水可以生寅木。

解說：本申金生子水，子水生寅木順暢流通，大運出現丑土會合掉時支子水，當子水一弱，申金去打兩個當令的寅木，申金也減弱了力量，然而動態的大運流年優先作用，流年卯木剋掉大運丑土，拆開子丑合，為何卯木能殺丑土呢？因為本命的申金跑去攻打寅木，體力耗盡且自身難保，無法再殺流年卯木，當子水被放出來，形成申金生子水，子水再生寅木，故此題選④。

題組二十八：流年被本命合

問題：下列哪一個選項正確？

①子水被辰土剋傷無解

②卯木和戌土一定會合

③年支卯木一定會受傷

④辰土一次合兩個酉金

時	日	月	年	大運	流年
酉	戌	酉	卯	子	辰

解答：②卯木和戌土一定會合。

文堡老師解說

①辰土欲剋大運子水，但最後被本命酉金拉走，子水無傷。

②辰土只合月支酉金，不合時支酉金，月支酉金被拉走，卯戌即可合。

③辰土合月支酉金，卯戌立馬一拍即合，不會受到酉金的攻擊，沒事！

④辰土只能合走本命一個酉金 (合的優先順序為月支 > 時支)。

題組二十九：因合出現受傷

問題：下列哪一個選項正確？

①丑土合日支子水

②寅木與亥水會合

③子水被戌土剋傷

④流年戌土會受傷

時	日	月	年	大運	流年
亥	子	寅	子	丑	戌

解答：④流年戌土會受傷。

文堡老師解說

①合必須由外而內，故丑水合年支子水。

②丑土合年支子水，寅亥隔子水故不合。

③寅亥不合，子水有寅木保護不會受傷。

④丑土合年支子水，子水生寅木剋戌土。

題組三十：流年拆本命合

問題：日主為丙火，請問最後結果哪個選項正確？

①本命戌土不會合掉卯木

②寅木被亥水合戌土無傷

③巳火受傷等於丙火受傷

④亥水仍然可以澆滅巳火

時	日	月	年	大運	流年
卯	戌	亥	巳	戌	寅

解答：②寅木被亥水合走戌土無傷。

解說：本命卯戌合，亥水剋巳火，巳火受傷，但流年寅木傷不了大運戌土，因為亥水會把寅木拉走，最後只剩下巳火生戌土，此時本命的戌土變強，但卯木卻弱了。

題組三十一：流年受傷的用神

問題：

（1）流年亥水受傷，可用哪些五行來救？

（2）流年己土出干，能否傷害日主癸水？

時	元女	月	年	大運	流年
辛	癸	庚	辛	癸	己
酉	酉	子	未	卯	亥

解答 1：亥水只會在辰戌丑未亥月受傷，意即地支日主受剋，此時我們要用申酉金、亥子水、寅木來救，也就是印星、比劫及食傷，增強日主的自信並給予方向。地支動態的土，無法進到本命作用，流月只能與流年互動。

解答 2：造成傷害的壓力很小，別忘了日主干支皆有保護神，己亥的運勢較差，但好在有比劫及印星來救，仍能相安無事。

題組三十二：合的進階應用

問題：

數字代表一柱的天干地支，注意辛亥大運比癸未流年先到，且不會在癸未流年換大運。

(1) 天干部分：癸未年甲寅月，哪一個五行會受傷？（請用1～7數字回答，答案只有一個）

(2) 地支部分：癸未年甲寅月，最後剩下哪些五行？（請用1～7數字回答，答案不只一個）

(3) 流月寅木可否剋流年未土，然後拆開午未之合呢？

時	元女	月	年	大運	流年	流月
辛	丁	甲	戊	辛	癸	甲
丑	未	寅	午	亥	未	寅
❶	❷	❸	❹	❺	❻	❼

解答1：天干部分，此題的陷阱在於什麼地方呢？要知道癸年走到甲寅月，癸水尚未進氣，既然氣都不在，自然不會戊癸合，流月甲木進位與年干甲木齊剋戊土，戊土受傷一命嗚呼，故選4。另外甲子月戊癸能合，戊土不會被甲木所傷，千萬別將癸水當成消失。

解答2：地支部分，大運先作用，亥水合月支寅木，此時本命的午未即合，流年的未土進位，但不會與本命的午火相合，為什麼？因為在流年未土尚未進氣前，本命的午未已先合了，此時動態流年或流月的未土，都要當成多餘的五行。當大運與本命合，流年和流月均可往前進位（四捨五入），故流年未土進位到大運，流月寅木進位到流年，未土仍然是未土不變。但流月寅木進位到流年，代表已進入城牆，能夠與大運的亥水再次互動，寅亥將會合到完，換句話說亥水被合了兩次，對亥水而言可不是一件好事。最後留下本命的丑土與流年的未土，故選1和6，請參閱下表。

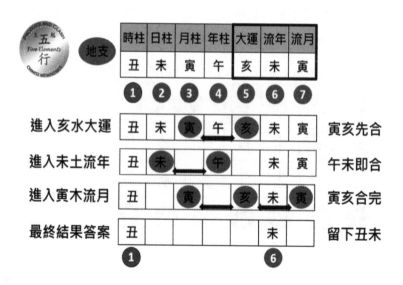

解答 3：無法拆合，理由很簡單，因為流月寅木已進位到流年位置，此時大運亥水會將寅木合掉，故打不開本命的午未合。

題組三十三：合的進階應用

問題：

(1) 天干部分：流年庚金能否剋到日主乙木？（是／否）

(2) 地支部分：戌土是否能合走所有的卯木？（是／否）

時	元女	月	年	大運	流年	流月
己	乙	戊	辛	癸	庚	己
卯	亥	戌	亥	卯	子	卯

解答 1：否！大運癸水合月干戊土，流年庚金進位，但實際上傷不了乙木，因為庚金尚未進氣，但日主仍然承受壓力。

解答 2：是！大運卯木合月支戌土，流月卯木進位到流年，等於卯木出干，故戌土可以合走所有的卯木。

題組三十四：五行四時的應用

問題：

(1) 己亥辛未月可能發生何事？

(2) 辛未月最佳五行用神為何？

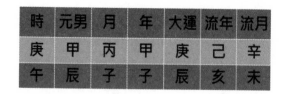

時	元男	月	年	大運	流年	流月
庚	甲	丙	甲	庚	己	辛
午	辰	子	子	辰	亥	未

解答1：本命的排列組合不錯，日主有甲木和丙火保護神，庚辰大運辰土剋子水，天干庚金官殺對日主虎視眈眈，一旦保護神消失，日主等於被宣判死刑。不幸流年己土合走年干甲木，流月辛金合掉月干丙火，日主的保護神被綁架，兩個庚金即可剋殺甲木，日主受剋加上地支印星全傷，此命辛未月業績全無，待在家裡保平安。為何沒出大事呢？原因在於寒冬當令子水，辰土無法完全剋盡，還記得五行四時嗎？翻到前面複習一下吧！

解答2：辛未月身弱配上日主受剋，生扶日主須用比劫和印星，然而甲木與丙火均無用，取壬水可以通關，取乙木可合掉庚金，減輕日主的壓力，故最佳用神為壬水，乙木次之。

題組三十五：合的進階應用

問題：以下四個選項何者正確？

(1) 流年丙火可以合走本命所有的辛金。

(2) 動靜態辰土酉金，可以全部合到完。

(3) 動靜態相互作用後，巳火能剋酉金。

(4) 本命酉金合到完，動態多兩個酉金。

	時	日	月	年	大運	流年
❶	辛	癸	辛	戊	己	丙
❷	酉	巳	酉	辰	辰	辰
❸	巳	酉	酉	辰	辰	酉
❹	亥	酉	酉	辰	酉	酉

解答1:錯誤！流年丙火只能合走月干辛金，時干辛金不會受影響。

解答2:正確！流年辰土進氣，本命酉金可以合走動態的所有辰土。

解答3:錯誤！流年酉金進氣，辰土酉金會合到完，最後留下巳火。

解答4:錯誤！本命辰酉合，日支與動態的酉金均為多出，亥水旺。

題組三十六：拆合進階應用

問題：以下四個選項中，哪些正確？哪些有誤？

(1) 最終結果為辰土生申金生子水生寅木

(2) 流月辰土可以拆開大運流年的子丑合

(3) 最終結果動靜態的所有子水皆會受傷

(4) 流月辰土可拆開寅亥合放出本命寅木

	時	日	月	年	大運	流年	流月
❶	子	寅	申	辰	丑	子	寅
❷	子	寅	申	辰	丑	子	辰
❸	子	寅	申	辰	寅	子	辰
❹	子	寅	申	辰	寅	亥	辰

解答1：錯誤！大運流年子丑合，本命子水亦被合走，寅木可與本命作用，五行流通為辰土生申金剋寅木，申金洩。

解答2：錯誤！大運流年子丑合，流月辰土無法拆合，只能進入本命作用。

解答3：正確！流月辰土剋流年子水，本命的子水也會一命嗚呼。

解答4：錯誤！大運流年寅亥合，流月辰土無法拆合，只能進入本命作用。

題組三十七：流年流月出干應用

問題：對於出干的看法以下何者正確？

(1) 大運出干，出干的五行不等同本命，可以看成多一個五行出來嗎？

(2) 流年出干的五行等同本命大運，當流年受剋本命和大運也會受剋？

(3) 流月出干的干支等同本命大運。當流月受剋本命和大運也會受剋？

解答 1：正確，比如本命有戊癸合，大運走戊土，則戊土為多出。

解答 2：正確！流年的五行受傷，代表本命、大運，還包括日主也會一起受剋。

解答 3：不一定！得視情況而定，只要大運和流年無傷，流月就在城牆外，不能與本命發生作用。若大運流年被合或受傷，流月即可進城牆，一旦流月受傷，本命和大運也會遭殃。

題組三十八：洩的進階概念

問題：假設日主為戊土，則子水為財，戊土為比肩，天干無比劫印星，以下兩組地支哪個財運較好？

	時	日	月	年	大運	流年	流月
❶	戊	戊	戊	子	子	子	子
❷	戊	戊	戊	戊	子	子	子

解答：綜合以上來看，如果日主當下身強，論財運一會優於二。另外請讀者注意，被剋是被害人受傷，但加害者也會消耗體力。

文堡老師解說

(1) 本命為三個比肩剋一財，先天 DNA 子水受剋，且為陽剋陽。

→ 大運來一財，財運轉佳，子水力量增加，但戊土有洩，因為原本三打一，現為三打二。

→ 本命破財，動態多一財，等於多了一個替死鬼，原被害人可

481

減輕受傷。

→ 流年再多一財，太歲氣在時，此時財星旺比肩洩，當太歲氣受傷時，財會全破。

→ 流月再來一財，形成三個比肩剋四個財，財強比肩弱，比肩完全居於劣勢，須留意日主當下的強弱。

(2)　本命為四個比肩，先天無財，代表財星很平穩。

→ 大運來一財，從 0 變 -1，四打一財運轉差，戌土剋子水夠力且無洩。

→ 本命比肩多無財，動態來一財，子水立馬重剋。亦可論斷受剋五行的健康狀況。

→ 流年再多一財，大運為 -1，流年出現從 -1 變回 0，財運略好，但須注意太歲受傷的時間，子水會全軍覆沒。

→ 流月再多一財，即從 0 變 +1，故財運轉佳，四個比肩打三個財，比肩力量洩了很多。

題組三十九：批命實戰練習

問題：己亥年乙亥月可能發生何事？

時	元女	月	年	大運	流年	流月
己	己	丁	己	辛	己	乙
巳	卯	丑	未	巳	亥	亥

批命實戰解說

(1) 流月乙木剋流年己土，己土全受傷兼日主受剋，起因為乙木官星。

(2) 天干為表象，官殺剋日主，可能為感情、工作、上司感到不開心。

(3) 大運走巳火，可以洩官星之氣，丈夫對自己好，但也會給予壓力。

(4) 天干印剋食神，地支亥水受傷，人會變得衝動不理性，脾氣暴躁。

(5) 地支有比肩和印星做日主後盾，床頭吵床尾和，最後仍和好如初。

實證：先生潔癖重且求好心切，當月給命主很大壓力想離婚。

補充1：批命若見官生印，本命無問題，動態出現問題，一般皆勸合不勸離，此為正批；若命主在日主受剋結婚，則日主脫困會應驗離婚，此為反批。

補充2：即使婚姻不幸，仍要給予正能量，勸合不勸離，此乃道德問題，提醒命主須留意哪些流年的危機點即可。

題組四十：批命實戰練習

問題：己亥年丙子月報考公職，丁丑月金榜題名。以下那一種情況較為合理？

A. 天干的己土受傷

B. 丁丑月日主出干

C. 官殺能剋去比劫

D. 地支食傷剋官殺

時	元女	月	年	大運	流年	流月
丙	丁	庚	壬	丙	己	丁
午	丑	戌	戌	午	亥	丑

解答：丙子月離職報考，丁丑月金榜題名，只花了兩週考上公職單位，食傷剋官突破難關，故此題選 D。

批命實戰解說
本命與大運：

(1) 地支一個比肩生三個食傷，聰穎伶俐有智慧，易得朋友之助。比肩生食傷若在地支，平常較低調。

(2) 語文能力及記憶力皆強，融會貫通，平時看似懶散，但樂知天命，一旦訂下目標，便會全力以赴。

實證：考試前兩週開始 K 書，每天熬夜全力以赴。（食傷特質）

(3) 丙午大運：天干地支皆走火，比肩能增加食傷，自信及意志

力更強，人際關係亦佳。

考運：

(1) 丙子月：天干日主脫困，一個壬水洩三個丙火，劫財破回官，離職無收入。

(2) 丁丑月：地支丑土剋亥水，食傷剋官代表突破難關，能夠考取功名。

(3) 官星被剋，並不一定是壞事，切記身強時，食傷剋官為能力爆發，而非官運不好。

心法：八字身強 ＋ 食傷剋官 ＝ 有利考運。

重點：

(1) 本命食傷旺，若逢比肩再生食傷，食傷有來源可增強智慧能力。

(2) 本命動態皆無印，代表平穩，有比肩可調身旺，自然風生水起。

實證：本命無印，與母親感情一般、平淡、平穩，動態來印，只要不受傷皆無事。

文堡老師的註解

(註1) 很多人說八字是一門統計學，別再相信沒有根據的說法了，因為這個東西根本無從統計，五行生剋看似簡單，其實非常錯綜複雜，認真來說，它是一門邏輯推理術。

八字是由四個天干配上四個地支的字組成，你可能會一頭霧水，十個天干配上十二個地支，能夠組合出多少種的八字？答案是 1,123,200 種！這個數字是否令你感到驚訝呢？沒錯！而且這還是基本的數字而已，來上一堂數學課吧！讓我告訴你們蘊藏的眉角。

首先看年，一甲子有 60 年，換句話說 60 年即是一個甲子的循環，所以年的部分是固定不變的 60。月呢？一年有十二個月，在 60 甲子的年當中，每年有 12 個月也是固定的，所以月的部分要乘上 12。

再來看日，這是本文的重點了，很多人都認為一個月有 30 天，也有人認為一個月只有 29 天，更有人採用平均值，將 2 個數字相加後除以 2 得 29.5 天，其實都是不正確的觀念，怎麼說呢？剛剛談到一甲子 60 年的概念，然而日子也是 60 甲子的循環喔，不懂？我來舉個實例說明吧！

請大家翻開手邊的萬年曆，查一下 1951 年的陰曆 1 月 1 日，有看到嗎？那天正好是陽曆的 2 月 6 日，是不是寫著丁丑？沒錯！這天的流日干支就是丁丑日，OK！同樣的一年請你再接著往下找，下一個丁丑日會出現在什麼時候呢？答案是陰曆 3 月 2 日 (陽曆 4 月 7 日)，哦！這不是正好 60 天一個循環嗎？

假如按照這樣的規律不斷地循環下去，將會出現非常多的組合，所以日的部分要乘上 60，也許你們還會問我，1951 年跟 2011 年同樣

都是辛卯年，但是陰曆 1 月 1 日會是同樣的丁丑日嗎？請你們再次打開萬年曆，查一下 2011 年，發現陰曆的 1 月 1 日是己丑而非丁丑，答案已經很明顯了，日的算法是不是很獨特呢？存在 60 種的排列機率。

再來看時，時的部分比較容易理解，大家都知道 1 天有 24 小時，1 個時辰有 2 個小時，1 天即有 12 個時辰，所以時的部分要乘上 12 對吧？等等！這樣的算法其實是不對的，怎麼說？別忘了子時有分早子及夜子，子時的區別在論命時差別非常大，故正確答案要乘上 13 (12+1)。最後再乘上 2，為什麼要乘以 2 呢？因為男女有別！

寫到這裡，我們再把本文重點，用公式和數字重新計算一下：

(年) X (月) X (日) X (時) X (男女)

60 X 12 X 60 X 13 X 2 = 1,123,200

結束！這是最後的答案，看到一百多萬種排列組合，你還會說八字是統計學嗎？老祖宗的四柱推命，其實是一門邏輯推理而非統計哦！

(註 2) 六十甲子的天干地支，只要有含一個土的五行即成立，比如己亥年、戊子年、丁未年。

(註 3) 甲乙日主的人，地支會碰上辰戌丑未四庫土，換句話說會比其他日主多出兩財的賺錢機會。

(註 4) 台灣的地方方言 (閩南話)，意思就是搞不懂、一頭霧水、莫名其妙，似懂非懂。

(註 5) 台灣年輕人的慣用語，讀音為 guī máo，指一個人的性格容易吹毛求疵、過度注重細節或者力求完美。

(註 6) 台灣的地方方言 (閩南話)，意指愛上某人而無法自拔。

跋：批命三部曲

八字的知識、經驗、智慧，幾乎只能從實戰中獲得，書上寫的，大師講的都和你沒關係，這些心法不僅要存在你的骨子裡生根，發芽且不夭折，經年累月後，才能茁壯地茂盛生長。

第一本處女作看完了，你有學到東西嗎？對八字的認識有多深呢？

面對一個陌生八字，你是否會看？會明？會用？活用批命三部曲？

第一部曲就是會看，指的是能在很短時間便能批出問題點，到底是破財、破印、破官等……這些皆是用五行生剋的合洩法則，所運算出來的結果。你可以從坊間視頻偷學到一小部分技巧，但進階的技巧如不正式跟老師學，可能一輩子也無法體悟真正的心法，到底何時能合？何時不能合？何時環境會影響本命的八字？拍視頻的大師可能自己也不懂，或者暗藏了多少真東西沒有說出來？又或者變個手腕，讓你越看越迷糊？但會看，只是批八字最基本的第一步。

第二部曲就是會明，你明白什麼是財破印、印剋食傷、比劫合財、官合食傷……的意思嗎？假如你把合也視而不見，八字有一半的天機已被屏障了。不明白十神互動的真正意義，無法解釋命主的行為和感覺，說出他內心真正的痛點，客戶自然就會覺得你不準，即使第一步會看，對命主來說，你仍然是不合格。

假設你真的會看、會明了，你是否能再通過第三部曲……會用

嗎？每個八字有缺點也有優點，如何提出建議協助命主，解決並指引他去發揮八字的優勢？這不是件輕而易舉的事，沒有廣闊的人生閱歷，你無法將十神的涵義，運用到命主面對的環境上。怎麼樣的環境可以協助八字的不足，如何發揮個人的優勢呢？

比如一個男人本月財破印，你會怎麼解讀呢？在家可能要注意妻子與母親意見不合的衝突，盡量減少她們獨處的時間，又或是利用小孩在她們之間做磨合。在工作方面，切忌急躁而違反正常程序，必須好好遵守公司的守則避免犯錯。

學習五行八字的信念，背後要花的心思一點也不可少，須以專業嚴謹的態度面對每一個客戶，絕不可隨便敷衍了事。

「修合無人見，存心天有知」—在無人監管的情況下，做事不要違背良心，不要見利忘義，因為你所做的一切，上天絕對會知道。

2020 小年夜，獨處的感覺真好，心中有感而發，文思泉湧……。

前幾天，有一位網友問我：「文堡老師，你出書的目的是什麼？想出名？還是想賺更多錢？分享這些經驗，不怕功夫被學走嗎？」

假如你是我 YouTube 長期的粉絲，也許會發現，為何不再錄播而改用直播呢？理由很簡單，錄播似乎必須花更多的後製與上傳心力，相較之下，直播更能訓練臨場反應，亦能省下更多的時間。與專業的 YouTuber 相較之下，我仍然有一段路要走，但打從 LIVE 之後，讓我變得更有自信，表達能力也慢慢變好。

回首以前的自媒體，看到鏡頭的自己，總是看不下去，加上點閱率每況愈下，越做越沒信心，於是我放棄了，工作之餘將 PS4 接上電

源，打開電視，玩著喜歡的遊戲，但，我知道 PS4 的運作原理嗎？

成立社團和出書的起心動念，在於偶然間看到了一本書《從 0 開始的獲利模式》。

Yes！從這此刻開始，徹底改變我的思維。

這世界是以 OUTPUT 來評斷及獎賞你，你必須謹記幾個重點，一個人再飽讀詩書，再有學問，再厲害，再有經驗，再會激勵自己燃燒內心小宇宙，若不表現出來，沒有人會知道，也不會有人再乎！想當個成功人士或逐漸改善未來的生活，祕訣就在於多放點時間在 OUTPUT，把原本花在 INPUT 的時間，挪來放到 OUTPUT。

INPUT？OUTPUT？老師！我有點迷糊了，你到底想表達什麼？

這不難理解，INPUT 代表的就是**印星**，它是輸入，是閱讀，是學習，是聆聽，是鍛練，是充實技能，是汲取經驗，是做夢。

OUTPUT 代表的就是食傷星，它是**輸出，是創作，是教學，是表達，是突破，是傳承經驗，靠雙手努力實現夢想。**

想當網紅？哈！職業命理師難道不知道自己是什麼咖？想都不敢想！至於賺錢，嗯！一個中年男子的甜蜜負擔，這想法一定有，但重點不是想賺多少錢，而是在於 **OUTPUT 分享傳承，將五行八字真正發揚起來。**有緣自然會在此相聚，無緣也無須強求。

至於功夫怕被人學走，想太多了！想學的人就帶走吧！學習模仿絕對是 INPUT 最大的捷徑，但是，如果沒有透過一遍又一遍的實戰 OUTPUT，永遠也無法印證所學。

再說，人因夢想而偉大，因分享而快樂，「**學如逆水行舟，不進**

則退」，當你們漸漸變強時，我能停滯不前嗎？文堡老師勢必要加倍努力，才能在這個學術更為突破，不是嗎？

每一次的教學，我都會掏心、掏腦、集結內心的靈魂，用心教會我的學生。

總有一天，我一定能具備這樣的實力，站在講台上，幫助更多需要幫助的人，透過這個能力，讓更多的人生活變得更豐盛富裕。

嚴格來說，本書並非靠一己之力完成，在此我要特別感謝，五行八字社團的 Andy、Cass Kit、晨曦三位老師提供的協助。

這一路走來，**真心感謝我的父親**，將這一套學術傳承，還有一起陪伴我成長的學生和朋友，沒有你們的批評與鼓勵，至今仍是一個井底之蛙。

另外，也誠心感謝紅螞蟻圖書公司，給了我這個平凡素人出書的機會，讓五行八字得以傳承播種。

最後，**還要獻上熱吻給我的老婆**，沒有妳幫忙洗衣煮飯分擔家事，這本書無法完成。

出書，不是件容易的事，我很慶幸跨出了這一步，讓生命旅程留下美好的足跡。

再次感謝您購買並閱讀我的處女作，我們期待下一本書見。

下課！

如果，你的心情正起伏不定，不要歸咎於周遭環境，只要內心不起波瀾，全心投入眼前的事物，靜靜感受自己與他人之間的安穩氣息，生而為人的幸福就蘊藏在其中。

五行八字教學

學了大半輩子，為何對八字仍感到迷惘一知半解？請花個幾秒時間將以下看完，謝謝大家！

很多人對於未知的未來感到徬徨，希望有老師可以協助解惑，自己也曾深深經歷，那種渴望得到希望的感覺，我其實很想伸出援手，奈何時間有限，很難一一回答讀者。

習慣在網路看視頻自學八字，我可以肯定地說，這種片斷式的學習方式，你將學不到真正的功夫，那些似是而非的心法，如果沒有真正點破，這些影片只會越看越迷糊。更重要的是，這些視頻可能存在錯誤，別以為大師準沒錯！

因為五行八字令我大開眼界，將它發揚是我的志向與抱負，好的技術若只收為己用，的確會愧對這套學術，所以希望能盡一分心力，讓更多人認識、更多人受惠，幫助更多迷惘的人。

五行八字存在已久，只是近年才受人注視，但坊間水準參差不齊，所以希望能將這套學術推廣出去，願本書能幫助你解開疑惑。

若想讓自己的八字更精進，歡迎洽詢本課程。

儒溢命理印鑑坊 鄭老師　實體店面 21 年

外縣市或海外的朋友請加我的 Line 或微信

（1）Line ID：wenpao6629

（2）微信 ID：wenpao6628

（3）手機：0938617837　0910058404

（4）信箱：wenpao.chang@gmail.com

（5）營業時間：

　　星期一～星期五：上午 9:00 ～晚上 9:00

　　星期六：上午 10:00 ～晚上 8:00

　　星期日及例假日公休 (請事先預約)

地址：高雄市三民區明誠一路 401 號 (實體店面)

個人網站

我的部落格

科學八字推理
FB 粉絲團

八字五行生剋學
FB 社團

國家圖書館出版品預行編目資料

科學八字輕鬆學／鄭文堡著.
第一版——臺北市：知青頻道出版；
紅螞蟻圖書發行, 2021.1
面 ； 公分. ——（Easy Quick；170）
ISBN 978-986-488-212-0（平裝附光碟）

1.命書 2.生辰八字
293.12　　　　　　　　　　　　　109019533

Easy Quick 170

科學八字輕鬆學

作　　者／鄭文堡
團隊協助／Andy老師、晨曦老師、Cass Kit老師
發 行 人／賴秀珍
總 編 輯／何南輝
校　　對／周英嬌、鄭文堡
美術構成／沙海潛行
封面設計／引子設計
出　　版／知青頻道出版有限公司
發　　行／紅螞蟻圖書有限公司
地　　址／台北市內湖區舊宗路二段121巷19號（紅螞蟻資訊大樓）
網　　站／www.e-redant.com
郵撥帳號／1604621-1　紅螞蟻圖書有限公司
電　　話／(02)2795-3656（代表號）
傳　　真／(02)2795-4100
登 記 證／局版北市業字第796號
法律顧問／許晏賓律師
印 刷 廠／卡樂彩色製版印刷有限公司
出版日期／2021年 1 月　第一版第一刷
　　　　　2023年 9 月　　　　第三刷

定價 380 元　　港幣 127 元

ISBN　978-986-488-212-0　　　　　　Printed in Taiwan